本书受教育部人文社科基金青年项目"民国时期捐资兴学制度（14YJC880054）资助

冉 春◎著

民国时期捐资兴学
制度研究

Study on Educational Donation System During
the Period of the Republic of China

科学出版社
北 京

内 容 简 介

捐资兴学在中国具有悠久的历史传统，相关制度由清末开始创设，民国时期已形成较为完善的体系。在教育经费严重匮乏的民国时期，捐资兴学可谓维系与发展教育事业的经济命脉。时至今日，仍是激励社会资源进入教育领域，多渠道增加教育投入的重要途径。

本书通过系统梳理民国时期捐资兴学的历史渊源、时代背景、制度演变、实施过程，深入探讨其历史成效与缺陷，力求为当今我国相关政策的制定、办学体制改革的深化、教育经费的保障等方面提供历史借鉴，以利于更充分地扩大优质教育资源，促进教育事业的长期稳定发展。

本书对教育史、经济史领域的研究者、学习者有重要参考价值，同时也适合对教育政策与管理、教育体制改革等感兴趣的朋友阅读。

图书在版编目（CIP）数据

民国时期捐资兴学制度研究 / 冉春著. —北京：科学出版社，2017.5
ISBN 978-7-03-052633-5

Ⅰ. ①民… Ⅱ. ①冉… Ⅲ. ①社会办学-教育制度-研究-中国-民国 Ⅳ. ①G522.74

中国版本图书馆 CIP 数据核字（2017）第 089931 号

责任编辑：朱丽娜 / 责任校对：杜子昂
责任印制：张欣秀 / 封面设计：楠竹文化

科学出版社 出版
北京东黄城根北街 16 号
邮政编码：100717
http://www.sciencep.com

北京东华虎彩印刷有限公司 印刷
科学出版社发行 各地新华书店经销
*
2017 年 5 月第 一 版 开本：720×1000 B5
2017 年 10 月第二次印刷 印张：13 3/8
字数：238 000
定价：66.00 元
（如有印装质量问题，我社负责调换）

序

2010 年 5～6 月，《国家中长期教育改革和发展规划纲要（2010—2020 年）》（以下简称《纲要》）先后经国务院常务会议、中共中央政治局会议审议通过，于同年 7 月 29 日正式全文发布。《纲要》首先在"总体战略"部分指出，应"充分调动全社会关心支持教育的积极性，共同担负起培育下一代的责任，为青少年健康成长创造良好环境。完善体制和政策，鼓励社会力量兴办教育，不断扩大社会资源对教育的投入"。《纲要》相关章节，对此分别给予了进一步的阐释说明。例如，第十四章"办学体制改革"要求"坚持教育公益性原则，健全政府主导、社会参与、办学主体多元、办学形式多样、充满生机活力的办学体制，形成以政府办学为主体、全社会积极参与、公办教育和民办教育共同发展的格局"，必须"调动全社会参与的积极性""积极鼓励行业、企业等社会力量参与公办学校办学，扩大优质教育资源，增强办学活力，提高办学效益""引导社会资金以多种方式进入教育领域"，大力鼓励社会力量出资、捐资办学。第十八章"保障经费投入"再次强调"社会投入是教育投入的重要组成部分。充分调动全社会办教育积极性，扩大社会资源进入教育途径，多渠道增加教育投入"，为此应完善各项优惠政策与激励机制。

由此可见，鼓励和引导社会力量捐资兴学已成为我国教育改革与发展的一大重点，并在顶层设计中有了明确的改革方向和发展目标。但在具体的政策实施环节，目前还缺乏全国统一的法令制度，仅少数地方政府制定有单行的规定或办法，涉及的范围、激励的机制等方面还亟待改进。回顾历史，捐资兴学在我国具有悠久传统，其相关制度由清末开始创设，民国时期已形成较为完善的体系。深入分析其历史渊源、时代背景、制度演进与实施过程、成效与缺陷，可为当今我国相关政策的制定、办学体制改革的深化、教育经费的保障等方面提供历史经验与反思，以利于更充分地激励和引导社会力量参与捐资兴学，多渠道增加教育投入，促进教育事业的长期稳定发展。

捐资兴学，现今往往也称为捐资办学、捐资助学或集资办学。严格地说，这几个概念的内涵并不完全等同。集资办学又称教育集资，包含的范畴最为广泛，指除政府拨付、受教育者缴纳外，个人或民间团体（民国时称为"私人团体"或"私法人"）向教育事业投入或捐助资金或实物。民国时期，集资办学主要体现为两种形式。一为捐资兴学，又称教育捐赠，指个人或民间机构按自愿原则向教育事业投入资金或实物；二为教育捐税，又称教育费附加，指国家或地方政府为扩大教育经费来源，征收并用于教育事业的税收。与之相对应，当时实际并存有捐资兴学、教育捐税两套制度。前者是国家及地方政府制定专门的条例或规程，吸引和鼓励个人与民间团体主动向教育事业捐资，并按照捐资额度对捐资者给予奖章、奖状、匾额等形式的褒奖；后者则是国家及地方政府制定相关的税收制度，向个人与民间团体强制征收用于教育事业的税费。

如果再进一步加以区分，民国时期的捐资兴学还可分为捐资办学、捐资助学。前者侧重于"办"，指个人、民间团体自行出资创办文教机构并提供经费以维持其后续运转；后者侧重于"助"，指个人、民间团体资助非自身创办的文教机构。两者的共同点在于落脚于"兴"，即以资金办理或支持文教机构，使之得以开设、维持并发展。当时捐资兴学活动已具有丰富多样的表现要素，捐资的主体除个人外，也有经济、文教、宗教、慈善、宗族等各类民间团体；捐资的内容有国币、外汇、银元等通货，也有地产、房产、粮食、图书、设备、建筑材料等各类实物；捐资的对象主要为各级各类学校，也涉及图书馆、博物馆、美术馆等文化机构（当时统属于社会教育范畴），还包括获赠奖学金或助学金的学生、某一地方共同的教育基金等；捐资的领域涵盖高等教育、中等教育、初等教育等阶段，并惠及特殊教育、留学教育、社会教育、女子教育等类型。

捐资兴学、投资办学这两个概念也有明显的差异，前者侧重于"捐"，后者侧重于"投"，主要区别在于是否以营利为目的。民国时期的捐资兴学活动具有较彻底的公益性质，即使是私立学校收取的学费、获得的捐赠，一般也全部直接用于学校的维持与发展。而改革开放之后，尤其是 20 世纪 90 年代中期以来，社会力量投资开办的很多民办教育机构则带有明显的营利追求，严格来说并不属于捐资兴学的范畴。在探讨相关问题时，亦应把握两者之间的联系与区别。

冉　春

2016 年 6 月 30 日

前　　言

　　本书以民国时期捐资兴学的时代背景、制度演变、实施过程与具体成效为中心，兼顾清末、当代两个阶段，内容框架主要由以下部分构成。

　　（1）清末捐资兴学制度的酝酿与创设。捐资兴学制度酝酿于鸦片战争前后与洋务运动时期，初步创设、实施于戊戌变法时期，变法失败后曾短暂停顿，随即又在清末新政时期得到恢复与发展，对清末兴学运动产生了显著的积极作用，而且作为民国乃至当今相关制度的历史渊源，具有相当深远的历史影响。

　　（2）民国捐资兴学制度的时代背景。民国时期，教育财政体制整体遵循"分级办学、分级拨付""就地筹款"原则，绝大多数教育机构的办学经费均由地方政府和民众自行筹集。加之战乱频仍，教育经费时常遭到挤占挪用，教育事业的经济基础也因战争而蒙受直接损害，寻求教育经费独立的多次尝试均以失败告终。各级政府实际能够提供的教育经费极为有限，无力维持与发展教育事业，只能寄希望于社会力量的经济支持，希望实施捐资兴学制度以弥补经费的缺失。

　　（3）民国时期的捐资兴学褒奖制度。褒奖制是民国捐资兴学制度的核心，各级政府对于捐资兴学的筹划与管理都是围绕褒奖而展开的。1913 年 7 月至 1947年 11 月，历届中央政府制定并实施的《捐资兴学褒奖条例》多达 8 个。以这些全国性条例为基础，辅之以地方性规程与相关配套措施，整个制度体系日渐完善充实，有效地激发了社会各界的捐资兴学热情。

　　（4）民国时期捐资兴学的重要群体。在当时纷繁复杂的捐资兴学活动中，有一些群体值得专门探讨。例如，商人、华侨承担着大额捐资，是以往相关研究关注的焦点。此外，还有军政要员、地方家族、女子、僧道、外籍人士、日据沦陷区或中共领导根据地的士绅群众等群体也在捐资兴学中分别扮演着重要的角色。这些群体的捐资兴学活动既有共性，也有各自的原因动机、内在特征与实际影响，并与捐资兴学制度存在着紧密的交互作用。

　　（5）民国时期的教育捐税制度。教育捐税发端于清末新政，民国初期才正式演化为全国性的明文制度。国家、省（院辖市）、县（省辖市）三级政府均在各项正税之外开征教育捐税，后来乡（镇）、保两级也征收某些捐税或摊派，构成了名目繁杂、叠床架屋的教育捐税体系，进一步将教育财政负担转嫁于基层民众，影响了民众主动捐资的能力，妨碍了捐资兴学制度的深入实施。

（6）民国捐资兴学制度的历史评析。历次褒奖条例的颁行与实施，确实有效地激发了社会各界的捐资热情，促进全社会形成兴学重教的良好风尚，直接刺激了兴学活动的高涨，补充了政府教育财政投入的不足，并且拓展了办学主体形式与人才培养渠道，促进了各级各类文教机构数量的增长与质量的改善，进而推动了社会各项事业的全面进步。然而受种种因素制约，当时的捐资兴学制度与活动客观加剧了教育发展的失衡，而且经费的募集与使用环节也存在某些政策漏洞，难以保持长期的持续稳定。

冉　春

2016 年 7 月 1 日

目 录

第一章 清末捐资兴学制度的
酝酿与确立

自古以来，我国就有捐资兴学的历史传统。战国时期私学的勃兴，两宋时期书院的繁盛，很大程度上都得益于社会各界的经济支持。士绅百姓或是向已有学校捐助资金田产，或是自行出资开办新校，直接推动了我国古代教育事业的持续进步。历朝历代，各级官府乃至朝廷也对捐资兴学者多有褒奖之举。然而，对此类捐资兴学行为始终缺乏制度化、规范化的管理。在戊戌变法与清末新政时期的兴学运动中，封建传统教育体系不断瓦解，新式教育机构日渐兴盛，朝廷颁行的某些上谕和章程对捐资兴学愈加重视，并试图将之纳入制度化的管理，我国捐资兴学制度由此滥觞，奠定了后续发展的历史基础。

第一节　清末捐资兴学制度的酝酿

一、鸦片战争前后的传统格局

　　整体而言，鸦片战争之前的捐资兴学活动仍延续着浓厚的封建传统特征：捐资者多为地方传统官绅；捐资对象基本是传统私学或书院；捐资者获得的褒奖形式是官职、虚衔或旌表、匾额等。而民间捐资之所以多流向传统私学或书院，主要是受到了当时办学格局的限制与影响。

　　鸦片战争之前，清代的教育机构包括官学、私学两大序列。官学可分为中央官学、地方官学，其中地方官学按照行政级别的高低，又可分为府学、州学、县学、社学等。当时各级官学获得的教育款产尚称充足，官府也不愿民间力量过多地牵涉官学内部事务，所以这些官办教育机构所需经费基本都是由各级政府承担，从而形成了分级办学、分级拨付的教育管理与财政体制。

　　先以中央官学层面的国子监为例，这所名义上的全国最高学府在清初并没有稳定的经费来源。直到雍正八年（1730 年），时任国子祭酒的孙嘉淦奏请雍正帝批准，每年由户部拨银 6000 两作为日常办学经费。"著为定例，从此国子监有了固定的经济来源。"（马镛，2013：24）需要特别说明的是，清代国子监也存在捐纳制度，即允许地方士子通过捐纳银两或粮食的方式，取得国子监学生的学籍资格。这种做法与现今缴纳所谓的"借读费"类似，但捐纳者仅限于获得一个监生的头衔，不能真正入监就读，捐献的钱粮则主要用于临时性的军费或赈灾开支，没有直接投入教育事业，并不具有捐资兴学的性质。除国子监外，宗学、觉罗学、八旗官学、景山官学、咸安宫官学等其他中央官学，分别由宗人府、内务府等中央机构对口办理，它们也各有其特定的经费来源渠道。

　　府学、州学、县学等地方官学的办学经费同样来自官府给予的拨款和学田。学田是地方用于维持和发展教育事业的固定地产，以田地为主，还包括山林、水塘、房屋等，由官府统一管理和招租，所得收益用于筹集办学经费和补助清寒学子。康熙年间，朝廷制定了相当严格的学田申报、清查和学租发放程序，使府、州、县三级官学有了较为稳定的经费来源。设于乡镇的社学，主要也是由地方官府提供办学经费。

　　清代的私学又称私塾，大致可分为学馆（教师在自己家庭或附近庙宇等场所开办）、家塾（富裕人家聘请教师在家教子）、村塾或族塾（一村或一族共同聘师开办）三种形式。私塾的经费来源除靠学生平常缴纳的学费外，往往依赖于民间的捐资。村塾或族塾作为全村、全族的公有事业，更是基层士绅百姓捐资兴学的主要对象。

清代的书院是一类性质较为特殊的教育机构，其办学体制不同于一般意义的官学或私学。经过雍正年间的全面控制与改造之后，虽然开办形式仍有官办和民办之分，但两者之间的界限已模糊不清，出现了官私合流的趋势。即便是民办书院也具有高度官学化的倾向，教师聘任、学生录取、教育内容和日常教学活动等都由官府直接干预和操控。而且官办和民办书院的经费来源均带有多元化的特征，既有官府拨付的钱款，也有学田取得的租金。有的书院还采取多种经营方法，将资金借出，获取利息，或自行开办店铺，成为教育产业化的经济实体。大多数书院资产并不宽裕，更多地依靠民间捐资来维持日常运转。

鸦片战争前后，各级官府鼓励捐资兴学的措施仍多是以顶戴、虚衔、匾额为刺激手段。例如，道光六年（1826 年），湖北襄阳知府周凯发布《劝谕襄阳士民兴学告示》和《兴学章程十六条》，规定士民捐银 300～1000 两者，请旨赏给八品顶戴；捐银 300 两以下者，分别给予花红、匾额，并统一撰写碑记，书列姓名和款额（璩鑫圭，2007：346）。1827 年，福建惠安县归侨郭用锡向本县文峰书院捐银 2000 两，8 年之后，获得了道光帝颁发的封赐诏书，其及妻子分别被授以修职佐郎、八品孺人的头衔（德尔基彭错，郭嵩明，2001：354）。这些奖励措施主要是由地方官府以个案的形式单独办理，中央政府并未颁行统一的奖励标准，也缺乏针对教育领域捐资的制度性管理条款。但在官本位的传统观念背景下，它迎合了普通士民提高政治地位与社会声誉的愿望，有利于激发民间的兴学热情。

二、洋务运动期间的时代转变

1861 年 1 月，清政府设立总理各国事务衙门，长达 30 余年的洋务运动拉开序幕，我国教育的近代化进程也由此开启。洋务运动时期，整个教育体系仍以传统的封建教育为主，而在"西学东渐"的持续影响下，又逐步萌生了一些新式的教育机构，如洋务派官僚创办的洋务学堂、外国教会开办的教会学校、本国士绅开设的新式书院等。由于办学主体的差异，这三类新式教育机构的经费来源也各不相同，其中教会学校、新式书院两类都涉及民间捐资。

洋务学堂的办学宗旨是培养洋务运动所需的外交翻译、水陆军事、工程技术等专门人才。洋务学堂分别由中央和地方各洋务派官僚倡导与开办，经费全部由官府筹集和拨付。京师同文馆、广州同文馆、上海广方言馆的开办经费主要来自海关税收，福建船政学堂、天津水师学堂、天津武备学堂、广东水陆师学堂等军事类学堂的经费从海防经费中划拨。就连技术实业类的福州电报学堂、天津电报学堂、北洋医学堂等，也分别由"军饷内酌筹垫办"或"在北洋海军经费内动用"（陈学恂，1986：27-107）。

1842 年，中英签订《南京条约》，西方列强取得了"五口"通商、传教、办学的特权。1860 年《北京条约》签订后，西方教会学校更是深入中国内陆，在洋务运动期间快速发展。早期教会学校经费完全由办学的传教士及其所在差会自行筹集，招生对象以中国贫苦人家的子弟为主，不仅免收学费和膳食费，还向学生提供衣物和奖学金。1863 年，美国北长老会传教士狄考文（C. W. Mateer，1836—1908）在山东登州开办了一所"蒙塾"，最初仅招收了 6 个孩童，"不惟免其修金（学费，笔者注），并且丰其供给，一切衣履、鞋袜、饮食、笔墨、纸张、医药以及归家路费"都由学校负担。狄考文休假回国时，还利用一切机会向美国社会各界募集经费和设备（陈学恂，1987a：160-167）。1879 年，美国圣公会主教施约瑟（S. J. Schereschewsky，1831—1896）在上海筹办圣约翰书院，圣公会拨给开办费白银 6500 两，并允诺此后每年拨付维持经费。卜舫济（F. L. Hawks Pott，1864—1950）接掌校务后，又向美国各界募集美金 2 万元，用以扩充校舍（陈学恂，1987a：68）。值得注意的是，洋务运动后期某些教会学校开始获得了来自中国信徒的大额捐资。例如，1881 年，美国卫理公会传教士麦铿利（R. S. Macclay，1824—1907）在福州筹办英华书院时，中国商人张鹤龄即捐助 1 万银元，该校亦因此定名为"鹤龄英华书院"（陈学恂，1987a：211）。

洋务运动期间，中国民间士绅陆续发起创办了一些着力讲求西学的新式书院，其中最有影响的是 1874 年徐寿创建于上海的格致书院。该校的开办经费来自"中西绅商捐资"，共计白银 7000 余两，也有中外士绅共同组成的董事会。虽带有"中西合办"的性质，但与教会学校还是有着本质的区别。1878 年，上海士绅张焕纶邀集沈成浩、徐基德等创办正蒙书院（又称梅溪书院），最初的办学经费也是由张焕纶等自行捐募筹集。这所正蒙书院在教育史上具有显著地位，通常被认为开创了中国新式小学教育之先河。

上述三类新式教育机构之中，教会学校和新式书院的重要经费都来自民间捐资。而且这两类学校因与"中体西用"的宗旨方针有所抵触，受到了清政府的忌惮和防范，被排斥在正统教育体制之外，大多数捐资兴学者并未受到官府的肯定与表彰。但从长远来看，教育领域的捐资开始由传统私学、书院转向新式教育机构，促进了新式教育成分的成长，也体现了民间士绅支持新学的积极态度，从而为此后捐资兴学制度的建构与实施营造了有利的思想氛围。

第二节 清末捐资兴学制度的确立

一、戊戌变法期间的初创

1894 年中国在甲午中日战争中遭受惨重失败，证明洋务运动并不能改变国家民族贫弱的命运，也促使中国的一些具有改良思想的官商士绅开始寻求别样的救国道路，康有为、梁启超发起的戊戌变法迅速得到了他们的积极响应。短短三四年间，一批维新性质的学堂便在各方踊跃捐资的支持下，如雨后春笋般骤然兴起。

1895 年，天津海关道盛宣怀筹办中西学堂，"倡捐集资，不动公款"，每年所需办学经费白银 5.4 万两全部由招商局、电报局各商董捐助。1897 年创办于湖南长沙的时务学堂，也由本地士绅蒋德钧、谭嗣同、唐才常、陈三立等赞助经费。1898 年，经元善在上海开办经正女学，更是面向社会各界女性广泛募捐，并采取了一些特别的鼓励措施：来者不拒，"不论华妇、西妇，嫡室、簉室（小妾，笔者注），不论捐金多寡，自一元以上，一律皆收"；免费入学，"捐款至五十元以上者，皆准送一生入堂读书，免其修金膳费，以为好善之报而资激励"；允许众筹，即多个家庭可共同集资 50 元，自行推选其中一家的孩子入学（汤志钧等，2007：294）。与之类似，广州士绅梁肇敏、邓家仁等创办的时敏学堂，也规定捐银 100 两的家庭可推选 1 个孩子入学。上述两校的奖励措施颇有现实吸引力，却仅具有个案意义，更谈不上全国性的统一制度。

清末捐资兴学制度的初步创设与实施，始于 1898 年的戊戌变法。该年 7 月，光绪帝发布上谕，要求各省、府、州、县的旧式书院限期改办各级新式学堂。上谕还特别宣示："各省绅民如能捐建学堂或广为劝募，准各省督抚按照筹捐数目酌量奏请给奖，其有独立措捐巨款者，朕必予以破格之赏。"同月，另一道上谕也表明对创办学堂者可"照军功之例给予特赏"（汤志钧等，2007：121）。总理衙门依照旨意，拟定了相应的给奖章程。具体奖赏标准为：①自捐款额能供给学生 100 人以上者，赏给世袭官职或卿衔。②自捐款额能供给学生 50 人以上，或募集款额能供给学生 100 人以上者，赏给世职或郎中实衔。③募捐款额能供给学生 50 人以上者，赏给主事、中书实衔。捐资兴办藏书楼、博物院者，也可参照上述标准赏给官衔或实职（朱寿鹏，1958：4126）。这是清末首次以朝廷名义面向全国颁行的捐资兴学奖励章程，标志着捐资兴学制度的初步创立。但因其出台仓促，还存在着种种缺陷之处。一是朝廷当时在书院改制问题上急于求成，而各级官府又普遍匮乏改办经费，于是更多地指望士绅捐献，采取了比以往更具刺激性的奖励措施，即赏给实职，捐资较多者还可世袭。这就使捐资兴学的公益和慈善性质遭到模糊与淡化，异变为通过经济资源谋求政治特权的手段，也极易造成官僚队伍的膨胀，与戊戌变法实行的"裁汰冗官"政治改革相抵触。二是具体的奖励标准不尽完善，没有考虑到可能出现的某些特殊情况，缺乏变通性和操作性。

1898 年 8 月，户部郎中王宗基、徐棠、宋寿征，户部主事李哲濬，工部主事张维勤，詹事府主簿杨朝庆，中书科中书蒋嘉澍，候选员外郎王宾基，附生①许葆猷、王宽基"邀集同志，自筹资款"，在北京城北创办会文学堂，讲求中西实学。管学大臣孙家鼐据此呈报光绪帝，并请旨给予奖赏。上述捐资者中仅许葆猷、王宽基两人没有官职，其余 8 人都已在职或候补，徐棠、李哲濬还分别已有四品、五品顶戴。对于这种情况应该如何奖赏，孙家鼐在奏折中也无法给出明确的建议（陈学恂，1986：471）。

1898 年 9 月，以慈禧为首的顽固势力发动政变，戊戌变法宣告失败。除京师大学堂得以保留外，教育领域中的其余改革措施遭到全部取缔。捐资兴学的制度化建设被暂时打断，旋即又在清末新政时期获得了恢复与发展。

二、清末新政时期的恢复发展

（一）时代背景

1901 年 1 月，清政府面对空前严峻的内外危机，被迫宣布"预约变法"，推行新政。教育领域的革新重点是以"癸卯学制"的制定与实施为核心，通过停废科举、改革教育行政机构、厘定教育宗旨、发展留学教育等举措，全面构建新式教育体系。但各省普设新式学堂时都遇到了相当严重的经费短缺问题，例如，1902 年 2 月，浙江巡抚任道镕在《遵旨改设学堂疏》中表示："学堂经费较之书院应增至数倍，原有之款为数无多，现值库储奇绌，正项无可动支。"随后，两江总督刘坤一奏称："惟学堂较书院规制不同，需款增巨，江省财力支绌万分，巨款难筹。"同年 3 月，河南巡抚林开謩表示"豫中库款奇绌，罗掘维艰"（璩鑫圭，唐良炎，2007：66-76）。4 月，湖广总督张之洞致函管学大臣张百熙，不无抱怨地声称"鄂省民力困竭，财用极艰，罗掘已穷"，自己又"精力日就衰颓，忧愤之余，益形困惫"，

---

① 明清时期地方官学的学生有三类：廪膳生员（简称廪生）、增广生员（简称增生）、附学生员（简称附生）。其中只有廪生可每月领取钱粮补贴，但附生可通过考试依次递补为增生、廪生。

因难以应付兴学筹款事宜而准备辞官，"行当投劾而去耳"（璩鑫圭，唐良炎，2007：143）。江苏、浙江历来是江南富庶之地，河南、湖北也称得上人口稠密的产粮大省，这几个省份的情况都是如此窘迫，其余各省的困境更可想而知。

面对地方督抚的哭穷告急，清廷中央只能屡次催促，却无力给予实质上的经费扶持。因为在镇压太平天国和洋务运动时期，地方财权不断扩大，中央财政收入相应缩减。再加上此前对抗西方列强的历次战争均以惨败告终，巨额赔款早已使国库空虚，为赔偿"庚款"还被迫以关税、盐税等为抵押，向外国银行筹借资金并被勒索高额利息，根本无法统筹拨付全国各地普设新学的教育经费。万般无奈，中央和地方政府又想到了捐资兴学。

1902 年秋，御史许佑身上奏《劝立学堂酌予奖励折》，提出五条鼓励捐资兴学的具体建议：①凡绅商士庶能独自捐银 10 万两以上者，由该省督抚查明，请旨破格录用；不及 10 万两者，根据捐资数额授以实官或贡生、监生头衔；如捐资者已有官阶，可予以升阶，也可选择由本人子弟获得职衔。②如捐资是经劝募而来，酌情对劝募者予以相应的奖励。③捐献房屋、书籍、教学用具仪器等，依照市价折合银两后给奖。④捐资的用途、数目等具体情况应随时立案备查。⑤省城的捐资由该省督抚奏报朝廷授奖，府、州、县及乡镇的捐资则由当地官员报请督抚给奖。随后，浙江巡抚任道镕呈报了本省新近的两起捐资案例：郎中胡焕、中书衔库司务胡彬在省城创立安定学堂，捐资 6 万元；三品衔花翎、候选道陶浚宣在绍兴府城设立通艺学堂，捐资 1.8 万元。任道镕还在奏折中请示："如何量予奖励，伏乞圣鉴训示。"（朱有瓛，1986：788-789）由此可见，当时各级官员普遍对捐资兴学持积极态度，既迫切希望朝廷能拟定统一的奖励和管理制度，也提出了一些可行的建议，有的还率先直接参与了捐资活动。

（二）制度构建

1902 年（农历壬寅年），管学大臣张百熙主持拟定了《京师大学堂章程》《高等学堂章程》《中学堂章程》等 6 项学制章程，并于该年 8 月呈准颁布，统称为《钦定学堂章程》（又称"壬寅学制"）。但此次学制未及施行，即遭到多方非议。清政府又委派张之洞、荣庆两位重臣，联同张百熙在"壬寅学制"的基础上进行修订和完善。1904 年（农历癸卯年），又重新发布了以《学务纲要》为核心，由 10 多项单行章程组成的学制文件，统称为《奏定学堂章程》（又称"癸卯学制"）。这是中国近代首次得到正式施行的全国性学制系统，也是清末新政时期教育领域改革的关键，在中国教育近代化转型中具有标志性的意义。

作为学制核心的《学务纲要》，并未就捐资兴学问题言之过多，只有某一条款声明："小学堂应劝谕绅富广设。初等小学堂为养正始基，各国均任为国家之义务教育。"然而这种表述本身就自相矛盾，既承认开办小学是国家政府的义务，"立国之本全在于此"，又强调"各省经费支绌，在官势不能多设"，将开办责任部分地转嫁给民间人士（璩鑫圭，唐良炎，2007：497）。

关于上述条款，《初等小学堂章程》和《高等小学堂章程》给出了更为细化的实施说明。首先，按照办学层次将小学堂分为初等、中等、两等三类，三类又都依据办学经费来源分为官立、公立、私立：官府出资开办的为官立；地方公款或集体捐资开办的为公立；个人出资开办的为私立。其次，大致规定了捐资兴学的奖励标准：捐助公立小学堂或自办私立小学堂者，由地方官奖给花红、匾额；捐资数额较大者，禀请本省督抚奖给匾额；以巨资兴学者，由督抚上奏朝廷给予特别奖赏（璩鑫圭，唐良炎，2007：301-316）。为满足年长失学者的受教育需求，1910年又颁布了《简易识字学塾章程》。此类学塾属于补习教育性质，程度低于初等小学堂，学制为1～3年，也包括官立、公立、私立三类，捐资开办者可比照小学堂章程给予奖励。

实业学堂和中学堂章程的具体条文也涉及捐资兴学制度。实业学堂主要按办学层次分为初等、中等、高等三级，另有实业补习学堂、艺徒学堂、实业教员讲习所等旁支，都允许和鼓励官绅商民以多种方式进行捐资。出资创办新校，捐助已有学校经费，赞助学生出国留学所需学费、旅费，均可"量其捐资之多寡，分别奏请从优奖励"（璩鑫圭，唐良炎，2007：480）。与小学堂类似，中学堂也分为官立、公立、私立三类，准予集体或个人出资开办，但章程并未列出给予捐资者奖励的相关条款。至于师范教育、高等教育等各项章程，根本没有提及捐资兴学事项。可见，清政府当时的政策导向是有所区分和保留的，即激励和奖赏捐资小学教育和实业教育，中学教育则为允许但不特意鼓励，对高等教育、师范教育持保守态度。这实质上体现了清末学制的封建遗留性，不利于从长远推动学校教育的整体发展及教育捐资的均衡分配。

为充分调动地方开办新式学堂的积极性，学部还于1906年5月发布《奏定劝学所章程》，规定在府、州、县设立劝学所，并将各县划分为若干学区，每学区设劝学员1人，最为基层的乡村也各推举学董1名。学区劝学员的主要职责是"调查筹款兴学事项，拟定办法，劝令各村董事，切实举办"。章程还特别规定："此项学堂经费，皆责成村董就地筹款，官不经手。"筹款的渠道主要有三种：劝导富绅出资兴学，并禀请地方官奖励；酌量地方情形，令学生缴纳学费；清查用于迎神、赛会、演戏等民间迷信或娱乐活动的款项。最后，章程还不忘强调：举办劝讲兴学活动时，"无论何人，均准听讲，即衣冠褴褛者，亦不宜拒绝，惟暂不准妇女听讲，以防弊端"（陈学恂，1986：597）。囿于男尊女卑的传统观念，加之维护"男女之大防"的封建伦理，仍不允许女子以独立的社会身份参与捐资兴学。

总而言之，清末新政时期以"癸卯学制"为基础，逐步建立了一套捐资兴学的督导、吸纳和奖励制度，可谓戊戌变法期间相关计划的恢复与发展。然而在政策导向、实施范围等方面还存在诸多缺陷，尤其是对捐资行为的奖励标准仍颇为模糊，付诸实施后容易引发争议和矛盾，不得不加以变通使用。

（三）奖励方式

清末捐资兴学制度实施过程中的一大问题，就是官府对捐资数额较多者应当给予何种奖赏。如前文所述，维新时期的基本原则是赏给虚衔或实职，清末新政期间颁行的各项制度性章程只是笼统地表示奖给匾额、花红，捐献巨资者由督抚报请朝廷给奖，那么朝廷需要解决的问题关键又在于是否赏给实际的官职。对此，各界人士的意见不尽相同，有极力支持者，也有激烈反对者。例如，商务印书馆编译所所长张元济致函学部，认为捐资兴学没有统一的奖励标准，"恐未能令人兴奋"。各省对捐资者虽时有奏请奖励，但"办法不一，轻重歧出"，影响了士绅民众的捐资热情。他进而指出应制定专门的奖励章程，并表示授予实职的做法最为不妥，奖给虚衔或匾额的成例也不够新颖，应拟定"特别奖励之道"（璩鑫圭，童富勇，2007：387）。但究竟何为"特别奖励"，张元济仍未给出具体的方案。与之截然相反，南书房翰林院编修袁励准请求对捐资兴学与管理学堂卓有成效者，一律奖励京外实官（关晓红，2013：165）。关于上述争议，学部乃至朝廷一直没有给予明确的定论，实际审批办理时也是多种方案并用，赏给实官、虚衔、匾额的三类情况都较为普遍。

（1）赏给实官。1905年，河南信阳人高明远独自捐建当地高等小学堂，并参与捐建豫南普通师范学堂，共计捐银1万余两。经本省巡抚奏明朝廷后，获得了候补知县的官职（信阳市教育志编辑室，1987：269）。1909年，浙江上虞人陈渭（又名陈春澜）捐献巨款创办学堂，但本人不愿做官，经本省巡抚增韫奏请朝廷后，改授其孙陈炳耀为郎中，侄孙陈炳照、陈炳森为主事，"分部行走"（以实习官员的身份等待候补）（闫广芬，2001：88）。署理黑龙江将军程德全也奏称："查近年各省凡有报效学堂，为款较巨者，均经奏请奖给实官在案。"（钞晓鸿，2011：602）可见，当时通过捐资兴学渠道获得实官者并不鲜见。

（2）赏给虚衔。据1908年4月第196号《政治官报》所载，广东嘉应州（今梅州）李义丰、萧从2名士绅分别向本地公立小学堂捐银720两、360两，经两广总督张人骏奏请朝廷，赏给李义丰中书科中书衔，萧从国子监典簿衔（张人骏，1908）。又如，1910年，黑龙江巡抚周树模将本省巴彦州（今巴彦县）的多起捐资兴学事件奏报朝廷，并获准分别予以封赏：韦景文、张殿文、秦玉泉3人获赏四品衔，李文磐、王允恭、邵庆麟3人获赏布政司理问衔（理问为清代各省布政司下属官职），韦锡瑢、李钟元、杨国瑞、李绍唐、孟昭汉、张文勋6人获赏同知衔，州学训导张翼南、县丞曹毓恩2人在原有官职上赏加五品衔（巴彦县县志办公室，1990：570）。在此前后，该省的刘英、刘钧2人各捐银2000两，也分别获赏虚衔。刘英原有知府头衔，这次又因捐资获赏加三品衔；刘钧原本仅为童生，则赏给同知衔。（黑龙江省地方志编纂委员会，1996：871-872）。

（3）赏给牌匾。仍以1908年4月《政治官报》张人骏的相关奏报为例，其中除上述赏给虚衔的事件外，还提到了几种广东省捐资赏给匾额的情况：英德县生员徐士濂向本县公立培英初等小学堂捐银1864两，嘉应州士绅黎应升向家族公立小学堂捐银1000两，文昌县士绅云茂机向本县官立蔚文小学堂捐银1080两，崖州（今属海南三亚市）廪生王泽夏向本州官立小学堂捐银1050两，他们都分别获准为本人或父母设立牌坊，并赏给"急公兴学"字样的匾额。

综上所述，清末新政时期虽以"癸卯学制"中的某些章程为基础，对捐资兴学的整体制度有所建构，但始终缺乏全国性的统一奖励标准，即便同一省份同一时期授奖的尺度也有明显差异，实官、虚衔、匾额三类奖赏掺杂并用。为激发民间士绅的捐资热情，某些地方官府还制定了本地的奖励规则。例如，广东的南海、顺德两县都公布了下列条款：捐银1万两以上者，奏请朝廷破格优奖；5000两以上者，奏请皇帝赏给御书匾额；1000两以上者，奏请赏立牌坊或传旨嘉奖；500两以上者，禀请大宪（巡抚）题写匾额；100两以上者，在学堂立碑题名，以表荣誉（闫广芬，2001：88）。这样的方案看似周到，却只能算是空头支票。按照官场规制，地方县令连直接向皇帝上书言事的资格都没有，即便有紧急要务，也只能经由上级州府、督抚逐级转奏，又怎么可能代替朝廷谋划细节，更无法保证这些奏请都得到批准。这种以地方基层条例替代国家统一法令的现象，足以暴露当时捐资兴学奖励的无序与混乱。

从本质上看，清末捐资兴学并非教育领域中的孤立现象。早在康熙、雍正年间，为筹集军饷、赈灾等款项，清廷就已大开方便之门，允许士民捐纳钱粮以获得官职，由此成为官场惯例，洋务运动时期更是泛滥成灾，被部分清流名士斥责为以朝廷名器为交易筹码。通过捐资兴学来获取官爵，其实不过是捐官制在教育领域的变种。对于这种乱象，晚清政府曾试图加以约束控制，但已是积重难返。加之受传统的官本位观念影响，求取官爵无疑是刺激民间士民捐资的一大动因。如果截然废止，势必会造成大额捐纳的急剧减少，使各级政府本已捉襟见肘的财政状况更为紧张。清末新政时期的捐资兴学缺乏统一的奖励标准，与上述历史背景不无关联。朝廷既不愿使捐纳官职的现象持续蔓延，又无法明令禁止，所以只能持模棱两可的态度，采用个案审批的方式，有的授予实官，有的奖给虚衔或匾额。这固然较为灵活变通，但毕竟是捐资兴学制度实施中的固有缺陷。

第三节　清末捐资兴学制度的成效

一、积极成效

（一）激起全国各界的兴学热情

清末捐资兴学制度的创立与实施，激起了全国各界普遍的兴学热情，涉及的地域之宽广，参与群体之广泛，历史上都前所未有。作为最权威的官方史料，国民政府教育部组织编纂的《第一次中国教育年鉴》列有 1910 年 7 月至 1911 年 12 月各省大额捐资受奖的基本情况，如表 1-1 所示。遗憾的是，《第一次中国教育年鉴》并没有统计捐资千元以下的相关数据，而且从笔者掌握的其他诸多材料来看，千元及以上的统计也远不周全。尽管如此，仍能从中大致了解当时全国捐资兴学的整体概貌。[①]

表 1-1　1910 年 7 月至 1911 年 12 月各省捐资兴学受奖情况简表（千元以下者未计入）

省份	江苏	浙江	安徽	江西	湖北	湖南	四川	福建
捐资人数/人	38	19	1	1	6	8	1	5
捐资总额/元	170 651	219 400	3 447	1 000	24 980	62 405	3 000	8 100

省份	贵州	广东	陕西	河南	河北	山东	辽宁	吉林
捐资人数/人	2	4	1	4	10	3	15	1
捐资总额/元	4 147	24 700	1 100	10 000	18 852	15 102	55 205	1 400

资料来源：根据国民政府教育部教育年鉴编审委员会：《第一次中国教育年鉴》，上海，开明书店，1934 年，戊编第 358～360 页表格数据整理。另有云南、广西、陕西、甘肃、青海、新疆、黑龙江等省原表数据为空白。

---

① 清末币制混乱，除传统的"银两"外，还有各种国外流入和本国自制的"银元"，货币单位也是"两""元"并用。本节相关数据一律以所引史料原文为准。

由于经济发展水平的差异，全国各地捐资兴学的最终成效不尽相同。浙江、江苏、广东等沿海各省经济较为发达，民间历来有兴学重教的传统，清末捐资兴学的个案数和总金额也在全国居领先地位。浙江平湖 1901 年创办官立学堂时，共筹得资金 16 085 元，知县陈庭勋和 3 名地方士绅的捐资都上千元。该县清末先后开办了 34 所学堂，其中属于捐资兴办的就有 25 所（丁辉，陈心荣，2012：399）。江苏无锡先后有杨模、吴稚晖、胡雨人等捐资或筹资开办了多所新式学堂。1905 年，该县举人华鸿模捐资创办果育小学堂，并以经商和地租收入为其提供充足的办学经费。学生一律免费入学，还可免费住宿。同年，侯鸿鉴筹办竞志女校时更是倾其所有，将个人的积蓄、家藏的古玩、妻子的首饰全部献出，还向亲友及乡邻募捐（无锡县教育局，1992：276）。清末广东捐资兴学的情况也颇为普遍，前文曾提及，仅 1908 年 4 月的《政治官报》就刊载有该省多件捐资请奖事例，金额至少都达白银 1000 两，可见捐资兴学风气之盛。

　　在内陆各省，巨额捐资兴学者也不乏其人。例如，四川省就有广元的曾文中捐银 6900 两，长寿的舒绍法捐银 1 万余两。会理州创设女子实业小学堂时，当地孀妇王夏氏捐银 6000 两。1905 年，嘉定府下属乐山、荣县、威远等 7 县士绅筹建公立嘉定府中学堂，时任四川高等学堂北斋学监的吴天成变卖祖业，独自捐银 2 万余两（四川省地方志编纂委员会，2000：478）。又如，山西省，1906 年有官员丁某、杨某分别向太原官立中学堂捐银 1000 两，刘某向晋阳公立中学堂捐银 5700 两。同年，太谷县令王某协同地方绅士向富户劝捐，为本县高等小学堂筹得经费 3800 两；祁县创办公立中学堂和高等小学堂时，绅商也共计捐银 7500 两（王欣欣，2013：75）。

　　清末新政后期，捐资兴学的热潮还影响到了偏远的少数民族地区。1908 年，定边左副将军堃岫在乌里雅苏台（今属蒙古国扎布汗省）筹设初级师范学堂。唐努乌梁海部蒙古下属的克穆齐克旗总管巴彦巴达尔呼，因捐资该学堂而获得朝廷赏给的花翎和二品顶戴（吕一燃，2013：572）。同年，毕拉尔路（今属黑龙江黑河）协领庆山创办蒙养小学堂，招收鄂伦春族子弟 20 人，并以本人俸禄资助办学经费（李文祥，吴时辉，2009）。1909 年，贵州道真县仡佬族贡生韩腾宣、韩继儒等也在本县淞江乡倡办了 2 所小学堂。这些学堂的开办，既标志着当地少数民族近代新式教育的发端，也充分反映了清末捐资兴学波及地域的宽广。

　　从清末捐资兴学的参与群体来看，仍延续着以官绅为主导的传统倾向。各级官吏或具有功名身份的地方士绅通常既是捐资兴学的发起者，也是其中重要的捐资者，例如，1904 年，张之洞制定完成"癸卯学制"后回任湖广总督，途经家乡直隶南皮，捐银 5000 两建造中学堂、小学堂各 1 所，总称"慈恩学堂"。此外，他还拿出 2.7 万两置办庄田和存放商号，用所得租息充作学堂的日常经费。1905年，直隶总督袁世凯将张之洞"独捐巨资"的事迹呈报朝廷，光绪帝赐予学堂御书匾额，慈禧太后也题写了"振民育德"的牌匾（胡克夫，陈旭霞，2013：211-212）。又如，贵州学政严修在戊戌变法失败后辞职返回家乡天津，1904 年以严氏、王氏2 所家馆为基础，在张伯苓的协助下发起创办私立敬业中学堂。1905 年严修起复为学部侍郎后，学堂得到了更多地方士绅的捐资。次年，乡绅郑菊如捐出天津西南城角的土地 10 亩①供学堂扩建新址。因该地当时称为"南开洼"，学堂也于 1907年正式改名为私立南开中学堂。

除以张之洞、严修为代表的官绅之外，清末随着传统社会结构的分化与转型，新式商人、海外华侨等社会群体也开始以更为主动的姿态出现在兴学运动中，并日渐发挥了显著的作用。

中国古代长期奉行抑商政策，"士农工商"的阶层划分也使得商人的政治地位低下，在文教观念和制度中受到轻视与排斥。鸦片战争之后，传统的小农经济受到冲击，具有资本主义成分的工商业开始得到发展。尤其是在洋务运动期间，一些新式商人买办凭借经济财富主动地参与国家和地方各项政治事务，并寻求自身在体制内的优势地位。他们通过捐纳钱粮来获取官职，或与地方官府以官商合办的方式开办企业，中国早期的官僚资本主义群体应运而生，捐资兴学也是其提升社会地位、获取社会声誉的重要渠道。无论是经商、做官还是办学，晚清著名的"红顶商人"盛宣怀都系其中最具典型性的人物之一。1895 年，时任天津海关道的盛宣怀筹办中西学堂，全部办学经费都是他本人和招商局、电报局董事等新式商人捐助。1898 年，已升任大理寺少卿的盛宣怀又向清廷上奏《为筹集商捐开办南洋公学折》，自己捐献学堂基地，日常办学经费仍由"招商、电报两局众商所捐"（汤志钧等，2007：270-271）。因该校为众商捐资公立，故定名为南洋公学。值得一提的是，天津中西学堂、南洋公学在民国时期分别发展为北洋大学（现今天津大学前身）、交通大学（现今上海交通大学、西安交通大学等校的前身），可谓清末捐资兴学在高等教育领域少有的突出贡献。

与商人相比，明清时期海外侨民的社会地位更是等而下之。朝廷出于闭关锁国的既定方略，多次颁发禁海令，严格禁止民间的海外通商和移民活动。违反禁令者被视为甘于堕落、自绝于王化的贱民，从本国官府得到的不是关照和保护，

---

① 1 亩约等于 666.7 平方米。

而是极其残酷的刑律制裁。乾隆年间制定的《大清律例》第225条即明文规定：
"一切官员及军民人等，如有私自出洋经商，或移居外洋海岛者，应照交通反叛律，
处斩立决。府县官员通同舞弊，或知情不举者，皆斩立决。"鸦片战争前后，西
方资本主义经济势力加速侵入中国，清政府对民间对外通商无力约束，只能转而
采取默许态度，海外侨民的境遇也得到了一定的改善。例如，福建惠安县侨民郭
用锡归国后，不仅未被明正典刑，还于1835年因捐资兴学获得了皇帝的封赐。19
世纪后期，又先后有容闳、丘燮亭、陈嘉庚等华侨在广东、福建独自或集资开办
了一些新式学堂。

　　清末新政时期，华侨的捐资兴学活动更为频繁，且渐成规模化的发展。仅在
福建泉州下辖的南安县，1905～1909年就陆续开办了丰州、燕山、罗英、翁山、
诗坂、诗鳌等6所小学堂。参与捐资的华侨多在海外经商或开办实业，他们兼具
侨民、商人的双重特征，往往比本土商人更为迫切地希望获得政府的认可与社会
的尊重。例如，浙江慈溪的旅日富商吴锦堂（又名吴作镇），先是捐纳巨额钱粮
获得花翎、二品衔、候选道的身份，又于1905年在家乡独资创建锦堂学校，花费
6万元建造校舍和购买设备，另捐出基金5.5万元购买股票和田地，每年收息供学
校日常所用。他还向官府立案，约定将所有校产和基金永久"输入学堂，世世子
孙不得私为己有"。1908年，浙江巡抚增韫专折奏报朝廷，称吴锦堂"热心向学，
深明大义，为晚近所罕见"（徐娣珍，2012：2）。

　　为反映清末捐资兴学参与群体的广泛性，还有两种情况需要简单提及，分别
为女子捐资、僧道捐资。尽管当时的观念和制度并不提倡女性过多地参与社会事
务，但女子捐资兴学的事例仍时有发生。1893年，直隶保安州（今河北涿鹿县）
贡生司云龙遵照生母王氏、继母李氏遗命，为本州书院捐银1000余两。直隶总督
李鸿章奏报朝廷后，准许司云龙为其母自建牌坊，并赏给"乐善好施"匾额（李
鸿章，2008：48）。1907年，河南滑县孀妇高刘氏遵照亡夫高廷玺遗嘱向本县官
立小学堂捐银1000两，经该省巡抚林绍年奏请朝廷后，也获得了同样的表彰（林
绍年，1908）。然而，此类事例中的女性捐资或是经由其子弟代办，或是作为已
故丈夫的代理人办理捐资，女性都不是以完全独立的社会身份出现。

　　受"庙产兴学"运动影响，部分僧人、道士开始主动地参与捐资兴学活动。
1908年，河南省方城县元玄馆道士姚瑞祥在本县博望镇独资捐办三粹初等小学
堂，开办经费和基金共计白银3300余两。地方官员得知后，称赞其"方外羽流，
良堪嘉尚"，并循例向朝廷代为请奖，"以示鼓励，而畅学风"（方城县教育志
编纂领导小组，1991：367-368）。1910年，浙江定海普陀山前后寺方丈开汝邀集

各寺僧人，集资 1000 元在定海南城外吉祥庵开办初等小学堂 1 所。该校名为慈云公立小学堂，"一切悉遵《奏定初等小学堂章程》办法"，招生 60 名，"不取分文"（宁波市档案馆，2013：1822-1823）。

（二）推动教育事业的整体进步

清末新政时期尤其是 1905 年科举制度被废除后，扫清了新式教育发展的最大障碍，也催生了全国性的大规模兴学热潮。据研究者统计，1903 年全国共有各级各类新式学堂 769 所，1905 年增至 8277 所，1906 年又急剧增长为 23 682 所，到 1911 年已有 59 117 所（王笛，1987）。对于清末兴学运动及其历史影响，学界已有相当系统的研究，在此毋庸赘述。这里着重探讨捐资兴学于其中的具体作用。

如前文所述，清末新政时期捐资兴学制度的政策导向主要是小学教育和实业教育，这两类学堂也是当时发展最为快速的。1907 年，全国已有小学堂 33 605 所，学生 895 471 人；1909 年增加为 50 083 所，1 481 389 人。实业学堂同期也由 137 所，8693 人增长为 254 所，16 649 人。与上述两类学堂相比，其他类型新式教育机构的进步就相对迟缓。1907~1909 年，中学堂由 398 所 30 734 人增长为 438 所 38 881 人；大学堂（含大学堂、高等学堂、专门学堂）由 74 所 12 639 人增长为 104 所 18 639 人；师范学堂（含师范传习所、讲习科）则由 541 所 36 091 人反而缩减为 415 所 28 572 人（陈学恂，1987a：296-338）。之所以会出现上述差异，当然是多种因素共同作用的结果，但无疑与政策引导有着直接关系。小学教育和职业教育领域的捐资行为获得了政府的刻意鼓励，也因此更多地吸引了民间人士的兴学热情，进而造成了教育捐资的明显倾斜。

为深入剖析捐资兴学对新式学堂发展的实际影响，可选取表现最为典型的小学堂加以说明。"癸卯学制"将小学堂分为官立、公立、私立三类，其中公立、私立两类分别为集体和个人出资开办，都以捐资为主要经费来源。受捐资兴学热潮刺激，很多地方的公立、私立小学堂数量都远远超过了政府开办的官立学堂。例如，1907 年，江苏共有小学堂 2442 所，其中公立 1418 所，私立 750 所，官立仅 274 所。1908 年，京师督学局所属小学堂共 200 所，其中公立 50 所，私立 97 所，官立 53 所（李桂林等，2007：94）。另据清政府官方的粗略统计，1903 年度全国新增的小学堂中约有 26% 为公立或私立，1907 年度此项比例上升到了 90%（赵利栋，2005：81-85）。小学教育被称为"群学之基"，是学校系统的根基所在，也为中等和高等教育供给了后续的生源。当时的捐资兴学虽然结构分布不尽均衡，但还是能够从根本上推动教育事业的整体发展，应是不争的事实。

在清末捐资兴学潮的整体促进下，传统教育体系中欠缺的某些新式成分也获得了前所未有的发展。除前文提及的张焕纶等捐资创办正蒙书院，开中国新式小学教育之先河外，学前教育、女子教育、特殊教育等都从中受益匪浅。

中国传统教育体系中一直没有制度化的学前教育机构，19世纪后期才有外国教会在福州、宁波、上海等地开办的一些"小孩察物学堂"，数量和规模都极其有限。1904年1月，清政府颁布《奏定蒙养院章程及家庭教育法章程》，标志着我国学前教育制度的发端。虽然该章程并未列提倡和奖励捐资的条款，但社会各界人士还是对此表现出了很大的热情与支持。1907年，宗室贝子载振（民国初期曾按优待清皇族条例，袭爵为末代庆亲王）捐款在北京设立京师第一蒙养院；1908年，山西冀宁道道台曹滋田捐出个人俸银，在省城上马街创办幼稚园。上海、江苏句容、安徽大通（今属铜陵市）和芜湖、江西宜黄等地，一些个人捐资兴办的小学堂内也附设幼稚园或蒙养院。福建福州的公立幼稚园则采用"民办官助"的方式，开办经费由候补知府戴培基捐助，日常费用主要由本地士绅设法捐募，官府每月补助200元（李桂林等，2007：19-28）。

受封建传统观念所限，女子长期被排斥在正规教育体系之外，只能在家接受"三从四德"等封建伦理教育。鸦片战争后，沿海等地陆续出现了一些外国教会开办的女塾，清政府对此无力取缔，只能继续严禁国人自办女学。即便是1904年全面兴设新式学堂时，仍断然宣称："中国男女之辨甚谨，少年女子断不宜令其结队入学。女子只可于家庭教之，或受母教，或受保姆之教。"（璩鑫圭，唐良炎，2007：400）尽管如此，还是有一些民间士绅突破禁令，出资开办了某些本土化的女子教育机构。1898～1902年，先后有经元善、吴馨、蔡元培在上海开办经正女学、务本女塾、爱国女学，江兰陵在苏州开办兰陵女学，严修在天津创办严氏女塾等。1903年湖北巡抚端方拨发官款，在武昌阅马场创办湖北幼稚园。这是中国的第一所官办幼儿教育机构，内部还附设女子学堂。此种培养层次颠倒的附设方法，中外教育史上都极为罕见，实则是为规避朝廷严禁女学的无奈之举，也足以说明当时不少政府高层官员都对女学持积极态度，开放女禁已是大势所趋。迫于各方压力，学部于1907年颁发《女子小学堂章程》和《女子师范学堂章程》，正式承认了女子接受小学教育和中等师范教育的权利。禁令一开，女子教育旋即得到迅速发展。1908年，全国共有女子小学堂18所，学生755人，1909年猛增为298所，13 489人（陈学恂，1987a：320-338）。这些女子学堂大多由民间自行筹资开办，公立和私立合计占到了约70%。

特殊教育在中国近代的发展路径确实最为"特殊"，直至清末尚未诞生本土化的教育机构，仅有外国传教士开办的几所学校。1874 年，苏格兰圣经公会牧师穆瑞（W. Murray，？—1911）在北京创办"瞽叟通文馆"。1887 年，美国北长老会传教士梅里士（C. R. Mills，1829—1895）夫妇在山东登州开办"启喑学堂"。此后，又陆续出现了汉口训盲书院、广州明心瞽目学校、福建古田明心盲院、福州盲女书院等特教机构。这些学校的办学经费除靠教会拨款外，还来自中外各界人士的热心捐助。例如，时任山东巡抚的袁世凯曾亲自前往登州启喑学堂参观，"并给予了价值不菲的礼品赠与。与之相仿，还有一些中国的地方官员和教徒们也有这样的行为"（郭卫东，2012：86）。可见，中国近代特殊教育的初步发展亦得益于中外人士共同的捐资行为。

二、内在缺陷

清末的捐资兴学制度初创于戊戌变法时期，在清末新政时期得到进一步完善，有效地激发了社会各界的兴学热情，推动了全国教育事业的整体发展。然而受种种因素所限，当时的政策制定与实施环节还存在某些内在缺陷，引发了一定的负面效应，甚至对民国时期相关制度的后续发展造成了长期的消极影响。其中表现最为突出的恰恰是与积极成效相矛盾的两大悖论，即在推动全国教育事业整体发展的同时，客观加剧了各地教育的不均衡发展；激起社会各界兴学热情之余，又逐渐遭到了部分基层民众的反感和抵制。

"癸卯学制"采取分级办学、分级管理模式，规定大学堂设立于京师，分科大学堂、高等学堂设立于省城，中学堂设立于各府、州、县治所，小学堂设立于县城或县内大镇。除京师大学堂举全国之力开办之外，各级学堂的开办与日常经费都由地方自行筹集，官立的主要依赖本地官府拨款，公立和私立的主要依赖个人和集体捐资。这种教育财政体制淡化与回避了中央政府的统筹拨付职能，必然会造成和扩大各地教育的不均衡状态。归根到底，无论地方政府能够筹集和投入的教育经费，还是地方民众能够捐献的兴学资金，都与当地经济发展水平直接相关。1907 年学部总务司编制的《各省学务统计总表》表明，该年度全国各省教育经费存在着非常显著的差异。直隶、奉天两省分别作为清王朝的"首善之区"和"龙兴之地"，地方经济尚称发达，民间的大额教育捐资较多，又得到了朝廷的刻意扶持，教育经费各有 175 万两、122 万两，居于全国的前两位。沿海的山东、江苏、浙江、广东，内陆的湖北、湖南、四川等省，教育经费也在 80 万两以上。而边远的贵州、甘肃两省地瘠民贫，教育经费仅各有 23 万两、12 万两。当时的小学教育受捐资兴学影响最深，反差也表现得最为明显。1907 年直隶有小学堂 7868

所，学生共 146 794 人；甘肃只有 450 所，10 192 人（陈学恂，1987a：295-303）。当然，造成上述现象的原因较为复杂，主要是不同地区经济水平与文教基础的差距，并非捐资兴学本身的问题，但各地捐资的多寡不均确实客观上加剧了地区间教育发展的失衡。

清末捐资兴学制度实施过程中的另一大矛盾是某些具体措施触犯了基层民众的经济利益或精神信仰，遭到了他们的强烈不满甚至武力抵制，其中以"乡民毁学"和"庙产兴学"风波最为典型。

1902 年，梁启超发表《教育政策私议》，提出小学经费"皆由本校、本镇、本区自筹。其有公产者，则以公产所入支办之。其无公产或公产不足者，则征学校税，如田亩税、房屋税、营业税、丁口税等，或因其地所宜之特别税法，以法律征收之，以为创设学校及维持学校之用"。不肯缴纳者，"则由教育会议所禀官究取"。他还建议各地开征的税目不得超过两项，如仍有不足，由地方官府酌予补助。鉴于当时各类捐税已相当繁重，再征收学校税可能会引发民众的不满，梁启超又自问自答，模棱两可地解释道："今日租赋名目既已繁重矣，加以赔款频仍，军事屡作，朘削悉索，复欲益以学校税，民其乐输之乎？曰：是又不然。"其理由不外乎是如果税收取之于民，用之于民，广大群众是能够理解和积极支持的，"虽极重而民犹乐也"，并且"中国之赋税比较列国，最称轻简，即合以污吏之婪索中饱，犹不能及欧美文明国三之一也"（璩鑫圭，童富勇，2007：260-262）。

梁启超宽筹教育经费的出发点固然不错，但具体方案多有自相矛盾之处，片面地曲解了西方国家的税收与福利制度，否认了政府对基础教育应尽的设置与保障义务，将教育经费的筹集责任完全转嫁于基层民众。从清末的实际情况来看，很多地方的具体做法更为离谱，教育捐税名目之繁多也远远超出了梁启超的设想。仅在山西一省，各级官府就"创造性"地发明和征收了多种教育捐，包括斗捐、铺卷、盐捐、戏捐、煤捐、畜牲捐、油捐、酒捐、烟捐、皮捐、铁捐、河滩湿地捐、船筏捐、花布捐、丝捐等（王欣欣，2013：78-82）。凡与百姓日用相关的各项产业或物品，都被强制加捐。又如内地某乡，地方经济和百姓收入相当窘迫，只是因为"产竹颇盛"，当地官府就准备"抽收竹捐，以为学堂经费"，使民众"怨声载道"（李桂林等，2007：142）。如此巧立名目，地方官吏和经办人员又上下其手，中饱私囊，将本该属于自愿的"捐"变为强制征收的"税"，无怪乎会遭到当地民众的强烈不满。1906 年，学部发布《各省教育会章程》，严令各级教育会及其成员不得以兴学为名"勒索捐款，取图私利"（陈学恂，1986：603）。1907 年，晚清名儒孙诒让也在《学务本义》一文中要求立即整顿清查教育捐税，

"可收者收之，以补不足，其略涉苛细不易收者，一概蠲免"（璩鑫圭，童富勇，2007：519）。然而，很多地方的教育捐税仍有增无减，持续引发民愤，对捐资兴学制度和地方学校教育造成了极为恶劣的消极影响，清末新政后期更是激起了轰动一时的"乡民毁学"风潮。

据《东方杂志》和《教育杂志》两份刊物所载，1909 年 8 月至 1911 年 7 月的两年内，全国各地先后发生多起严重的"乡民毁学"事件。例如，直隶丰润县丰台镇盛产芦草，乡民多以编织芦席为生。1909 年 8 月，丰润县令马某为筹集办学经费，决定在该镇抽收席捐，丰台乡民"三十二庄，四千余人出力抵抗"，并集会约定："以毁学杀绅为主，打死学堂一人，奖东钱四千吊；被打而死者，每年养家钱一千吊，以十年为度；伤者每日养伤钱一吊；打死学人而抵命者六千吊；与学堂构讼之费，由席户均摊，倘再不敷，每席一张捐铜元四枚。有犯会规者，打死不论。"随后，乡民与当地营官和兵士发生暴力冲突。"兵民互相激斗，兵役受伤者二十余人，葛营官身受重伤，乡民受伤者尤多，并有因伤毙命者。一时商店、居民皆关门闭户，该镇直成为战场。"乡民又逼迫县令具结立碑，承诺"将丰润界内之学堂及附近由学堂出租之房屋皆拆平为卖席场，并将董事（指地方学董）交出任其打死，且永不准再立席捐名目"。直隶总督得知后，派重兵前往弹压，风潮才得以平息（佚名，1909）。

1910 年 3 月，浙江上虞县（今属绍兴市）乡民 2000 余人尽行捣毁本县学堂及教育会、劝学所、巡警局、统计处等机构，并将负责抽捐的几名乡绅住宅拆为平地，又劫掠商店 2 家。"知县黄某令军队放枪，击毙十数人，伤五十余人，众始解散。"同年 8 月，江西宜春县乡民千余人"因反对抽捐学款，聚众来城滋事"，准备冲入县城，尽毁学堂。当地知府会同巡防管带出兵弹压，"兵民互有受伤"。初六日，"城外旗帜张天，炮声震地，乡民已四逼城下"，守城兵士开枪击毙多人后，乡民才暂时退散。初十日，官府委派"绅士力劝乡民就抚，查明学堂苛捐，列条给示，勒碑示禁"，乡民遂"感戴散归，一律肃清，市面照常"。在此前后，四川、广东等多个省份都发生了类似的毁学事件，以致时人惊呼："毁学果竟成风气耶？"《东方杂志》对此曾有较为客观公允的时评："按其原因，则知愚民之毁学，固非有意与学堂为难，实由平昔官府之敲扑过甚，故借此而一泄其忿焉。"（李桂林等，2007：229-236）

在教育捐税最为苛杂的山西省，1911 年秋也发生了高平县"干草会"事件。时值辛亥革命，以阎锡山为首的新军起义并占领太原，山西全境局势动荡，该省高平县乡民对学堂和警政捐税早已不满，于是在当地封建保守势力的怂恿下发起暴动，遍发鸡毛信声称"进城先剿洋学堂，以后再杀巡警兵"。因乡民多数手持干草和木棒，用来照明和当作武器，故称为"干草会"。他们闯入县城后，捣毁并焚烧小学堂、巡警局，学堂教员郜某的住宅也未能幸免，被"放火烧房，烧死三人"。高平县下属各乡村随即民变四起，共有士绅100多家被劫掠焚烧（郝锦花，2013：367-368）。

清末新政后期蔓延全国的"乡民毁学"事件，实质上是中国封建传统教育向近代新式教育全面转轨过程中固有矛盾的集中爆发。朝廷急于在全国迅速兴学，又没有充足的经费保障，所以制定相关政策，大力发起和激励社会各界捐资兴学，而各级地方官府在实施过程中有意地曲解了捐资的本意，改为强制征收，遭到了基层民众的抵制与反抗。若详加考察多起毁学事件，又可发现封建传统文教观念依旧存在。书院改制与科举废除后，部分沉醉于传统功名仕途或凭借传统教育机制谋生者倍感失落与怨愤，转而仇视整个新式教育系统，利用群众对教育税捐的不满，乘机煽动捣毁新学堂。与之类似，清末"庙产兴学"风波同样是由于兴学政策在执行过程中失真，进而引发了新旧观念的剧烈冲突。

清末"庙产兴学"的动议始于戊戌变法期间。1898年5月，张之洞在《劝学篇》中建议将民间用于赛会、演戏、祠堂的经费改作学款，并将各县70%的寺庙、道观及其田产征用为学堂学产。他还提出了补偿性的奖励措施，"计其田产所值，奏明朝廷旌奖，僧道不愿奖者，移奖其亲族以官职"。张之洞乐观地估计："如此，则万学可一朝而起也。以此为基，然后劝绅富捐资以增广之。"（璩鑫圭，童富勇，2007：104-105）同年7月，康有为上奏《请饬各省改书院淫祠为学堂折》，也提出"改诸庙为学堂"。随后光绪帝以谕令指示："民间祠庙，其有不在祀典者，即着由地方官晓谕民间，一律改为学堂，以节靡费而隆教育。"（汤志钧等，2007：121）就上述君臣3人的观点来看，他们对庙产兴学的范围、方式都有所保留，并未将实施对象划定为所有的庙观及庙产，而是其中的一部分或"不在祀典"的所谓"淫祠"，推行方式也以劝谕、奖励为主。

清末新政时期，庙产兴学再次被提上议事日程。朝廷发布的相关规定较为简单和模糊，仅有1904年《小学堂章程》中的"小学堂现甫创办，可借公所、寺观等处为之"，"如有赛会、演戏等一切无益之费积有公款者，皆可酌提充用"，以及1906年《奏定劝学所章程》中的"查明某地不在祀典之庙宇、乡社，可租赁为学堂之用"等寥寥数语。地方官府具体执行时又将朝廷的规章随意曲解放大，强制征用本地各处庙产。当时已有不少僧道迫于形势愿意主动出资办学，但还是有人激进地表示应将所有庙观强行封闭，全部收归兴学之用，也不允许僧道捐资自办学校。就此矛盾，张元济在 1906 年《为寺庙办学致学部堂官书》中表达了个人的审慎态度。他首先一针见血地指出僧道捐资办学多系迫不得已，即通过牺牲部分资产来证明自身对兴学的积极响应，希望以此避免产业被全部充公的更恶劣结果，"用心良苦，亦大可怜"。官府对之应给予保护和鼓励，而非强制和逼迫。他还由此引申剖析了当时中国宗教与教育的诸多问题，认为西方教会教育势力不断扩张，日本僧徒又伺机渗透和操控中国佛教界。出于保护本土宗教、对抗教会教育等多种原因，政府应拟定稳妥章程，引导和支持本国僧道的办学举动。这样既可有效增加地方学产，也能使僧道更多地接触和了解科学文化知识，并逐渐通过他们的转变来"启导愚民，减杀迷信"（璩鑫圭，童富勇，2007：389-390）。

　　处于 20 世纪初中国的社会观念和现实背景下，张元济的看法可谓较为理性与温和。但很多地方官府和劝学士绅急于求成，强征庙产的现象日渐严重，与寺观僧道的矛盾纠纷时有发生，并因征庙设学、革除赛会、裁撤神像等举措触犯了部分基层民众的精神信仰，进而造成乡民暴力毁学。例如，浙江慈溪县 1910～1911 年就先后发生了两起毁学事件。1910 年春，大批乡民涌入县城，将城内原永明寺改设的正始学堂捣毁焚烧。1911 年春，该县西塘镇乡民按传统习俗举行城隍庙赛会，经过本镇求益学堂门口时遇到地方自治议员劝阻，乡民与之发生冲突，并迁怒于学堂，"蜂拥入校，捣毁一空"，当地的平川学堂也被波及（李桂林等，2007：235）。又如四川崇庆县，1910 年夏季久旱不雨，乡民认为是当地庙宇改设小学堂之故，于是将学堂捣毁，恢复神庙。

　　总的来说，清末捐资兴学制度的整体成效值得肯定，也存在很多不足之处，可谓进步与缺陷同在，发展与矛盾并存，其中很多措施不仅直接作用于清末的社会与教育时局，而且有着深远的历史影响。直至今日教育捐赠、捐资办学、集资办学等，其正式的制度皆出自此。

第二章 民国捐资兴学制度的时代背景

捐资兴学之所以在民国时期具有特殊地位和显著影响，并非政府办学经费充足时的锦上添花，而是迫于形势的无奈之举。经济基础决定上层建筑，其时教育经费短缺的根源诚然是社会生产力和经济水平的低下，但教育财政体制的先天不足、长期战乱的直接和间接损害、教育经费频遭挤占且独立失败，也是引发矛盾之重要因素。民国教育沿用前清旧例，采取分级办学、分级管理方式，多数教育机构的经费由基层地方政府和民众自行负担。加之内外战乱频仍，军费开支浩繁，原本就已有限的教育经费时常遭挤占挪用，无法得到充足稳定的保障，寻求教育经费独立的多次尝试也最终宣告破产。政府办学经费匮乏，难以维持和发展教育事业，只能转而寻求社会力量捐助支持，或是指望个人或民间组织开办私立学校来填补缺口。

第一节　教育财政体制先天不足

1912 年 1 月，中华民国临时政府教育部宣告成立，随即着手恢复整顿教育秩序，通电各省施行《普通教育暂行办法》，要求各地小学限期开学，"中学校、初级师范学校，视地方财力，亦以能开学为主"（李桂林等，2007：473）。同年 6 月，教育总长蔡元培向参议院发表施政演说，表示"专门教育经费，取给于国家税，或以国有财产为基本金；普通教育经费，取给于地方税，或以地方公有财产为基本金"（蔡元培，1912）。当时所谓"专门教育"主要指高等教育和留学教育，"普通教育"的内涵则更为宽泛，除普通中学教育、小学教育、学前教育外，还包括中等师范教育、初等及中等职业教育。可见，民国伊始就确立了基础教育经费由地方自筹的基调。

一、北洋政府时期

民国成立后，蔡元培鉴于"民国既立，清政府之学制最必须改革"，开始谋划制定民国新学制。在他的领导主持下，教育部拟定《学校系统案》，构建了新学制的基本框架，经 1912 年 7 月召开的全国临时教育会议讨论通过，于同年 9 月正式公布施行。因该年为农历壬子年，故称"壬子学制"。此后至 1913 年 8 月（时为农历癸丑年），教育部又陆续颁布了针对各级各类学校的 10 多项单行规程或法令，在原有框架的基础上加以充实完善。《学制系统案》连同后续的规程法令总称为"壬子癸丑学制"，其中对各级各类学校的行政归属、经费来源都作出了明确的规定。

高等教育阶段，《专门学校令》将专门学校（高等职业教育机构）分为国立、公立、私立三类。国立的由教育部直接办理，公立的为各省政府开办，私立的为"私人或私法人筹集经费"开办。《大学令》的规定与《专门学校令》相仿，而《师范教育令》则明确限定"高等师范学校定为国立"，经费"以国库金支给之"。高等教育的整体导向以政府办理为主，虽然个人或民间组织获准开办私立大学和专门学校，但受到了诸多政策限制。1912 年 11 月和 1913 年 6 月，教育部先后颁行《私立专门学校规程》《私立大学规程》，对办学资格、学科设置、校址校舍、经费设备、教师资质、招生名额、修业年限等进行严格规定，甚至连校内饮用水的成分报告都要上交教育部审核。1913 年 12 月，教育部发出《取缔私立大学之布告》，提到"现在政府大政方针对于高等教育一项，有严行监理诸私立大学之言"，要求各私立大学限期报备，审查合格后才能正式立案，否则进行取缔，"决不稍事姑息"。

中等教育阶段，《中学校令》将中学分为省立、县立、私立三类，县立者可由一县单独设立或数县联合开办。《师范教育令》对中等师范学校的分类与中学一样，但省立和县立师范学校经费都"以省经费支给之"。《实业学校令》对甲种实业学校（中等职业教育机构）的分类更为复杂，包括省立、县立、乡（镇）立、公立、私立五类，其中前三类为各级政府开办，公立类为地方农工商会等公法人开办，私立类为私人或私法人开办。

初等教育阶段，《小学校令》将小学分为初等、高等两段，两段并设者称为两等小学校。县级只办理高等或两等小学校，乡（镇）政府、私人或私法人都可开办初等、高等、两等小学校。乙种实业学校（初等职业教育机构）的开办方式与甲种实业学校相仿，也可为五类。学前教育层次的蒙养园与特殊教育领域的盲哑学校，可参照小学校办理（璩鑫圭，唐良炎，2007：663-742）。

就上述"壬子癸丑学制"各项规程法令的具体规定来看，分级办学、分级管理的特征极为明显。而在教育财政体制方面，中央政府只承担国立高校经费，省级政府承担省立专门学校、中等学校和县立师范学校经费。县级政府的办学任务最为繁重，必须同时承担县立中学、甲种和乙种职业学校、高等或两等小学的经费。即使是乡镇级政府，也需要筹集自办的职业学校、小学校经费。当时各级政府都存在教育经费严重短缺的问题，因此不得不扩大民间组织或个人的办学权限，允许开办各级各类私立学校（高等师范学校除外），办学经费自然主要由开办者自行解决。总而言之，大多数学校的经费都是由地方基层政府和社会民众负担的。

袁世凯阴谋复辟帝制期间，在文教领域全面推行封建复古逆流，并将教育财政负担进一步推卸到地方基层。受其指使，教育部于 1914 年 12 月制定《整理教育方案（草案）》，规定"各县小学，均令就地筹款开办，以养成人民之自觉力"，甚至要求所有"所入足以维持生活而有余者"对于当地教育事业"均负设立及维持之义务"。1915 年 2 月，袁世凯又以大总统的名义发布《颁定教育要旨》，将民国初期的"五育并举"教育方针篡改为"爱国、尚武、崇实、法孔孟、重自治、戒贪争、戒躁进"七项教育要旨，其中的"重自治"鼓吹教育界应"自营""自助"，能够"不必依赖而自活"，通过所谓"地方自治力"来办理教育事业。为配合袁世凯的论调，时任教育总长的汤化龙曾在 1914 年 9 月发表过如下见解："近日观察教育者，多因经费缩减，以为政府不甚注重教育，以致现象颓落，至为可虞。予意不然，政府困于经济，教育事业不能扩张，不过一时不得已之举。实则教育一事，以政府之力经营者范围之少，根本所托必在地方。故政府不注重教育

不足忧，社会不信赖教育乃可虑。"（中国第二历史档案馆，1991：293）

遭袁世凯政府肆意篡改的还有"壬子癸丑学制"的学校结构，1915年1月出台的《特定教育纲要》违背教育民主公平的时代趋势，在小学教育阶段全面推行双轨制，将初等小学校分为两种：一种是面向普通民众子弟的国民学校，"以符义务教育之义"；一种是为少数社会上层子弟提供的预备学校，"专为升学之预备"。此外，《特定教育纲要》又重新划定了各级政府的办学层次。全国共设大学4所、高等师范学校6所，经费"由部款支出"；专门学校由各省设于省会及省内经济繁盛地区，"由部款或省款支出"；中学、中等实业学校为各县单独开设或数县联合开办，"由省款及县款支出"；中等师范学校为各道独设或两道合设（民国初期沿用清制，将各省分为数道，道下辖若干县），"由省款支出"；地方小学"均令就地筹款开办"。同年7月，教育部经袁世凯批准后公布《国民学校令》《高等小学校令》，补充指明"县立高等小学校之经费由县经费支给之"，各自治区开办的高等小学校、国民学校经费由本自治区负责（璩鑫圭，唐良炎，2007：747-790）。所谓"自治区"实质为县内的各乡镇。

与"壬子癸丑学制"相比，袁世凯政府篡改后的办学及其财政体制主要有两点变化。一是继续将政府的办学责任向基层转移，省级政府不再直接开办中学、初等和中等实业学校。二是部分政府所办学校的财政拨款责任更为模糊，虽然规定中学和中等实业学校"由省款及县款支出"，但这两类学校得到的省款有限，更多的只能由县级财政自行筹集。至于民间组织或个人，除原有高等师范学校的限制外，还被剥夺了开办私立大学的资格。由于当时全国政局混乱，中央政府发布的政策法令难以在各省有效施行，很多省份对上述变动持观望或抵制态度，仍保留原有旧制，使得当时全国各地的学校体系极为混杂无序。

袁世凯复辟帝制失败后，教育部着手整肃教育领域的封建遗留问题，重建并稳定学校教育秩序。1916年10月9日，同时下发《废止预备学校令》《修正国民学校令》《修正高等小学校令施行细则》，废除了小学教育阶段的双轨制。1917年9月，又公布《修正大学令》，恢复了民间组织或个人开办私立大学的权限。但在教育财政体制方面，没有给予明确的政策规定和责任划分，以致此后数年间很多地方基层学校的经费来源渠道相当混乱与匮乏。

新文化运动前后，教育界以"民主""科学"精神为指引，并深受美国进步主义教育运动影响，开始酝酿改革学制。1921年10月，全国教育会联合会第七届年会在广州召开，以学制改革为主要议题，各省代表激烈争议后形成"学制系统草案"，面向全国公开征求意见。1922年9月（时为农历壬戌年），教育部组织召开学制会议，对草案加以修订，又提交次月召开的全国教育会联合会第八届年会商讨。同年 11 月，最终以大总统令的形式发布《学校系统改革案》，即"壬戌学制"或称为 1922 年"新学制"。此次学制在基础教育阶段的突出变化是将中学分为初、高两级，并且取消了初等职业教育机构。整体的层次结构也更为合理有序，更符合学校教育与个人发展的科学规律。然而遗憾的是，该学制系统并未厘清和理顺教育财政体制，对于各级各类学校的经费来源语焉不详，只有 1923 年 5 月《实施新学制中小学校进行及补充办法》中"初级中学得由县经费设立，以求普及，但不得移用小学经费"的只言片语。加之地方教育自治和分权主义盛行一时，"壬戌学制"也在核心标准中列有"多留各方伸缩余地"一项，实际上是将相关权责下放给了各省，由其自行决定。

从各省分别制订的方案来看，关于政府办学及其财政体制的具体规定并不完全相同。例如，安徽省的《学制改革案》表示，"初级小学以市、乡经费负担设立为原则，完全小学及高级小学以县经费负担设立为原则"[①]，"初中以县经费设立为原则，在县教育经费不足时，亦得以省款设立或补助之"，高中以省款设立。山东省的《学制标准办法》、江西省的《实施新学制大纲》规定初级小学和高级小学以乡、镇经费设立，完全小学以县经费设立，"中等学校由省经费设立之，但初级中学得以县经费设立"。而吉林省的《学校施行新制标准》规定初小由自治区（乡、镇）设立，高小由县设立，完全中学由省经费设立，初级中学由县经费设立（璩鑫圭，唐良炎，2007：1012-1063）。整体而言，初小、高小、初中的办学责任都落在了县级、乡镇级政府头上，省级政府只办理高级或完全中学，多数的教育财政负担仍由地方基层政府承受。其实民国前期，教育部曾有以国库补助各省初等教育经费的计划，"迭次提列预算，以冀实行"，但均因"库款维艰，概从删削"（中国第二历史档案馆，1991：53）。对此，1925年第十一届全国教育会联合会通过的《实行义务教育应规定筹款办法案》尖锐批评道："所需经费，向无详细之规定，教育部以空言责之各省，各省以空言责之各县，各县之能自谋者，仅零细杂捐而已，且不易邀财政官吏之核准。"（李桂林等，2007：532）

---

① 当时的地方行政区划同样缺乏统一标准，部分省份在县下设"市"，实际与乡、镇平级。按照内务部之规定，10 万人以上聚居一处者为"第一级特别市"，5 万～10 万人为"第二级特别市"，1 万～5 万人为"普通市"，不足 1 万人为"乡镇"。

二、国民政府时期

南京国民政府成立后，为了配合"三民主义"教育宗旨的实施，决定调整学制。1928 年 5 月（时为农历戊辰年），大学院召开第一次全国教育会议，以 1922 年"壬戌学制"为基础，制定并发布了《整理中华民国学校系统案》，史称"戊辰学制"。此后数年间，教育部又陆续出台了针对各级各类学校的单行规程或法令，对"戊辰学制"加以完善补充。与"壬戌学制"相比，"戊辰学制"的学校结构没有大的变化，但关于办学及财政体制的规定更为细化明晰。

高等教育阶段，1929 年 7 月《大学组织法》《专科学校组织法》将大学、独立学院、专科学校分为国立、省立、市（指特别市，与省平级）立、私立四类，分别由国家教育部、省政府、特别市政府、私人或私法人设立。由于在此前的"高师改大"运动中，原有的高等师范多数先后改制为综合大学，当时的高等师范教育机构仅有国立北平师范大学 1 所，自然也无所谓分类问题。

中等教育阶段，1932 年 12 月《中学法》《职业学校法》将中学和职业学校分为省立（含院辖市立）、县立（含省辖市立）[①]、联立、私立四类，其中的联立者为两个或多个县合设，办学级别视同为县立。《师范学校法》则将师范学校分为省立、县立、联立三类，原则上不允许私人或民间团体开办。

1935 年 6 月，教育部公布《修正中学规程》《修正师范学校规程》《修正职业学校规程》，进一步明确了各类中等学校的名称归属与经费来源。以中学为例，"省立中学以所在地地名名之，县（市，指省辖市）立中学迳称某某县（市）立中学；一地有立别相同之公立中学二校以上者，得以数字之顺序区别之，或以区域较小之地名为校名；联立中学称某某县联立中学，私立中学应采用专有名称，不得迳以地名为校名"。省立、县立中学的开办与日常经费，由本级政府款项支给，联立中学经费由联立各县共同支给，私立中学经费由其校董事会支给。此外，"县立中学如确因地方贫瘠及成绩优良，得受省款补助"，私立中学如果办学成绩确属优良，也可受公款补助（中国第二历史档案馆，1994：413-462）。

初等教育阶段，1932 年 12 月《小学法》将小学分为省立、县（省辖市）立、

---

① 1928 年 7 月国民政府发布《特别市组织法》，规定特别市直辖于中央政府。至 1930 年 1 月，先后设有南京、上海、北平、天津、汉口、青岛、广州等特别市。同年，颁布《市组织法》，将特别市改称院辖市，受行政院直辖，并规定各省可下设省辖市，与县平级。

区立、乡（镇、坊）立、联立、私立六类[①]，名称和归属颇为繁杂。1936 年 7 月《修正小学规程》对此补充简化为："省立小学以所在地地名名之；县市（省辖市）以下公立小学以区域较小之地名为校名；一地有立别相同之公立小学二校以上时，得以数字之顺序别之；私立小学应采用专有名称，不得以地名为校名。"（中国第二历史档案馆，1994：538-540）

总的来看，这套学制的设学层级有所上移。与 1922 年学制相比，省级和县级政府都更多地承担了基础教育阶段的办学和财政责任，有利于中小学教育的稳定发展。更为重要的是，1935 年 6 月教育部制定《实施义务教育暂行办法大纲》，计划用 9 年的时间在全国分 3 期普及四年制义务教育。为完成这一任务，同时出台《中央义务教育经费支配办法大纲》，指明"义务教育经费以地方负担为原则，但对于边远贫瘠省份及其他有特殊情形之省市，得由中央酌量补助之"。稍后，教育部又拟定施行细则，补充强调义务教育经费主要由各级地方政府筹集，中央酌量补助。其中县市（省辖市）立以下小学"应按照各地方情形或指定学产，或指定特种捐税收入充之，并得劝导人民尽力捐助"（中国第二历史档案馆，1994：610-628）。

1935 年，国民政府中央向 30 个省市发放了义务教育补助费，总额合计 320 万元。1936 年和 1937 年，分别增加到 462 万元、609.5 万元，补助地域除原有 30 省市外，还新增了西藏地方[②]。该项经费本来就不多，分配于各省市更是杯水车薪，发挥的作用相当有限。例如，1936 年全国义务教育所用经费共计近 1.2 亿元，其中中央补助费只占约 1/25。再算上非义务教育性质的高小、中学，基础教育经费仍主要由地方自行负担，但毕竟开创了民国时期中央政府补助地方的制度先河。从某种程度上也可看出经过所谓"黄金十年"的经济发展，国民政府的财政收入情况渐有好转，也能够拿出更多经费支持地方教育，整个教育财政体制的支付重心出现上移趋势。可惜全面抗战时期，我国教育事业遭受惨重损失，各项经济、文教政策被迫转入战时轨道，国家和地方教育经费也受到了明显的消极影响，财政负担又重新向基层倾斜。

1938 年 4 月，国民党临时全国代表大会通过《战时各级教育实施方案纲要》，提出"中央及地方之教育经费，一方面应有整个之筹集与整理办法，并设法逐年

---

① 当时县下设区，区下设乡镇。"坊"指县或省辖市城区的街坊，行政级别与乡镇平行，类似于今天的街道。联立小学指数个区或乡、镇、坊联合设立的小学。

② "西藏地方"是当时官方称呼。

增加，一方面务使用得其当，毋使虚靡"。教育部据此制订了战时各级教育的具体实施方案，也表示"中央补助各省市之义务教育与民众教育经费，仍应按照预定计划，逐年增加，以期达到预定之目的"（中国第二历史档案馆，1997a：15-32）。然而实际的办理情况并不乐观，1939年9月国民政府公布《县各级组织纲要》，宣布实施"管、教、养、卫合一"的"新县制"。与之相配合，教育部于1940年3月颁行《国民教育实施纲领》，将义务教育制度向国民教育制度全面转轨，初等小学教育与成人补习教育合流，原初等小学改制为国民学校，由乡镇及其下设的保开办，分别称为乡（镇）中心学校、保国民学校。该纲领还规定："保国民学校之经费，应以由保自行筹集为原则，不足时应由县市（省辖市）经费项下支给之。"乡（镇）中心学校经费除教员薪水由县级财政支付外，其余费用由所在地方自筹（中国第二历史档案馆，1997a：424）。至于中央义务教育补助费，总额确实在逐年增加，但远远赶不上通货膨胀的速度，甚至只能算是聊胜于无。例如，1944年安徽省国民教育经费来源构成为中央补助费72万元，省财政支出约59.2万元，各县级财政支出共计约1241万元，各乡镇、保自筹共计约1930万元（中国第二历史档案馆，1997a：532-533）。

总之，民国时期的教育经费尤其是基础教育经费始终主要由地方基层自行负担，中央政府缺乏合理的全国性统筹规划，导致教育发展的地区差异更为明显，也使地方教育财政体系极为脆弱，每遇重大变故便难以维持，更是难求进步。例如，清末教育财政情况尚称良好的奉天，民国初期"教育经费迭次缩减，兼之水旱频仍，致教育有停顿之势"。因地方财力困窘，"一般人民对于学校教育颇抱悲观"（李桂林等，2007：557）。1928～1929年，安徽滁县（今属滁州市）连遭旱灾，以田租为主要来源的教育经费无从筹集，省督学董淮视察当地学校后不由悲叹："该县教育经费专恃田租，而本年又值歉收，所以大感困难，差不多算到山穷水尽的地步。"（滁县地区教育志编纂委员会，1997：215）当各级地方政府的办学经费匮乏欠缺，无力设置充足的学校或维持现有学校运转时，只能寻求发动社会力量的捐助支持。

第二节　教育经费频遭挤占挪用

民国时期，本就相当有限的教育经费频频被挤占挪用，其中影响最大者莫过于长期战乱环境下军费的巨额开支。南京临时政府成立之际，就疲于应付清军的军事进攻，根本无力顾及教育经费问题。据时任教育部秘书的蒋维乔回忆，他1912

年1月13日随蔡元培面见孙中山，请示教育部办公地点等事项。孙中山的回答为："此须汝自行寻觅，我不能管也。"蔡元培只得通过私人关系借得某处3间房屋，作为教育部的办公处（舒新城，1928：196）。教育部的办公场所都是如此，教育经费的窘境可想而知。

北洋政府时期，更是从无宁日，历次讨袁、护国、护法运动，加之各地军阀盘踞一方，混战连绵不绝，中央和地方政府为扩充军备而耗费巨额军费，教育经费不断遭严重挤占。1916年11月，教育部召开全国教育行政会议，江苏省教育司代表汇报本省"历年经费以兵事取给无遗"，1913～1914年教育费实际支出不到预算的一半。教育部总长范源濂、次长袁希涛在发言中也多次提到"学款移作他用，又或按预算延不发给"，"财政困难，教育行政受其限制"等语（中国第二历史档案馆，1991：642-659）。1925年，中央年度收入约为6043万元，其中竟有约5030万元用于军费开支，所占比例为83.24%（熊贤君，1996）。

南京国民政府形式上统一全国后，局势也远不安定。国民党政权不断重兵"围剿"苏区，内部又先后发生蒋桂战争、中原大战等多次新军阀战争。西安事变后，国共暂时和解，抗日战争旋即全面爆发。抗日战争结束不久，中国大地再次陷入战争烽烟。受长期内外战乱影响，军费开支始终居高不下，教育经费持续匮乏短缺。如表2-1所示，1928～1945年军费开支在国家总预算中的占比均在36%以上，最多的时候竟然达到87%，而教育经费占比一直在5%以下徘徊，最少的时候仅有1.46%。

表2-1　国民政府时期军费开支、教育经费占国家总预算比例简表　单位：%

年份	1928	1929	1930	1931	1932	1933	1934	1935	1936	1937	1938
军费开支占比	48.40	41.90	40.30	40.60	45.90	44.60	41.20	36.40	44.60	66.00	60.00
教育经费占比	—	2.30	1.46	3.77	3.10	—	—	4.80	4.48	4.29	2.21
年份	1939	1940	1941	1942	1943	1944	1945	1946	1947	1948	1949
军费开支占比	57.00	74.00	50.00	52.00	58.00	68.00	87.00	—	—	—	—
教育经费占比	3.27	2.72	1.94	2.17	1.84	3.13	3.01	4.99	2.94	3.54	3.91

资料来源：根据费正清：《剑桥中华民国史》，上海，上海人民出版社，1991年，第118～119页；中国第二历史档案馆：《中华民国史档案资料汇编》（第五辑第一编教育），南京，江苏古籍出版社，1994年，第118页；《中华民国史档案资料汇编》（第五辑第二编教育一），南京，江苏古籍出版社，1997年，第349页；蒋致远：《第三次中国教育年鉴》，台北，宗青图书公司，1991年，第58页等表格数据整理。其中1948年、1949年数据原表分列为上、下半年，本表取平均值。

注：表中"—"表示不详。

至于地方各省政府或军阀私自挤占、截留教育经费的事例不胜枚举。1913年，河南省都督张镇芳为"开源节流"，准备取缔停办本省所有小学，"以节省民财，腾出余款，接济中央"。此举让人匪夷所思，教育部在批复中引经据典，以"无教则近于禽兽"等语婉言相劝其"斟酌财力，切实筹办"，才避免了一场闹剧（李桂林等，2007：479）。

四川省 1914 年省级经费预算中，军费开支为 692 万元，教育经费仅有 14.7 万元。1918 年进入所谓"防区制"时代后，情况雪上加霜。大大小小的军阀割据一方，各自在驻防地区委任官吏，划拨税款，提取粮饷，成为事实上的独立"王国"。各路军阀为扩大地盘，频繁发起兼并战争，10 多年时间川省境内的大小战事竟达数百次。出于扩军备战的需要，军阀穷兵黩武，将地方财力罗掘穷尽，有的防区甚至还预先征收了民国 100 多年的田赋。面对骄横跋扈的地方军阀，教育事业的处境极其可悲，教育经费毫无保障可言。1926 年，四川省视学叶传六视察重庆地方教育后感慨道："兵连祸结，纷扰不休。各项政务欠失统系，迄无头绪可言。不幸为潮牵扰之教育行政，素称清白高雅之教育界人，亦早随波逐浪卷入混乱漩涡，所有历年主持教育行政者，莫不唯武人马首是瞻，而遇事敷衍也。"（重庆市教育局，2002：99-100）1930 年，杨效春详细调查成都市学校情况后，也不免叹息："四川人民的钱均为军人所囊括，全省公立学校的经费都要仰军人之鼻息，候军人之唾余的。成都为四川省会、教育中心，而其公立学校经费之窘迫，也是这样。"（杨效春，1930：22）

山东省民国前期历任督军都大肆扩充军备，1912～1923 年每年军费支出均在 500 万元以上，以致全省财政亏空总计达 1870 余万元。1925 年张宗昌担任山东军务督办兼山东省省长后，更是任意缩减、拖欠和挪用教育经费。他还强制以"军用票"充作学校经费和教职员薪金，而"军用票"实际价值不到面额的一半，后来甚至形同废纸。1927 年山东全省教育经费被张宗昌尽数挪用，原因竟是他在督办公署打牌，"输出无数，故提教育经费弥补"（吕伟俊，1989：114）。湖南省的情况如出一辙，1914～1916 年汤芗铭督湘期间，为帮助袁世凯镇压二次革命和护国战争，耗费巨额军费，大肆削减、挤占教育经费，仅 1916 年 9 月就挪用 20.5 万元。当时正值新学期开始，各学校急需经费，省民政厅长只得向银行借贷救急。汤芗铭被护国军驱逐后，皖系军阀张敬尧又于 1918～1920 年担任湖南省督军，指派军队强占学校场地，将仪器设备劫掠毁坏，图书付之一炬。为克扣教育经费，竟下令各公私立学校 1918 年秋季不准招收新生（伍春辉，2012：257-269）。这两个军阀先后盘踞湖南的时间都不过两年，却对湘省教育造成了极为恶劣的戕害。汤芗铭还曾在民国初期短暂担任过教育部次长一职。比之山东、湖南，安徽的情况更为糟糕。民国初期，该省各校基金和学产收入多被地方军队挪用，大批学校被迫关闭。1913 年 6 月，省公署不得不承认："本省各县教育经费非常支绌，以致成立的学校难以扩充，未设立的学区难于规划，学务废弛，至堪痛惜。"1914年，安徽军阀当局悍然通令全省中小学停办一年（芜湖市教育史志编纂委员会，1996：639）。

除用于军费外，民国时期教育经费频遭挪用还有另外一些原因，大体上包括：①地方其他机关或人员侵占。例如，1930 年安徽休宁县公路局 3 次挪用县教育经费，后来分文未还。该县公立学校房屋多半被本县各类机关占用，从不缴纳租金，房屋损坏后还得由教育部门拨款维修。基金产田因年代久远，辗转承租，致使承租人与田地租金都难以查对，"一些田产就此在无形中被侵占了"（休宁县教育委员会，1992：147）。1937 年，四川省督学视察长寿县时，发现"县金库公然挪用教育经费 1.4 万余元之巨"。②教育行政人员侵蚀。例如，四川省 1932 年前后发生多起学校校长贪污经费事件，当时的地方报刊公开披露："一般中等学校经费不足，设备简陋，不肖校长且有经济不公开与浮烂侵蚀等弊。"1943 年，万县督学陈策良因"挪移或拖欠各校经费"而被撤职（李双龙，2002：50-51）。③地方劣绅侵吞。例如，民国前期河南整顿地方学款时发现："各县教育经费仰给于公产房地之收入者甚多，惟此项收入多系劣绅蠹吏所把持，或任意拖延，抗不缴课，或故定低价，阻挠换租，以致地方教育经费常陷于困难之境。"1936 年《教学生活》杂志刊载《如何宽筹地方教育经费》一文，也称："学产亦每为地方劣绅地痞所把持，等于他们的私产。"（姜朝晖，2014）

第三节　长期内外战乱带来的直接损害

长期内外战乱不仅严重影响了教育经费来源，还使教育事业的已有基础蒙受直接损害。历次军阀混战中，不少学校遭战火波及，校舍被毁，校产被劫。1916年 11 月，湖南省呈交教育部的书面报告表示，近年"各地教育机关全行破坏，湘西成为战场，南路虽无兵事，而经费已为挪移，长沙又为护国军占领，于是全省教育停滞矣"，地方各县教育陷入战火，只能"听其自生自灭"（中国第二历史档案馆，1991：695）。1918 年 12 月，总统徐世昌也在通令中承认："用兵省份地方耗散，文教益疏，甚或强借校舍，使图籍设备悉付摧残，或缩减学款，至朝夕饔飧不能供具，弦歌辍响，黉舍为墟。"（李桂林等，2007：513）1930 年中原大战期间，湖南部分地区沦为战场，当地校舍设备被军队侵占或损毁，各校校长谒见当局请求维持时，得到的回答竟然是："军事时期顾不及教育，可以停办。"

山东省也有大批学校受战事破坏，仅省立教育机构就有 14 所中学、4 所师范学校、3 所职业学校停办。

民国时期因政局混乱，很多地方匪盗横行，且往往是昨日为匪，今日受招安为兵，明日又复叛为匪。剿匪的军队又多借机盘剥勒索，压榨百姓，正可谓"兵匪一家"。苦于频繁的兵乱与匪患，很多地方的教育事业及资产遭受严重损失。以山东为例，该省 1925～1930 年匪患尤其猖獗，各地又逢天灾，"兵匪相仍，饥馑荐臻"。新泰、章丘、无棣、宁阳、邹县、菏泽、定陶、临朐、安丘、禹城、海阳、聊城等县先后遭到劫掠，学校财产被洗劫一空。一些县份由于多次受劫，地方财力被搜刮殆尽，难以筹集教育经费，以致其后数年内地方教育也未恢复元气（国民政府教育部教育年鉴编审委员会，1934：丙编 464）。

抗日战争期间，我国教育事业因日寇入侵而遭受空前浩劫。日寇每至一地，必先将当地文教机构大肆破坏摧残。卢沟桥事变中，天津的南开大学不幸首当其冲，连续遭日军重炮轰击、飞机轰炸、纵火焚烧，教学楼、师生宿舍、图书馆先后化为瓦砾。1938 年 4 月，日寇入侵长沙时又蓄意轰炸湖南大学，致使该校图书馆、学生宿舍被毁，科学馆仪器破坏殆尽。除轰炸焚烧外，日寇还疯狂掠夺我国文教机构的物资财产。平津各大学未及转运的数十万册图书，以及大批珍贵的档案资料、金石拓片、仪器设备均遭洗劫。上述日寇的种种劣迹，仅是其侵华期间破坏我民族教育事业之一斑。沦陷区内其他教育机构蒙受的惨重损失举不胜举，教育财产的损毁已无法准确估量。1945 年 11 月教育部统计处发布的报告显示，受战争影响之各省、市"专科以上学校校舍、校具破坏几达百分之八十以上，图书、仪器损失平均达百分之六十以上。各省市公私立中等学校、小学校及社会教育机关之建筑物、图书、仪器等被焚毁掠夺，数年之中，损失几尽"。据不完全统计，全国文教机关战时的财产损失高达约 1.96 万亿国币（按 1945 年 8 月市值计算），折合约 980 亿美元（中国第二历史档案馆，1997a：401-405）。

即使是深处大后方的陪都重庆等地，也不能幸免于日寇的疯狂破坏。1947 年 9 月《重庆市各公私立中小学校财产损失汇报总清册》显示，1938～1943 年重庆大轰炸期间，全市中小学（含中等职业学校）财产直接损失共计约 238.5 亿元。例如，私立复旦中学迭次遭到日机空袭，仅 1940 年 5 月 26 日"校地以内中弹达 30 余枚之多"，"计毁教室 4 间，仪室储藏间 1 间，所有理化生物仪器药品损失无余，并一度起火焚烧"，"全校各舍门窗、屋面、校具、电灯、校舍，损坏颇巨"。该校在报告中称："此次损失为本校最惨、最大之一次，综计损失数字约合美金 60 600 元。"战时迁渝的中央大学、复旦大学及本地的重庆大学等高校，更是日机轰炸的重点目标。1945 年 9 月，重庆大学校长张洪沅在提交教育部的汇报表中统计，该校共损失房屋 252 间，器具 4513 件，书籍 12 094 册，古玩 280件，服装 3217 件，其他物品 382 件，现款 12 800 元，总计折合时价约 4169 万元（唐润明，2012：140-257）。

抗日战争胜利之后，我国教育事业仍因战时日寇的摧残而留有严重的"后遗症"。当各收复区教育行政机关试图整顿恢复学校教育时，发现本地原有学校"校舍多已毁坏，不能应用，租住民房，复不可得，图书设备经一再搬迁，十损八九"。江苏、山东、山西等 21 个战时曾全部或部分沦陷的省、市，专科以上学校原有校产几乎全部被毁，2676 所中等学校损毁 1861 所，206 704 所小学损毁 118 663 所。面对众多学校复员、重建校舍、补充设备等所需巨额经费，教育部能够承担的只是杯水车薪，只能再一次寄希望于捐资兴学来缓解压力。

第四节　教育经费独立运动破产

客观地说，民国时期历届中央政府为了保障教育经费的稳定，至少在形式上出台了一些措施，各地方政府及教育机构也采取了不少的办法，其中最重要者莫过于谋求教育经费的充足保障与财政独立，尽量避免遭到挤占、挪用。但在战乱频繁的时代，很多政府法令形同虚设，弱势的教育事业和教育群体无力与强权抗争，教育经费独立运动最终只能以失败破产。

关于民国时期中央政府保障教育经费的法令，最早见于 1914 年 2 月袁世凯以大总统名义发布的《维持学校令》，"近虽国家财力困难，诸待节缩，其固有之公私各学校，各省民政长仍应切实考察，竭力维持，须知贫弱尚不足忧，惟教育不良，乃真无富强之希望"。同年 5 月，袁世凯又向各省民政长官发出通令，要求其督饬所属地方振兴小学教育，对"侵渔学款者，自应严予惩处"。该年年底，教育部拟订《整理教育方案（草案）》，规定"各地方固有之学款，及关于学务特别捐，均作为学务基金，不得挪用"（李桂林等，2007：489-496）。

1915 年 2 月，袁世凯发布《特定教育纲要》，其中表示："各地方固有学款，宜分别保存，不得移作他用，并将国家、地方税项查明厘定，确定学款支出范围，以防混淆。"同年 8 月，教育部制定《地方学事通则》并经总统黎元洪批准，也提到："国内政费虽如何拮据，而教育一项决不蒙其影响。""自治区原有学款及从前关于教育之公款公产，应一律定为该区教育基金。学款经行政官提作他用者，应由县知事详明该管长官定期拨还，或另筹他款抵补。"1918 年 12 月，教育部又咨请各省"教育经费有因一时急需挪充他用者，更宜妥筹抵补，以期恢复旧观，亟图进步"（中国第二历史档案馆，1991：37-71）。

由是观之，北洋政府成立后确实三令五申不得侵占教育经费。但仔细推敲这些法令的细节，可发现以下两点。一是对保障教育经费直接负责的是各省民政长官，他们往往本身就是军阀兼任，或是军阀手中傀儡，指望其负保障责任无异于与虎谋皮。二是法令的措施越来越软弱无力，从"不得挪用""严予惩处"到"定期拨还""更宜妥筹抵补"，实质上是对地方挤占教育经费逐渐持纵容态度。而且中央政府对地方军阀的控制约束力也不断减退，各项政令的执行落实都得大打折扣。实际的结果前文已有叙及，民国初期教育经费状况极为恶劣，中央带头缩减挤占教育经费，地方更是任意妄为，所有关于保障教育经费的规定不过一纸空文。

因教育经费长期遭挤占、挪用，各地教育事业停滞不前，教师薪酬缩水、被拖欠，罢教风潮连绵不断，教育界人士的不满与日俱增，教育经费独立运动应运而生。部分相关研究成果认为其思想渊源是蔡元培的《教育独立议》，然而事实并非如此。蔡元培的该文发表于 1922 年 3 月的《新教育》杂志，他在此之前尽管有一些保障教育经费的设想和措施，但并未系统提出教育经费独立的建议。而早在 1920 年 10 月召开的全国教育会联合会第六届大会，就曾重点商讨并向教育部正式提交了《教育经费独立案》，包括六点具体要求：①教育经费应占各省行政费的 40%以上。②裁减军费，将财政结余专充教育经费。③划清教育经费，使之独立，他项政费不得侵用。④筹拨专款作为学校基金，并划拨官产作为学校产业。⑤商请列强退还庚子赔款，专充教育基金。⑥组织各省教育基金委员会，妥善保管基金（中国第二历史档案馆，1991：713-715）。此后历届全国教育会联合会大会也均将教育经费的保障和独立作为主要议题，其中尤其关注义务教育经费问题。例如，1922 年第八届大会提出《筹集义务教育经费案》，指责义务教育推行数年而成效不显，主要原因为经费"被兵省分，民生凋敝，学款不裕，进行维艰"。1923年第九届大会提出的《促进全国义务教育计划案》主张专款专用，"经费须拨交教育行政机关，或由各地方另组教育经费保管机关，专款存储，不得移作他用"。1924年第十届大会提出的《催促各省区实施义务教育案》要求教育部督促各省落实义务教育经费。1925 年第十一届大会提出的《实行义务教育应规定筹款办法案》重申各地应落实并保障经费（李桂林等，2007：525-532）。

由于蔡元培在民国政界和教育界的重要地位，他的主张虽非教育经费独立运动之思想渊源，但产生的社会影响非一般教育界人士可比。几乎与蔡元培发表《教育独立议》同时，另一位国民党元老李石曾也在 1922 年第 2 期《教育杂志》上发表了《教育独立建议》。经他们的大力推动，民国前期的教育经费独立运动达到高潮，政策成果初步显现。

1922 年夏，河南省公署教育科科长王幼侨、中州大学校长张幼山、省立法政专门学校校长张跻青、省立女师校长张亦鲁等的奔走呼吁，河南督军冯玉祥、省长张凤台的支持，促成该省政府及财政厅同意以全省买当契税（买卖典当房屋、田地之契约税）收入作为教育专款。同年 8 月，省财政厅通令各县将该项收入"专案解厅，另款存储，作为教育基金"，随即公布《河南教育专款施行细则》17 条。10 月 4 日，该省教育专款监理委员会正式成立，由省教育厅长、财政厅长、民政厅长、教育会长等 7 人担任委员，并有事务员 2 人办理日常事务。后来，委员会扩充为河南教育款产管理处，下设评议、管理、监察 3 部，其中评议部负责商议和制订方案，管理部负责具体执行方案，监察部负责审查评议部提交的方案和管理部执行的账目。此外，处内还设有秘书 1 人，总务、文书、出纳、稽核 4 科和视察股（河南省教育志编辑室，1984：80-83）。从表面上看，似乎围绕教育经费独立建构了颇为完备的政策和实施体系。但是这样的独立既不彻底，也不现实。首先，收缴的教育专款仍由省金库保管，教育厅只能派员监理，时常受到钳制。省政府秘书长李筱兰就曾强行委派心腹到管理处任职，借机掌握划为教育专款的契税收入。次则，军阀将教育经费独立的条款视同具文。当时河南是吴佩孚的势力范围，该省当局不敢违抗吴佩孚征集军费的命令，多次被迫以教育专款填补缺额。就连起初支持教育经费独立的冯玉祥，后来在河南也不乏挤占教育经费之举。再则，地方基层官员搪塞推托或从中渔利分肥，解送到省的经费被缩减拖欠。受上述因素所限，河南省实施所谓的教育经费独立后，仍然"学校经费历感拮据，因而时兴时辍"，可见其实际效力相当有限（国民政府教育部教育年鉴编审委员会，1934：丙编 460）。江苏、湖南、山东、广东等省也在民国前期试行过教育经费独立，整体成效均不理想且多有反复。例如，广东省 1922～1923 年陆续将部分关税、杂捐列为教育专款，不久省政府就以"财政统一"为由将其全部收回。1925 年，湖南原本"指定各岸盐款作为教育经费，而被军队提借的共有八十万一千三百余元"。时人发表《教育经费独立原来如此》一文大加讽刺："这是教育界人所高唱的'教育经费独立'的成绩！可怜的知识分子，苟且偷安于军阀政治之下，不知道根本解决政治问题是发展教育的第一步，不知道完成国民革命是解决自己生活的关键，而只是想托庇于'教育经费独立'的空牌之下，悠悠的长梦还不知何日醒呵！"（金华，1925）

南京国民政府成立后，蔡元培力主实施大学院和大学区制改革，并于 1927

年 10 月出任大学院院长，试点组建江苏、浙江、北平 3 个大学区，希望实现国家和地方教育行政独立，进而保障教育经费独立。受之推动，教育经费独立运动再掀高潮。1927 年 12 月，国民政府批准了蔡元培联合财政部长孙科递交的《提议教育经费独立案》，"通令全国财政机关，嗣后各省学校专款及各种教育附税，暨一切教育收入永远悉数拨归教育机关保管，实行教育会计独立制度，不准丝毫拖欠，亦不准擅自截留挪用，一律解存职院，听候拨发"（蔡元培，孙科，1928）。实施大学院制和大学区制的初衷是将教育行政与学术合一，摆脱官僚体制的束缚，保障教育经费的独立性，可事实的发展却事与愿违，反而造成学术机构的官僚化。以大学作为省级教育行政机构，又使中小学处于附庸地位，教育经费无法保证。此次改革实施不久即遭到中小学界和部分省级政府的强烈反对，蔡元培于 1928 年 8 月黯然辞职。同年 11 月，大学院改制为教育部，隶属于行政院管辖。至 1929 年 7 月，原设的 3 个大学区陆续恢复教育厅制度。

大学院制及大学区制改革失败后，教育经费独立的制度尝试继续进行。1929 年 2 月，行政院发出第 734 号"训令"，要求各省"教育经费须保障其独立"，"凡既经独立之地方教育经费，概不得辄行变更原定办法，以资保障"。1931 年 5 月，行政院又以第 2213 号"训令"的形式发布《地方教育经费保障办法》，要项包括：①各省市（院辖市）及各县市（省辖市）应切实保障教育经费，不得任其短少。②此后各项新增地方捐税都酌量提成，作为教育经费。提成比例此后只能增加，不得减少。③各地方教育行政机构应详细切实地调查整理本地现有教育款产。④现有教育经费必须用于教育事业，"无论何人及何项机关，均不得挪借或移作他用"。⑤政府不得已征用教育资产时，应按时价赔偿。⑥教育经费征收不足时，"指定确实相当之款项抵补"。⑦各地方政府组织教育经费稽核委员会，审查预算、决算及一切账目。此外，针对地方政府及教育行政机构、学校、个人等侵占滥用教育经费的情况，也各有具体条款规定其行政和法律责任（国民政府教育部，1936：36-37）。

南京国民政府时期，教育经费的独立还上升到了国家根本大法的层面。1931 年 6 月，国民政府发布《中华民国训政时期约法》，其中第 52 条规定："中央及地方应宽筹教育上必需之经费，其依法独立之经费并予以保障。"1936 年 5 月 5 日正式公布的《中华民国宪法草案》（又称"五五宪草"）第 137 条更是明确规定："教育经费之最低限度，在中央为其预算总额百分之十五，在省区及县市为其预算总额百分之三十，其依法律独立之教育基金并予以保障。贫瘠省区之教育经费，由国库补助之。"

比之北洋政府时期，国民政府围绕教育经费独立构建的政策法规更为系统健全,在当时也确实获得了一定的积极成效。至 1934 年,全国已有 7 省或院辖市(江苏、江西、福建、浙江、河南、云南、南京)宣告实现教育经费完全独立,4 省(安徽、湖南、绥远、甘肃)部分独立,分别设有教育经费委员会或专款委员会、保管委员会、管理处、管理局等。这些省市教育经费所谓"独立"后,情况并不如预期那么乐观,"完全独立"的河南因划作教育专款的"契税收入减少,省立各校经费所受影响甚大";"部分独立"的安徽因教育经费不足,向省政府请求增拨,反而被教育经费业已独立为由遭到拒绝,湖南教育经费中应由省政府拨发的份额"并无保障办法,学校经费既有积欠,领款亦费时日,影响教育前途良非浅鲜"(中国第二历史档案馆,1994:108~109)。除上述 11 省市外,其余各省市则对教育经费独立持推诿或拖延态度,不愿切实执行。1930 年 6 月,山东省教育厅、财政厅会同制定《山东各县地方教育经费收支规则》10 条,声称谋求"地方教育经费独立",却又以"财政统一"为由规定各县大部分教育经费仍通过财政局征收和转拨(山东省政府,1930)。

自 1920 年 10 月的《教育经费独立案》开始,经过教育界人士 10 余年的不懈努力,教育经费独立至少在制度上得以逐渐完善,实践中也有一些值得肯定的尝试。然而抗日战争的全面爆发打断了这种可贵的发展势头,民族生死存亡的危难之际,自然不能事事都"战时须作平时看",教育经费短缺匮乏,独立更是无从谈起。抗日战争胜利后,国民党政府曾重提保障教育经费,但国民党统治区(简称国统区)经济全面崩溃,教育经费独立计划化为泡影。

1947 年元旦,国民政府公布《中华民国宪法》,其中第 164 条规定:"教育科学文化之经费,在中央不得少于其预算总额百分之十五,在省不得少于其预算总额百分之二十五,在市、县不得少于其预算总额百分之三十五,其依法设置之教育文化基金,应予以保障。"这些数据比例颇为可观,付诸实际则完全是天差地别。1947~1949 年,国民政府中央总预算中教育经费从未超过 4%,地方基础教育更遭到了近乎毁灭性的打击。1947 年,教育部取消了以往中央拨付各省的国民教育补助费,通令地方各县全部自筹,许多县份侵占教育经费之风日盛,竟将此项预算全然忽略不计,转而强令下属各乡保自筹,众多地方基层学校毫无经费来源,陷入自生自灭的瘫痪状态之中。例如,湖北公安县立初级中学需要添置时钟 1架、字典 1 本,多次向县政府申请拨款,县长批示为"碍难照办,俟财源充裕后再行添置"。随后,县政府又发出"训令",以"减用员役,节约开支"为由,将县立中学和简易师范学校的教职人员各裁减 7 名(湖北省公安县教育委员会,1987:244-245)。

1948 年 5 月，经教育部与财政部会商，行政院颁行《地方国民教育经费整理及增筹办法》，规定"国民学校依法应隶属于县政府，其经费列入县预算统筹支给，并由县政府依照宪法规定，参酌地方实际情形，逐渐递增，以资充实"。这从法理角度再次强调了地方政府保障基础教育经费的责任。然而，该项办法又称："国民学校经常费如县级财政不敷开支，应举办'学谷捐'"，"国民学校临时费不敷时，应由县政府发动社会人士，募捐建筑设备及充实图书仪器等费"（国民政府行政院，1948）。中央通令地方自筹，地方指望个人捐献，国民政府末期在败亡前夕仍对捐资兴学念念不忘，所谓教育经费独立最终只能以闹剧收场。

　　通观民国捐资兴学制度的时代背景，颇让人感慨当时教育事业发展之艰难。其中最大的瓶颈莫过于教育经费的长期欠缺、匮乏，以及由此连锁引发的学校数量不足、物质条件简陋等严重问题。广大地方基层教师本就微薄的薪金遭到挪用、拖欠，成为首当其冲的直接受害者。如表 2-2 所示，仅南京国民政府初期的 1927～1931 年，《教育杂志》刊载教师索薪、罢教的相关报道就有近 40 则，很多仅看标题就足以触目惊心。如此局面难免会影响社会各界对教育的观感，使之产生微妙的心态变化，部分有心有力者痛感教育事业之不幸与萎靡，愿意主动出资捐助，而相当多的基层民众则对教育事业产生怀疑态度，并对政府收取的教育捐税更为不满。民国时期的捐资兴学褒奖或教育税捐制度中，这两种情况都有着普遍的表现。

表 2-2　1927～1931 年《教育杂志》刊载教师索薪、罢教运动相关报道简表

年份	报道标题
1927	《长沙教职员之教费示威运动》（第 1 期），《鲁省教育界之大举索薪》（第 3 期），《党治下之第一次罢教加薪运动》（第 11 期），《弦歌久辍之赣省教育界》《啼哭号饥之鲁省教育界》（第 12 期）
1928	《小学教员罢教运动之风起》（第 4 期），《小学教师之生活问题》（第 5 期），《小学教员之罢教运动》（第 6 期），《川省教职员之生活难》（第 7 期），《嘉定教职员之罢教运动》（第 11 期），《此起彼伏之罢教潮——小学教员生活改善问题之紧张》（第 12 期）
1929	《小学教员之罢教潮》（第 1 期），《崇明教育界之罢教运动》（第 5 期），《啼饥号寒之小学教员》（第 7 期），《鄂皖教潮之突起》（第 8 期），《苏省教费被攘后之怨愤》（第 11 期），《江都之教员罢教潮》（第 12 期）
1930	《苏市教员之罢教潮》（第 1 期），《河南小学教员之罢课潮》（第 2 期），《苏中校教联会力争教费独立与反对省校市管之宣言》（第 3 期），《啼饥号寒之小学教育界》（第 5 期），《武进小学教师之索薪潮》（第 7 期），《江都小学教师之生活难》（第 8 期），《县长擅减教费之影响》（第 9 期），《南北教师索薪运动之纷起》（第 10 期），《苏省中校教联会声诉积欠之公愤》《啼饥号寒之小学教师》（第 11 期）
1931	《皖省教界请偿积欠之呼吁》《芜湖县校之索薪罢教风潮》（第 1 期），《闹学与罢教》（第 2 期），《小学教员之索薪运动》（第 3 期），《各级教师之索薪运动》（第 4 期），《晋省中小学教职员之争薪潮》（第 5 期），《保障教费与索薪风潮》（第 6 期），《几酿惨案之高邮教师索薪潮》（第 11 期），《平中小学教职员之索薪》（第 12 期）

第三章 民国捐资兴学褒奖制度的演变与实施

　　褒奖制是民国捐资兴学制度的核心所在，各级政府对于捐资兴学的筹划与管理都是围绕褒奖而展开的。《捐资兴学褒奖条例》自1913年7月颁行后，多次经过历届中央政府及教育行政机构修订或补充，至1947年11月，先后正式发布的版本多达8个。以这些全国性条例为基础，辅之以地方性规程与相关配套措施，整个制度体系日渐完善充实，逐步增强了实施的针对性与层次性，在民国的大部分时期内确实有效地激发了社会的捐资热情，先后促成了数次兴学高潮。然则囿于整个教育财政体制的内在缺陷，并受经济、政治、军事等宏观因素影响，实际成效时起时落，尤其是在北洋政府与国民政府末期，曾两度陷入空疏失效的状态。

第一节　北洋政府时期

一、整体制度演变

（一）初步实施（1913 年 7 月至 1914 年 9 月）

民国成立伊始，社会各界的捐资兴学颇为踊跃。1912 年，全国捐资千元及以上者就有 488 例，捐资总额近 225.4 万元。各省政府多沿袭前清旧例，向中央报请奖给官职、虚衔、牌坊或匾额。教育部办理时认为共和政体既已成立，社会习俗当气象更新，"旧章不尽适用"，因此分别驳回奖给官职和牌坊的请求，只暂时准予奖给匾额。随后又通令各省教育司先行记录备案，此后再集中核办。同时鉴于"表彰虽不容缓，而办法不宜两歧"，遂加紧拟订统一的奖励方案（国民政府教育部教育年鉴编纂委员会，1948：1589）。

经国务会议表决和国务总理段祺瑞签发，教育部于 1913 年 7 月 17 日正式公布《捐资兴学褒奖条例》。这是民国时期第一个全国性的捐资兴学褒奖法令，具体条款包括正文 8 条、附则 1 条、图式说明 5 条。其要项为：①褒奖范围。"人民以私财创立学校或捐入学校"，或"创办或捐助图书馆、博物馆、美术馆、宣讲所诸有关于教育事业者"，"准由地方长官开列事实呈请褒奖"。②褒奖形式与标准。捐资至 100 元者，奖给银质三等褒章；至 300 元者，奖给银质二等褒章；至 500 元者，奖给银质一等褒章；至 1000 元者，奖给金质三等褒章；至 3000 元者，奖给金质二等褒章；至 5000 元者，奖给金质一等褒章；至 1 万元者，奖给匾额及金质一等褒章；超过 1 万元者，可由教育总长呈请大总统给予特别奖励。以动产或不动产捐助者，折合银元计算。③褒奖流程。银质褒章由各县行政长官呈请本省行政长官授予，金质褒章由各省行政长官呈请教育总长授予，"应给匾额并金质褒章者，由教育总长呈请大总统授予"。（匾额由捐资者自制）授予褒章时，"均应填明执照，附同褒章一并授予"。此外，还特别规定条例公布前 3 年内，即 1910 年 7 月以来的捐资都可适用褒奖条例。

上述条款可说具有较强的规范性和可操作性。各等褒章均称为"嘉祥章"，质地、尺寸不完全相同，款式统一，正面中央为篆体"羊"字，四周饰以嘉禾图样，背面为"嘉祥章" 3 字。其寓意为："兴学固国之祥也，故取羊。又羊为慈爱之动物，故凡善、义（繁体为義）、美、养等字皆从羊，兹取之以喻兴学之士；周环嘉禾，标国徽也。"（北洋政府采用"十二章国徽"，又称"嘉禾国徽"）

金质和银质一等褒章直径为 1.5 寸（寸指市寸，1 寸约合 3.3 厘米），二等褒章为 1.2 寸，三等褒章为 1 寸。各等褒章配以红白两色胸式绶带，佩戴于上衣左襟之上。附同授予的执照除填写获奖者姓名外，还要详细说明其捐资的具体情况（中国第二历史档案馆，1991：616-618）。将国徽主体图案置于捐资兴学奖章之中，彰显了中央政府对此的重视程度。"羊""祥"等字样则寓意善良、吉祥，褒章样式精良，颇能给获奖者以荣誉感与仪式感。

1913 年《捐资兴学褒奖条例》颁布后，捐资兴学褒奖制度初成体系，实施过程中某些细节也得以逐步完善。该年 10 月 23 日，教育部发布第 599 号令和第 601 号令。其中第 599 号令表示"各省民政长咨部请奖之案往往仅于咨文内声叙捐资者之姓名及其捐款数目，并不另开事实清册，以致本部行查咨复时日既旷，案牍滋繁"，因此强调各省呈文请奖时应造具表册两份，一份存省政府备案，另一份送交教育部。表册需准确说明捐资者的姓名、年龄、籍贯和主要经历，以及捐资时间、数目、对象等。此外，重申清宣统二年（1910 年）7 月以前的捐资事由不得请奖。第 601 号令说明银质褒章按例由各省行政长官自行核发，无需逐一向教育部报告，但鉴于"捐资兴学者之多寡可以观社会习俗之趋向"，而且"与教育统计至有关系"，因此要求各省每年年终集中汇编成册送交（北洋政府教育部，1913）。同年 11 月，时任内阁总理兼财政总长熊希龄、教育总长汪大燮联袂呈文袁世凯，称浙江公民胡乃麟捐献巨资兴学，按条款规定应由总统授予匾额及金质一等褒章，请袁世凯在褒章执照上加盖大总统印信。胡乃麟是首位获奖匾额者，其匾额还是由袁世凯亲自确定的字样和款式。"此次制定后，将来遇有应奖匾额之案，即由教育部查照条例，饬捐资者遵照自制，俾撰拟既免频频，荣誉可归一律。"（熊希龄，1913a：408-409）

《第一次中国教育年鉴》显示，因 1910 年 7 月至 1911 年 12 月捐资兴学，而在民国初期获得金质褒章者为 117 例。例如，河南巩县（今巩义市）知事嵇炳元，曾于 1908 年发起创办许长公立中等蚕桑实业学堂（"许长"为许昌、长葛两县联立之意），因学校经费困难、债台高筑，又于 1910 年下学期捐银 2000 两，长葛本地士绅王铭阁、李克智也各捐银 1000 两，恰好符合褒奖条例规定的时限。1913 年 8 月，根据河南省教育司司长李时灿的汇报，该省民政长官向教育部呈报请奖，上述 3 人分别获得金质三等褒章（时文，1997：61-63）。1913 年，全国因捐资千元及以上而获得金质褒章者有 250 例，捐资总额近 78.5 万元。

（二）调整补充（1914 年 10 月至 1925 年 6 月）

1913 年《捐资兴学褒奖条例》实施一年以后，教育部感到其仍有"窒碍略漏之处"，如当时中央政府施行的勋章体系"无金质之规定，部定奖章不应特异"，而且奖励对象限定为国内个人，没有包括民间团体、国外华侨等，于是对条例进行了部分修订。1914年10月31日，经大总统袁世凯批准、国务卿徐世昌签发，教育部发布《修正捐资兴学褒奖条例》。与1913年条例相比，各等奖励的数额标准不变，主要变化有：①金质和银质褒章分别改为金色和银色。②华侨在国外以私财创办或捐助学校等教育事业，"培育本国子弟，准由各驻在领事开列事实表册，详请褒奖"。③"私人结合之团体捐资逾一千元者，分别奖给一、二、三等褒状；至一万元以上者，得奖给匾额。"④如系个人遗嘱捐资（包括捐资后尚未得奖就已身故）至1000元者，也分别奖给一、二、三等褒状，至1万元者奖给匾额。⑤捐资的有效计算期限改为1912年以后，此前捐资不能再追请授奖。⑥补充规定了褒状的统一样式（福建省档案馆，1990：1350-1352）。

除上述主要变化外，1913年《捐资兴学褒奖条例》曾规定捐资达到1万元者，可由教育总长呈请大总统给予特别奖励，1914年条例将此项数额增加为2万。由于两次条例都未指明特别奖励的具体内容，所以每次办理都由大总统临时决定。1918年4月，内务总长钱能训呈报"已故商人叶成忠（又名叶澄衷）创办澄衷学堂，先后捐资至四十余万之巨，热忱乐育，洵属人所难能"，袁世凯特别批示清史馆为之立传，并由中央拨出专款铸造雕像（北洋政府内务部，1918）。其余捐献巨资者所得奖励也不完全相同，通常是除《捐资兴学褒奖条例》规定的金色一等嘉祥褒章、匾额外，还可另外申请加授三等以下嘉禾勋章（嘉禾勋章为北洋政府设置的一种勋章，授予有勋劳于国家或有功绩于学问、事业者，分为9等）。

如表3-1所示，1914~1916年这3个年度，全国捐资千元及以上而受奖者分别为140例、117例、93例，捐资总额分别约为41.3万元、59万元、29.4万元，比1913年有明显下降，较1912年更是相差甚远。经历民国初期的高潮后，各界

表3-1 北洋政府时期全国捐资兴学获奖情况简表（千元以下者未计入）

年份	1912	1913	1914	1915	1916	1917	1918	1919
捐资例数/例	488	250	140	117	93	135	128	127
捐资总额/元	2 253 712	784 622	413 343	590 210	294 109	462 637	361 128	282 839
年份	1920	1921	1922	1923	1924	1925	1926	
捐资例数/例	104	97	36	27	12	7	8	
捐资总额/元	264 438	317 326	93 478	232 545	136 732	110 126	178 405	

资料来源：根据国民政府教育部教育年鉴编审委员会：《第一次中国教育年鉴》，上海，开明书店，1934年，戊编第358~362页表格数据整理。

的捐资热情逐渐减退，最主要的原因应是袁世凯政府在政治上倒行逆施，经济上盘剥民力，并以"养成人民之自觉力"为借口，将教育财政负担过多地强加于民众，以致丧失民心，也对政府主导的捐资兴学制度产生了消极影响。袁世凯死后，1917 年的受奖人数、捐资总额一度有所增加，似乎也能从侧面印证这一点。

为刺激民间的捐资热情，并对 1914 年条例未尽事宜进行补充修订，教育部又于 1918 年 7 月 3 日公布《重修捐资兴学褒奖条例》。主要变化有：①将针对团体捐资、个人遗嘱捐资的褒状由三等增设为六等，分别对应银色三等至金色一等褒章。1914 年条例规定团体捐资、遗嘱捐资"逾一千元以上者，始分别奖给褒状"，1918 年条例改为 100 元以上者，皆根据具体数额分别奖给六等至一等褒状。②个人捐资达到 1 万元者，由教育总长呈请大总统加给褒辞。③1914 年条例规定各类捐资达到 1 万元才奖给匾额，与内务部《修正褒扬条例》中的"凡因办理公益事业捐助财产满二千元以上者"均授予匾额的规定冲突，因为"教育事业亦属于公益范围"，1918 年条例改为各类捐资达到 2000 元，都授予匾额（中国第二历史档案馆，1991：619-622）。

1918 年条例的上述三项改动颇为烦琐，如果说其中第一项放宽了团体捐资、遗嘱捐资的获奖标准，多少有些激励作用的话，那么后两项完全是形式大于内容，没有太多实际效用，只是增加了部分受奖者的获奖物品，如个人捐资 1 万元者可同时得到褒章、褒辞和匾额。为使读者明晰起见，现将 1913～1918 年三次条例的具体奖励标准以表 3-2 展示。

作为对 1918 年条例的补充，教育部于 1919 年 3 月公布《捐资学生旅行修学或津贴学费者均给奖令》。"文明国家多有人民捐助私财存储公私立各学校，专备修学旅行及津贴学费之举，关于实修学业、鼓励学生至著成效，尤宜声明定章一体优奖，以昭激励。嗣后凡有捐助私财于学校，指明专充假期内派遣学生旅行修学费用，或捐储特款，以备津贴成绩优良学生所需学费者。无论个人、团体，并得准照《重修捐资兴学褒奖条例》之规定办法给予奖励，用期兴学育才益加精进。"（中国第二历史档案馆，1991：623）

1918 年条例公布后，捐助兴学的整体态势仍持续低迷。即便教育部修订和完善褒奖条例，增加奖励形式，拓宽适用范围，却难以挽回持续的下滑势头。1924 年捐资千元及以上者仅有 12 例，捐资总额不足 13.7 万元。政府当局不得民心，各级军阀为扩充武备而搜刮民力，涸泽而渔，滥发铜元、铜元票等造成的通货膨胀又导致经济萧条，民生困苦，教育事业亦遭战争破坏或乱军劫掠。凡此种种，都极大地影响了民间的捐资能力与热情。

表 3-2 北洋政府时期捐资兴学奖励标准简表

捐资者类型	捐资金额	1913 年条例	1914 年条例	1918 年条例
个人捐资	100～300 元（不含 300 元）	银质三等褒章	银色三等褒章	银色三等褒章
	300～500 元（不含 500 元）	银质二等褒章	银色二等褒章	银色二等褒章
	500～1 000 元（不含 1 000 元）	银质一等褒章	银色一等褒章	银色一等褒章
	1 000～2 000 元（不含 2 000 元）	金质三等褒章	金色三等褒章	金色三等褒章
	2 000～3 000 元（不含 3 000 元）			金色三等褒章、匾额
	3 000～5 000 元（不含 5 000 元）	金质二等褒章	金色二等褒章	金色二等褒章、匾额
	5 000～10 000 元（不含 10 000 元）	金质一等褒章	金色一等褒章	金色一等褒章、匾额
	10 000 元及以上	金质一等褒章、匾额	金色一等褒章、匾额	金色一等褒章、匾额、褒辞
团体捐资	100～300 元（不含 300 元）			六等褒状
	300～500 元（不含 500 元）			五等褒状
	500～1000 元（不含 1 000 元）			四等褒状
	1 000～2 000 元（不含 2 000 元）		三等褒状	三等褒状
	2 000～3 000 元（不含 3 000 元）		三等褒状	三等褒状、匾额
	3 000～5 000 元（不含 5 000 元）		二等褒状	二等褒状、匾额
	5 000～10 000 元（不含 10 000 元）		一等褒状	一等褒状、匾额
	10 000 元及以上		一等褒状、匾额	一等褒状、匾额
遗嘱捐资	与团体捐资相同			

注：1913 年条例规定个人捐资达到 1 万元（1914 年和 1918 年条例改为 2 万元），还可向大总统申请特别褒奖。

资料来源：中国第二历史档案馆：《中华民国史档案资料汇编》（第三辑教育），南京，江苏古籍出版社，1991 年，第 616～622 页；福建档案馆：《福建华侨档案史料》（下），北京，档案出版社，1990 年，第 1350～1352 页.

　　需要补充说明的是，虽然北洋政府从 1915 年开始大量滥铸铜元、发行铜元票，造成币制混乱，恶性通货膨胀日渐明显，但 1913～1918 年的三次褒奖条例都有条款明文规定"以动产或不动产捐助者，准折合银元计算"。1922 年 6 月，教育部以第 770 号令通告各省省长、都统、京兆尹："近阅各处所送捐资兴学事实表册，间有即以公债票面数目作为捐资实数者，按之定例，实有不符。查公债等项证券与现金市价时有低昂，若与捐现金者一律照奖。不惟无以昭平允，且恐相形之下，捐资者相率以各种证券充数，将转为兴学之阻。"因此，要求各省将公债等证券按照市价折合为银元后，再报请核奖（北洋政府教育部，1922）。由于各项动产或不动产折合为银元后，币值相对比较稳定，也为现今探讨民国前期捐资兴学实况提供了有效的参考。

（三）穷途末路（1925 年 7 月至 1927 年 3 月）

1925 年 7 月，北洋政府再次发布《捐资兴学褒奖条例》。与 1918 年条例相比，主要变化有：①取消了原有折合为银元的规定，受通货膨胀影响，各类捐资的奖励标准大幅提升。"凡经募捐资至五倍前条各数者，得比照前条分别给予褒奖。"例如，此前捐资 100 元，可得银色三等褒章或六等褒状，这时必须捐资 500 元方能获得，以此类推。②获奖等级可累计提升。"凡已受有褒章者，如续行捐资，得并计先后数目，按等或超等晋给褒章。"但此前已领有匾额者不再重复奖给。③"捐资至二万元以上，十万元未满者，除褒章、褒状、褒辞外，并于年终由教育总长汇案呈请明令嘉奖。""捐资至十万元以上者，除奖给褒章、褒状、褒辞外，由教育总长专案呈请明令嘉奖。"所有受奖者都必须预先缴纳所谓的"公费"，即以大总统名义下发的褒辞为 6 元，金色一等褒章为 5 元，金色二等和银色一等褒章为 4 元，金色三等和银色二等褒章为 4 元，银色三等褒章为 2 元。要想获得匾额，还得另加 6 元（国民政府教育部教育年鉴编纂委员会，1948：1591）。如此锱铢必较，受奖者捐献数百、数千乃至数万资金，竟连几元的成本费也得自行预缴。北洋政府末期，其捐资兴学褒奖制度已陷入穷途末路，于此可见一斑。

1925 年条例的颁行，并未扭转捐资兴学的颓势。1925 年和 1926 年，全国捐资千元以上受奖者分别仅有 7 例、8 例，捐资总额分别约为 11 万元、17.8 万元，与民国初期 1912 年的 488 例、225.4 万元完全是天壤之别。考虑到折合为银元后通货膨胀的影响，只能算是聊胜于无。1925 年教育部曾拟定《特奖巨资兴学案》，建议对个人捐资兴学 10 万元以上者，酌情授予一等或二等嘉禾勋章；20 万元以上者，酌给勋位（勋位是北洋政府设置的一种终身荣誉，授予有极其显著勋劳于国家或社会者，地位高于勋章，分为六等）。然而此时的北洋政府自身已是四面楚歌，统治摇摇欲坠，这些形式化的荣誉早就失去了吸引力，缺乏实际意义，修订褒奖条例时并未采纳。即便是列入其中，从当时捐资的惨淡局面来看，所起的积极作用也必然相当有限。

（四）相关制度

关于北洋政府时期的捐资兴学褒奖制度，还有几点相关情况需要补充说明。

其一，当时部分少数民族地区的头领贵族如有捐资兴学举动，鉴于当地仍保留有前清爵秩和官职等特殊性，一般并不依照历次《捐资兴学褒奖条例》给奖，而是适用于另外的奖励章程。例如，1919 年 11 月蒙藏院呈准颁行《蒙回藏王公等因公捐资给奖章程》，表示"因地方公益或国家公务有必要时，一次捐缴"财物者，可由地方长官或札萨克（指蒙古各旗旗长）向中央政府请奖。比起《捐资兴学褒奖条例》，其奖励的形式和标准更为复杂，在此将原文抄录如下（商务印书馆编译所，1924：1549）。①

（甲）汗、王公

一、捐银二千元以上或驼马二百匹以上者，各按其爵秩呈请奖给嘉禾勋章。如已得有勋章，不能进给，或不愿再得者，即呈请传令嘉奖。

二、捐银五千元以上或驼马五百匹以上者，按其爵秩呈请给予加衔。如已有加衔者，即请赏给匾额。

三、捐银一万元以上或驼马一千匹以上者，呈请进封爵秩。如无爵可进者，援照成案，封一子为辅国公。

（乙）台吉、塔布囊

一、捐银一千五百元以上或驼马一百五十匹以上者，按其等级给予本院奖章。

二、捐银三千元以上或驼马三百匹以上者，按其等级呈请加衔。

三、捐银五千元以上或驼马五百匹以上者，呈请进爵一级。

（丙）章京以下各人员

一、捐银六百元以上或驼马六十匹以上者，给予本院奖章。

二、捐银一千二百元以上或驼马（一）百二十匹以上者，请给升衔。

三、捐银二千元以上或驼马二百匹以上者，准以应升之缺，交该旗札萨克记名补用。

1922 年教育部制定《兴办蒙藏教育办法案》，其中第五条为"由蒙藏院责成各王公、札萨克令子弟入学，并定王公办学奖励办法"。但其后直至北洋政府终结，实际并未制定出专门的奖励办法。

其二，吸纳地方士绅在教育参议机构中任职，以增强其捐资兴学的积极性和责任感。例如，1922 年教育部公布《县市乡教育行政机关组织大纲》，规定各县及各特别市（县属市，与乡镇平级）教育局增设董事会，由 9 名董事组成，其中

---

① 依照 1912 年《蒙古待遇条例》，北洋政府时期在蒙古等地保留爵秩制度，其中汗、亲王、郡王、贝子、贝勒、镇国公、辅国公等可统称王公，辅国公以下为一至四等台吉（土默特左翼旗及喀喇沁三旗称"塔布囊"）。章京不是爵位，为旗长和台吉下属的官职。

"办理实业著有成绩者三人"。董事的主要职责就是参议"县教育之预算，县教育经费之筹措及教育财产保管处置办法"（中国第二历史档案馆，1991：86-88）。之所以将"办理实业著有成绩者"纳入董事会，主要目的是争取他们的经费资助。

其三，实施地方兴学人员考成制度。1915年12月，教育部同时发布《劝学所规程》《学务委员会规程》。按照规定，各县设劝学所，配置所长1人、劝学员2～4人。各自治区（乡镇）设学务委员会，配置专任学务委员1人。这些地方兴学人员日常的重要工作便是就地筹集教育经费，劝募民间捐资（陈学恂，1987b：287-289）。1916年1月，教育部颁行《地方兴学人员考成条例》，规定根据其兴学成绩给予奖惩。奖励包括奖给匾额、金色或银色奖章（此项奖章称为"教育部奖章"，不同于捐资兴学"嘉祥章"）、褒状。兴学成绩尤其显著者，还可由地方行政长官报告教育总长，呈请大总统颁给勋章（中国第二历史档案馆，1991：75）。此项奖励不直接授予捐资兴学者，却有利于激发地方教育行政人员劝募捐资的积极性。

其四，1923年广东成立以孙中山为大元帅的革命政府，拒不承认北洋政府的合法地位，在政治上与之分庭抗礼，但关于捐资兴学褒奖事宜仍沿用后者颁布的条例，只不过办理程序和细节略有差异。例如，该年12月7日，广东政府内政部长徐绍桢呈文孙中山，称吉隆坡华侨陆运怀捐资8万元创办"运怀义学校"，符合1914年《修正捐资兴学褒奖条例》中"华侨在国外以私财创立学校或捐入学校，培育本国子弟，准由各驻在领事开列事实表册，详请褒奖"，以及"捐资至二万元以上者，其应得褒奖由教育总长呈请大总统特定"等条款。当时广东政府没有设置大总统和教育总长，只能由大元帅、内政部长分别行使职权。此外，此例请奖没有经过驻外领事核转，徐绍桢解释为"政府现在草创，各埠领事尚未派遣，似宜变通处理，用慰侨民归向之忱"。同月11日，孙中山发布第714号大元帅令，批复授予陆运怀金色一等褒章，并亲笔题写"热心教育"匾额（孙中山，1923：510-511）。至于当时为何援引1914年而不是1918年的褒奖条例，徐绍桢呈文中没有具体说明。后来，广东政府曾以教育行政委员会的名义制定《捐款兴学褒奖规程》，但并未正式公布实施。从1926年第1期《广东省政府特刊》所载17例褒奖来看，奖励标准仍基本是按照北洋政府1914年条例实行的。例如，文昌县的陈家琛捐资558元，获奖银色一等褒章；梁居香捐资469元，获奖银色二等褒章；付用霖捐资125元，获奖银色三等褒章；付启成的祖父遗嘱捐资500元，追授四等褒状（广东国民政府秘书处，1926）。

二、地方实施概况

关于民国前期的捐资兴学褒奖制度，《第一次中国教育年鉴》列有各省历年度捐资千元及以上者的相关数据，捐资千元以下者则没有记载和统计。尽管教育部 1913 年曾要求各省每年年终将本省自行授予银质（1914 年条例改为银色）褒章的情况集中呈报，但相关材料未能汇编和留存。捐资百元以下者没有纳入褒奖条例，具体数据更是无从查考。此外，还有一些主动捐资达到额定标准，没有报请奖励的事例。由于各地具体实施的情况纷繁复杂，下文即通过地方志、教育志、文史资料等途径，分别选取东部的江苏、浙江，中部的湖北，西部的云南等省作为案例，对民国前期地方捐资兴学的基本态势进行大致探讨。

先以江苏为例，该省太仓县捐资兴学"盛于清末民初"，1913～1915 年捐资受奖者共有 7 人，其中闵元燮、蒋恩锡、陈绍祺分别获得金质（或金色）一至三等褒章，蒋汝坊、闻华、须爱人、须敬人分别获得银质（或银色）一至三等褒章。1915 年以后，"捐资兴学者渐少"，也没有捐资受奖的后续记载（《太仓县教育志》编纂组，1992：283-284）。常熟县 1913～1915 年因捐资兴学获得褒奖者有 38 人（佚名，1987：172）。无锡县同一时段获得金质（或金色）褒章者有 9 人，获得银质褒章者为 39 人（无锡县教育局，1992：277）。

又如浙江，该省温州所属的乐清、永嘉、瑞安、泰顺、平阳等县，民国前期捐资千元及以上者为 28 例，其中 20 例一次性捐资发生于 1912～1916 年，8 例连续性捐资起始于 1916～1917 年（温州市教育志编纂委员会，1997：633-634）。镇海县民国前期捐资兴学的典型事例有 15 起，其中 12 起发生于 1912～1915 年，3 起发生于 1923 年（浙江省宁波市镇海区教育委员会，北仑区教育委员会，1993：120-121）。

湖北所属很多县份捐资兴学的态势同样是高开低走。①汉阳县，民国前期个人捐资千元及以上受奖者共有 11 例。按捐资具体时间划分，其中 2 例为 1913 年，4 例为 1914 年，2 例为 1917 年，1918～1926 年只有 3 例（武汉教育志丛编纂委员会，1990a：166）。②汉川县，该县县志中关于民国前期捐资兴学的典型事例，仅载有"1913 年童氏家族向童家岭县立初等小学捐献银元 3000 元"1 例（汉川县地方志编纂委员会，1992：526）。③黄陂县，民国初期"捐资兴学之风盛行"，个人独资或筹资兴办了一批私立学校，仅 1915 年就有私立乙种商业学校，私立旭照、省身、慈善会小学等（武汉教育志丛编纂委员会，1990b：244）。④郧县，该县县志中关于民国前期的记载仅有 1 例，"1912 年至 1914 年，黄林捐助私立民新高等小学 1.01 万元",获奖金色褒章 1 枚、匾额 1 块(湖北省郧县地方志编纂委员会,2001:845)。⑤秭归县,民国前期捐资获奖者共有 7 人,捐资时间均为 1917 年(谭本略,1992:71)。而在当时襄阳所属各县,包括南漳、枣阳、保康、谷城、光化(今老河口市)、随县(今属随州市),民国前期的捐资均多在 1918 年之前(《襄樊市教育志》编纂办公室,1988:84-89)。

云南省的昭通县 1912 年曾出现过一次捐资兴学的高潮,该年 7 月当地士绅迟兴周捐资 300 元修建女校,随后又将本人在昭通松茂火柴公司入股的 1000 元股金作为学校基金,用以补助和发展女子蚕桑教育。他捐资时特别声明不需奖励,当时云南省都督府批文称赞其"急公好义,不骛虚名"。同年 8 月,李湛阳、黄肇勋等向女校捐助 1500 元和宅基地 1 处。还有"昭通苗民在十分贫困的条件下,负柴、背米、提鸡、抱猫",集体捐资 500 元(昭通市教育局,2002:427)。《景东彝族自治县教育志》记载,该县捐资兴学的高潮也出现在"清末至民国初年",至 1917 年刘中华等 38 人集资 1000 余元创办私立江东高等小学后,民国前期再未有过捐资的典型事例(景东彝族自治县教育委员会,2001:310)。在楚雄所属各县,民国前期捐资百元及以上而获奖者共有 5 例,全部发生于 1917 年之前(《楚雄彝族自治州教育志》编纂委员会,1998:446)。

上述捐资兴学事例大部分都发生于 1918 年之前,与前文所分析的全国整体趋势相符合,即从 1918 年开始民间的捐资热情持续滑落,捐资例数和总额都有明显下降。由于各地的具体情况不尽相同,也有少数地方的捐资在民国前期始终保持良好态势。例如,浙江鄞县 1922~1926 年还出现过一次捐资高潮,有力地推动了地方教育事业的发展进步。1922 年,该县李志芳、朱丰沛、朱丰浩 3 人捐资 8 万元创办志芳小学,"实验室、图书室、学生宿舍等设施完善,校园遍植花木,并购上海闸北水电厂股票 5 万元为基金"。1923 年,张延忠捐资 4 万元,置地 10 亩建造校舍,创办云龙高等小学,还另"购宁波永耀电力公司股票 4 万元为学校基金"。同年,戴东原、戴樵原兄弟捐资创办邻湖小学、东钱湖图书馆,顾钊向私立元琛小学捐资 5500 元,孙鹏向启贤小学捐资 16 299 元,周传赓向蕙江小学捐资 3000 元,孙峻向天然区求是小学捐资 5916 元,张天锡向春晖小学捐资 5631 元,丁孝钺向孔文小学捐资 1044 元,翁后载向西城区小学捐资 2279 元。1914 年,陈圣佐捐资 10.4 万元创办陈氏翰香小学,教育部授予其一等金质褒章。1925 年,曹文元、曹仁才等 10 人集资创办孝思小学。1926 年,俞福谦捐资 6 万元创办福谦小学(《鄞县教育志》编纂办公室,1993:396-397)。

各地捐资兴学活动既受政治、经济、军事等因素综合影响,也与本地文化教育传统密切相关，有时还会因示范作用形成群体效应。民国前期除中央政府发布和实施的全国性《捐资兴学褒奖条例》之外，还有部分地方政府制定有类似的地方性办法，收到了较好的积极效果。比如，1925 年浙江义乌县议会通过《劝募县立中学开办费案》，计划劝募资金 3000 元，县政府成立募捐委员会，县知事亲自兼任委员会主任，向县内殷实士绅募捐，并且规定："募捐县立初级中学费 100 元以上者为名誉董事，其职权与校董事等同；募捐 50 元以上者，由县知事呈请金华府道给以匾额；20 元以上者，由县知事给以匾额。开办费募捐交县参事会经管，报县公署备案。"（义乌教育志编纂委员会，2007：380）按照 1925 年北洋政府发布的条例，捐资达到 1 万元才能给奖匾额，义乌县只要 20 元便可发给，而且不需预缴 6 元工本费，可谓"物美价廉"，政策颇为亲民，劝募活动收效也相当理想。

通观民国前期捐资兴学的基本概况，整体呈现出三大特征。其一，捐资形式灵活多样，包括银元、纸币、股票等动产，房屋、宅基、田亩等土地资产，木材、砖瓦、办公用具、教学设备等物资。此外，不少基层民众在修建本地学校时无偿出工出力，这种人力资源其实也是捐资兴学的一种表现方式，只不过当时通常被忽略掉了。其二，全国及多数地方的捐资具有时间纵向上的阶段性变化，普遍的捐资高潮始于清末民初之交，低落于 1917 年前后。其三，清末即已出现的横向地域性反差仍极为明显，如表 3-3 所示。

表 3-3　1912～1926 年部分省市/华侨捐资总额简表（千元以下者未计入）

单位：元

省市/华侨	江苏	浙江	安徽	江西	湖北	湖南	四川	福建	云南	贵州
捐资总额	2 216 634	1 946 626	523 133	228 143	287 782	380 658	59 045	338 972	53 024	3 608
省市/华侨	广东	广西	陕西	山西	河南	河北	山东	甘肃	青海	新疆
捐资总额	401 926	30 945	31 449	92 841	189 114	733 527	610 573	67 798	0	4 440
省市/华侨	辽宁	吉林	黑龙江	热河	绥远	上海	北平	威海	蒙古	华侨
捐资总额	375 331	311 192	37 993	24 450	0	319 361	28 749	8 500	10 733	244 896

资料来源：根据国民政府教育部教育年鉴编审委员会：《第一次中国教育年鉴》，上海，开明书店，1934 年，戊编第 360～362 页表格数据整理。

注：①当时热河、绥远为省级建制的特别区，威海尚未成为中央直辖市，但表格单独列出。
　　②蒙古指当时的"蒙古地方"，即外蒙古，1924 年在事实上独立，1946 年才得到国民政府正式承认。
　　③海外华侨经驻外领事渠道报奖者，也为单列。

江苏、浙江 2 省的捐资总额遥遥领先，分别超过和接近 200 万元，河北、山东、安徽、广东 4 省超过 40 万元，湖南、福建、辽宁、吉林、上海、湖北、江西、河南、广东等地为 17 万～34 万元，其余各地均未达到 10 万元。清末捐资情况较好的四川饱受战乱影响，民国前期仅有近 6 万元，贵州、新疆在 0.5 万元以下，青海、绥远更是完全空白。

总的来说，民国前期的捐资兴学褒奖制度几经修改，实施之初收效尚较为可观，此后逐渐陷入低落，未能善始善终。若仅就制度构建而言，还是多有值得肯定之处。褒奖范围打破了清末以小学教育和实业教育为主的既定格局，扩展到各文化教育相关机构，并延伸至捐助旅行修学、津贴学费等范畴，有利于教育事业的整体发展乃至社会文化的全面进步。奖励标准更为明晰，奖励程序也不断规范和健全。但其中存在一些过于注重表面化和形式感的做法，又显得过犹不及。南京国民政府时期，制度框架仍基本延续民国前期的成例，同时给予了删繁就简的改造和顺应时势的调整。

第二节　国民政府时期

一、整体制度演变

（一）酝酿与筹备（1927 年 4 月至 1928 年 12 月）

南京国民政府成立伊始，捐资兴学正处于极度低迷状态。1927 年全国捐资千元及以上者仅有 13 例，捐资总额共 71 780 元，为 1912 年以来的最低值。中央政权更易之际，各项教育政策法规都亟须重订或修改，尚无暇顾及捐资兴学褒奖制度。直至 1928 年春，相关事宜才被提上议事日程。该年 3 月，宝山县教育局局长浦文贵呈文江苏大学校长张乃燕[①]，汇报该县教育局董事会董事严濂曾于 1920 年创办私立严氏初级小学，此后又陆续捐资多次，总计捐献开办费和经常费约 2430 元。因严濂当时已经去世，为表示纪念和表彰，向大学区请求予以褒奖。张乃燕于是转呈大学院请奖，大学院以第 141 号"指令"回复："在本院未颁布褒奖条例之前，可迳由该校长酌定汇报备案。"张乃燕考虑到广东国民政府教育行政委员会曾制定有《捐款兴学褒奖规程》，又向大学院请示"此项规程是否曾经公布，可否暂行援用"。大学院再以第 285 号"指令"回复："虽经前国民政府教育行政委员会议决，但尚未公布。本院现正将此项规程重行审查，加以修订，一俟呈请国民政府核定，即当明令公布。"（国民政府大学院，1928a）

---

① 按照当时实行的大学区制改革，江苏省率先成立中央大学区，由江苏大学（后改称中央大学）校长主管本大学区内一切学术和教育行政事务。

1928 年 5 月，大学院组织召开第一次全国教育会议。与会代表周启刚提交《凡捐资兴学及热心办学者，均应分别褒奖，以资鼓励案》，提请的理由有二：一是"国内各处之私立学校及海外各地之华侨学校，创办以来，政府迄无相当经费补助之。其所以能继续维持者，全赖一般热心教育者之苦心孤诣。有减衣缩食而输将者，有奔走呼号而劝募者，更有因尽办学义务而荒废本业者。此种急公好义，坚持热忱，殊堪嘉尚"。二是"现在国内公立学校，只系对于繁盛区域与夫交通利便地方稍有设置，而于穷乡僻壤，多付阙如。此为我国教育前途之大缺点，欲求补救之方，惟有极力提倡办学。而提倡办学，又非奖励热心办学者不可"。他进而提出 8 条奖励标准，大致为捐款 100～1000 元（不含 1000 元）者，奖给三等至一等银质奖章；捐款 1000～10 000 元（不含 10 000 元）者，奖给三等至一等金质奖章；捐款满 1 万元者，奖给特别金质奖章、奖状；捐款 5 万元以上者，给予特别奖励。"个人经手募捐之款，其数满上列各条三倍之数者，其奖励与上列各条同。"（国民政府大学院，1928b：48-49）整套方案基本是沿用北洋政府时期的褒奖条例，不过拾人牙慧，却足以证明此前的制度确有很多值得效法之处。至于对劝募者给予相应奖励，也早在 1898 年光绪帝"兴学诏"中即曾明示，清末已有实施先例。

新的褒奖条例尚在筹备之际，个别省份已先行制定了本省的暂行条例。1928 年 4 月，湖南省发布本省《褒奖捐资兴学暂行条例》，完全照搬北洋政府的 1918 年条例，只是办理程序略有不同。大学院鉴于自身尚未发布全国性方案，只能准予其备案和暂时施行。同年 10 月，河南省也制定了本省《捐资兴学褒奖暂行条例》，奖励等级、额度与湖南省条例有较大差异，而且还增加了修建纪念碑、纪念室等褒奖形式，显得更为复杂。与此同时，随着国民政府形式上统一全国，国内大部分地区局势相对稳定，进入所谓"黄金十年"的发展期，民众捐资热情有所高涨，1928 年全国捐资千元及以上者回升为 19 例，捐资总额约 21.1 万元。为便于规范管理，中央政府制定全国性的统一条例已势在必行。

（二）规范与完善（1929 年 1 月至 1937 年 6 月）

1929 年 1 月 29 日，南京国民政府正式公布《捐资兴学褒奖条例》。2 月 13 日，国民政府又发出第 68 号"训令"，将条例抄件通饬各省市政府，要求其转令所属地方"一体知照"，切实施行。在民国捐资兴学褒奖制度的演进过程中，该项条例具有承前启后的重要意义，延续和改造了北洋政府的相关制度，也是国民政府时期后续历次条例之模板，关系到此后 20 年全国的捐资兴学格局。甚至在国民党政权败退台湾之后，仍发挥残存的效力。鉴于此，不妨先将其全文抄录于此

（中国第二历史档案馆，1994：98-99）。

第一条　凡以私有财产处置创立或捐助学校、图书馆、博物馆、美术馆及其他教育机关者，得依本条例请给褒奖。

第二条　凡捐资者，无论用个人名义或用私人团体名义，一律按照其捐资多寡，依下列规定分别授予各等奖状。

一、捐资在五百元以上者，授予五等奖状。

二、捐资在一千元以上者，授予四等奖状。

三、捐资在三千元以上者，授予三等奖状。

四、捐资在五千元以上者，授予二等奖状。

五、捐资在一万元以上者，授予一等奖状。

第三条　应授予四等（及）以下奖状者，由大学区[①]，或省教育厅，或特别市教育局开列事实表册，呈请省政府或特别市政府核明授予，仍于年终汇报教育部备案。

第四条　应授予三等（及）以上奖状者，由大学区大学，或省教育厅，或特别市教育局开列事实表册，呈请教育部核明授予。

第五条　捐资至三万元以上者，除给予一等奖状外，并于年终由教育部汇案呈报，请国民政府明令嘉奖；捐资至十万元以上者，除授予一等奖状外，由教育部专案呈请国民政府明令嘉奖。

第六条　凡已受有奖状者，如续捐资，得并计先后数目，按等或超等晋授奖状。

第七条　凡经募捐资至十倍第二条所列各数者，得比照该条分别授予奖状。

第八条　凡以动产或不动产捐助者，准折合银元计算。

第九条　华侨在国外以私财创立或捐助学校及其他教育机关，以培育本国子弟者，其请奖手续由各驻外领事馆开列事实表册，呈请教育部核办。

第十条　本条例自公布日施行。

1929年条例充分借鉴和吸纳了此前捐资兴学政策的核心精华，对北洋政府既

---

① 当时大学院已经改制为教育部，但中央、浙江、北平3个大学区至1929年7月才先后改制为省教育厅或市教育局。

定条例进行了删繁就简的改造，并将清末某些办法重新沿用。与 1918 年和 1925 年条例相比，取消了很多华而不实的烦琐内容，实施程序大大简化，更易于各级政府及教育行政部门操作与推进。褒奖类型，不再按照个人捐资、团体捐资、遗嘱捐资而分类授奖；褒奖形式，也不再分为褒章、褒状，统一改为奖状。此前条例中诸如对捐资数额巨大者给予特别嘉奖，动产或不动产折合为银元计算等有效措施得以保留与延续，则使整体制度与褒奖标准能够保持相对稳定。此外，1929 年条例还附有奖状的统一图式，规定奖状需准确填写捐资者的个人姓名或团体名称、捐资的具体情况，授予者的姓名、职衔，四等及以下奖状由本省政府主席或特别市市长、教育行政长官分别署名。

前文曾提及北洋政府历次褒奖条例的一大缺陷，即没有充分考虑各地经济发展水平、文化教育基础的不均衡性，仅制定有全国性的统一褒奖标准，未达最低数额的捐资者无法获奖，致使部分经济落后地区获奖者持续短少，难以激励基层更广大民众主动捐资的热情。为弥补这一缺陷，教育部又于 1929 年 4 月发出第 577 号"训令"，允许各省市（特别市）教育行政机关自行制定地方性单行规程。"查捐资兴学条例业奉国民政府明令公布，惟捐资兴学在五百元以下者，本条例中未经明定，各大学区大学，或教育厅，或特别市教育局，得酌量地方情形自定单行规程，并报部备案。"（国民政府教育部，1936：48）如此一来，褒奖制度就以捐资 500 元为界分为双轨，500 元及以上适用于全国性条例，500 元以下可由地方自定规程，因地制宜，灵活处理，教育部保留审核和批准的权力。中央的上位法规居于主导地位，发挥规范效用，又给予地方一定的自主空间。两者并行不悖，有利于拓宽褒奖范围，使整个褒奖制度更具针对性与层次感，确实是一举多得。

1929 年《捐资兴学褒奖条例》公布施行后，此前湖南、河南等省的暂行条例随即废止，各省市纷纷制定或修改本地单行规程。该年 5 月，绥远省率先发布本省褒奖条例，明确划分了捐资 50～500 元的奖励标准。同月，教育部又以第 728 号"训令"的形式，将捐资兴学奖状制成样张，附同条例原文、表册格式等分发各省市（特别市）教育行政机关，要求其告知各县教育局、各公立及私立教育机构，务必使中央的全国性条例得到准确传达与切实执行。1930 年 5 月，教育部出台《图书馆规程》，再次强调"私人以资财设立或捐助图书馆者，得由主管机关遵照《捐资兴学褒奖条例》，呈报教育部核明给奖"（郭锡龙，1995：98）。

在全国性政策的示范与规范下，多个省市（特别市）陆续制定了本地单行规程或条例，捐资兴学褒奖制度形成以中央法规为主干，地方办法为支脉的网状体系，其成效也逐渐显现。1930 年，出现了国民政府时期第一个捐资兴学高潮。该年度全国捐资 3000 元及以上者达到 93 例，捐资总额共计约 128.8 万元（由于褒奖条例的改变，中央统计的额度下限由 1000 元变为 3000 元）。该年 12 月，教育部在通令中欣喜地表示："查自《捐资兴学褒奖条例》颁行以来，各省市教育厅局暨驻外各领事馆呈部请奖者纷至沓来，足征各地人士热心教育，殊堪嘉慰。"（国民政府教育部，1936：48）至于捐资 3000 元以下者，按照条例由各省市政府自行授奖，虽无准确的全国性数据统计，总量也应是相当可观的。

　　1931～1933 年，国民政府教育部又先后发出多道命令，对捐资兴学褒奖制度进行持续规范，并将之融入教育行政管理的整体格局，与其他相关教育法规对口衔接。1931 年 12 月，第 2017 号"训令"指出向未立案之私立学校捐资者不能受奖，理由为"各级学校有公私立之别，私立学校未经主管机关核准立案，例不能与公立学校受同等待遇"，褒奖制度也应有所区分。各省（院辖市）教育厅局、驻外各领事馆报送私立学校受捐事例时，必须先核实该私立学校是否已经立案，"确已立案，方得予以呈转，而捐资兴学事实表内，无论捐资何级私立学校，均应注明立案字样，以便审核"。这主要是为了配合当时对私立学校的全面整顿，避免捐资兴学褒奖制度与相关教育管理法规相抵触。1931 年 12 月，教育部制定《教育部奖状规程》，将本部颁发的奖状分为学术奖状、艺术奖状、教育奖状三类，捐资兴学属于"从事教育有确实成绩或对于教育有特殊贡献"，纳入教育奖状序列。1932 年 2 月，第 312 号"指令"要求各国立大学附属学校接受捐资，应由所在省（院辖市）教育厅局呈报教育部请奖。1933 年 1 月，第 11847 号"训令"通告各级教育行政和文教机构，呈请褒奖时除提交事实表册，详细说明捐资具体情况之外，还应附上捐资的实证凭据。鉴于此前报送的请奖材料"大率仅据附表开具事实，并无捐资实证，似此漫无限制，难免冒滥"，故而要求"此后凡有呈请褒奖捐资兴学案件，无论捐输动产及不动产，须由受捐之学校出具收据，并附呈来部"。捐资如为田地、房屋，"并须绘具详图暨契约、摄影"，"书籍、器具亦应开具目录或清册"（国民政府教育部，1936：44-48）。

　　随着褒奖制度体系的规范与完善，1931～1933 年的捐资兴学活动取得了良好的整体成效。1931 年，全国捐资 3000 元及以上者为 92 例，总额约 214.5 万元。受"九一八事变"影响，1932 年和 1933 年的捐资总额有所下降，但仍能维持在150 万元左右。比起 1927 年的惨淡局面，已有极显著的改善。在此期间，捐资流向多集中于基础教育阶段，如 1931 年约 214.5 万元的捐资总额中，专科以上学校仅获得 0.9 万元，中等学校获得约 71.31 万元，小学获得约 94.31 万元，社会教育机构获得 6.98 万元，另有 13.06 万元为教育基金，28 万元用于其他文教事业。

1934 年至抗战日战争全面爆发之前，捐资兴学褒奖整体制度没有大的变化，只是针对少数民族地区制定了专门的补充办法，加大了褒奖的力度。其实早在 1931 年教育部公布的《实施蒙藏教育计划》[1]中，就列有相关的条款。"凡私人或团体倡办或捐资兴办蒙藏教育者，均应特别奖励，以昭激励。"具体方案要点为：①创办或捐助蒙藏教育事业者，除特别规定外，均按照 1929 年全国性褒奖条例办理。②募集款项兴办蒙藏教育事业者，也按照 1929 年条例给予褒奖。③"蒙藏教育奖状应由教育部另定形式。"④褒奖手续先由所在各盟、部、旗、宗等教育行政机构呈交本地行政长官，"再转请教育部、蒙藏委员会会同核办"（中国第二历史档案馆，1994：822）。当时的蒙藏教育事务归属教育部、蒙藏委员会共同管理，所以捐资兴学褒奖也由两部门会同核办。

1934 年 7 月，教育部以第 9229 号"训令"正式发布《捐资兴学褒奖条例补充办法》。主要内容为：①适用范围，包括蒙古、西藏、新疆、西康、宁夏、青海等少数民族地区。②褒奖标准，依照 1929 年条例所列各等额度实行。③褒奖程序，"应授予四等以下奖状者，由各该地方教育行政机关或监督教育机关核明授予，仍于年终汇案，分报教育部、蒙藏委员会备案。应授三等以上奖状者，由各该地方教育行政机关或监督教育机关开列事实表册及捐资实证，呈由蒙藏委员会核明，咨请教育部查酌授予。但蒙藏委员会查有上项应授予三等以上奖状者，亦得自行咨请教育部授予"。④特别奖励，"捐资三千元以上者，除授予三等奖状外，并由教育部、蒙藏委员会会同呈请行政院颁令嘉奖；捐资五千元以上者，除授予二等奖状外，并由教育部、蒙藏委员会会同呈请行政院题给匾额；捐资一万元以上者，除授予一等奖状外，并由教育部、蒙藏委员会呈请行政院，转呈国民政府明令嘉奖并题给匾额"（国民政府教育部，1936：47）。随后，行政院又令饬蒙藏委员会将条例原件及其补充办法加紧译为蒙文、藏文，下发各相关地方施行（国民党中央统计处，1934a）。

以 1929 年条例为基础，补充办法根据少数民族地区的政治、经济、文化等特殊性，进行了某些必要的调适。首先，鉴于部分民族地区的教育及其行政体制不同于内地[2]，规定可由"监督教育机关"报请授奖，并经由教育部、蒙藏委员会共

---

[1] 民国时期的"蒙藏教育"，其后改称"边疆教育"，类似于现今的少数民族教育。但在民国不同历史阶段，其具体涵盖的地域范围有所不同。

[2] 例如，当时的西藏还没有近代意义的新式学校，更无教育行政机关可言，只有蒙藏委员会形式上负监督职能，但蒙藏委员会实际直到 1940 年才在西藏正式设置办事处。而且外蒙古事实上已经独立，今内蒙古地域分属于热河、察哈尔、绥远、宁夏"塞北四省"。该项补充办法虽列有蒙古、西藏，其实仅具象征意义。

同核办。次则，少数民族地区的经济水平普遍相对落后，相应放宽了获得特别奖励的标准。条例原文规定捐资 3 万元及以上者才能报请国民政府明令嘉奖，补充办法减少为 1 万元，并且增加了捐资 3000 元以上可呈请行政院嘉奖这项原本没有的标准，使少数民族地区捐资者有更多的机会得到高级别的政府嘉奖，从而激起他们的荣誉感。再则，大额捐资的褒奖形式恢复旧例，一律增授匾额，也是希望借此加大褒奖的吸引力，刺激捐资热情。最后必须指出，补充办法虽然在某些方面带有特殊性，但并未与整体褒奖制度矛盾，仍可视为附属于 1929 年全国性条例的单行规程。各地方相关机构自行授奖需要年终汇报，报请中央授奖需要提交事实表册和捐资实证，都充分地体现了条例的原文内涵与实施规范。

如表 3-4 所示，1934 年全国捐资 3000 元及以上者为 46 例，捐资总额约 111.2 万元。1935 年增加为 71 例，约 184.7 万元。1936 年为 60 例，捐资总额竟高达约 2097.2 万元，达到了民国成立以来的最高点，甚至远远超过了 1927～1935 年的累计。

表 3-4　1927～1936 年全国捐资兴学获奖情况简表

年份	1927	1928	1929	1930	1931	1932	1933	1934	1935	1936
捐资例数/例	13	19	36	93	92	57	111	46	71	60
捐资总额/元	71 780	211 218	439 545	1 287 647	2 145 409	1 447 213	1 635 160	1 112 200	1 847 130	20 971 705

资料来源：根据国民政府教育部教育年鉴审委员会：《第一次中国教育年鉴》，上海，开明书店，1934 年，戊编第 361～362 页；中国第二历史档案馆：《中华民国史档案资料汇编》（第五辑第一编教育），南京，江苏古籍出版社，1994 年，第 104～105 页表格数据整理。其中 1927 年、1928 年统计范围为捐资 1000 元及以上，获奖应为 1929 年颁行条例后补授。1929～1936 年为捐资 3000 元及以上。

1936 年的捐资总额之所以骤然剧增，主要原因有两个方面。其一，1929 年世界性经济危机爆发，造成国际银价大幅飙升，中国白银开始大量外流，经济也受到影响。1935 年 11 月，国民政府实施币制改革，正式废止银本位，禁止银元流通，规定以中央银行、中国银行、交通银行发行的纸币为法定货币（简称"法币"，也称"国币"）。与之相适应，捐资金额也改为以国币计算。与此前折合银元计算相比，存在一定的通货膨胀，导致捐资总额有所虚增。其二，在该年度约 2097.2 万元捐资总额中，高等教育机构获得的就有约 2026.2 万元。令人费解的是，1936 年前后并没有新办的私立高校，这些巨资究竟流向何处，相关档案史料中也缺乏明确记载，尚有待查考。尽管如此，1936 年捐资褒奖制度取得显著成绩应是不争的事实。除高等教育机构外，中等教育、小学教育也受益良多。国民政府教育部的嘉奖令显示，1936 年捐资 3 万～10 万元受奖者为 16 例，其中不乏李宗仁、白崇禧、黄旭初、马鸿逵等军政要员，也有胡文虎、胡文豹兄弟，郭巨川、郭镜川兄弟等华侨富商。而在这 16 例捐资中，12 例捐助对象为中等学校或小学（中国第二历史档案馆，1994：98-99）。

（三）困境与停滞（1937 年 7 月至 1944 年 1 月）

正当捐资兴学发展势头良好之际，抗日战争于 1937 年 7 月全面爆发，所谓"黄金十年"戛然而止，捐资兴学褒奖制度也因之陷入困境。卢沟桥事变后数月内，华北、华东大部迅速被日寇占领。1938 年 10 月，华南的广州、华中的武汉相继失守。至此，我国经济相对发达地区几乎全部沦陷或成为战区。这些地区此前的捐资兴学活动较为踊跃，捐资金额也位列全国前茅。半壁江山的沦陷，不仅使褒奖制度的实施地域大为缩减，捐资总额更是急剧下降。沦陷区及战区民众饱受日寇迫害或战火摧残，无法或无力向本国教育事业捐资贡献。国统区同样受战争影响，经济凋零，民生困苦，捐资能力匮乏。此外，广东、福建等沿海地区沦陷，日寇加紧向东南亚华侨集中区域渗透，当地排华浪潮日益猖獗，抗日战争全面爆发前占有重要比例的华侨捐资萎缩不振。凡此种种，都使捐资兴学由 1936 年的巅峰骤然滑落到谷底。1937 年，捐资 3000 元及以上受奖者为 70 例，捐资总额约 143.1 万元。1938 年捐资 3000 元及以上授奖者虽有 78 例，但捐资总额减至约 51.1 万元。1939 年捐资 3000 元及以上授奖者再度减少为 48 例，捐资总额约 40 万元。

1940 年，捐资 3000 元及以上受奖者为 266 例，捐资总额约 467 万元。表面数字似乎有极显著的增加，可实际情况远非如此。相关研究表明，"抗日战争（全面）爆发后，法币立即出现膨胀趋势。不过 1937～1939 年通货膨胀还只是处于缓性发展阶段。1940 年是中国通货膨胀史上的一个转折点，自此通货膨胀进入急性发展阶段"（杨菁，1999）。具体来说，1937 年 7 月，物价总指数（以 1937 年 6 月为基准）为 0.97；1939 年 12 月，物价总指数为 1.77。1940 年 12 月，物价总指数为 10.94（吴冈，1958：165-169）。换言之，1940 年年底的物价已涨至 1939 年年底的约 6.2 倍。由此推算，1940 年捐资总额较 1939 年实际增长约 88%。在战时极其艰苦的环境中，国统区民众能够做出这样的贡献确属不易。

1940 年以后，国统区通货膨胀的速度更为惊人。1941 年 12 月，物价总指数为 28.48；1942 年 12 月为 57.41；1943 年 12 月为 200.33。在此期间，捐资总额的表面数字已失去比较意义，必须经过较复杂的折算，尽量排除通胀率的影响后，才可看出大致端倪。如表 3-5 所示，1937～1943 年各年度捐资总额的实际价值起伏不定，1937～1939 年急剧减少，1940 年曾有显著回升，1941～1942 年再度跌落，1943 年又稍有增长。

表 3-5　1937～1943 年全国捐资兴学获奖情况简表

年份	1937	1938	1939	1940	1941	1942	1943
捐资例数/例	70	78	48	266	459	816	1625
捐资总额/元	1 431 726	511 438	400 474	4 669 183	3 882 211	3 180 357	13 920 118
折合金额/元	1 460 945	491 767	226 256	426 799	136 314	55 397	69 486

资料来源：根据国民政府教育部教育年鉴编纂委员会：《第二次中国教育年鉴》，上海，商务印书馆，1948 年，第 1605 页表格数据整理。各年度捐资总额均以 1937 年 6 月物价总指数为基准折合。

国民政府《捐资兴学褒奖条例》自 1929 年 1 月发布以来，在长达 15 年的时间内一直未经改动，日渐显得不合时宜。尤其是抗日战争全面爆发后通货膨胀不断加速，授奖额度标准没有水涨船高，以致所谓的"巨资捐献""特别奖励"急剧虚增。条例规定，捐资达到 3000 元者由教育部授予奖状，1943 年符合此项条件的捐资有 1625 例，而处于捐资事实高峰的 1936 年不过只有 60 例。按物价总指数折算，1943 年年底的 3000 元仅相当于 1936 年的 15 元，完全是天壤之别。之所以没有重订褒奖条例或奖励标准，或许是国民政府及教育部疲于应对繁杂艰难的战时教育事务，无暇顾及，也可能是为了照顾和体恤广大民众的捐资热情，有意为之。然则如此多的捐资事例需要教育部逐一核发奖状，达到 3 万元的"特别奖励"还得国民政府以最高规格明令嘉奖，终究不是长久之计。从制度建设的角度看，这段时期未能及时调整，处于停滞甚至失效状态。

（四）调整与终结（1944 年 2 月至 1949 年 9 月）

1944 年 2 月，国民政府教育部再度发布《捐资兴学褒奖条例》，整体沿袭了 1929 年条例的基本框架，但奖励等级和标准有很大的调整。首先，奖状由五等增为七等。"捐资一千元以上者，授予七等奖状；捐资三千元以上者，授予六等奖状；捐资五千元以上者，授予五等奖状；捐资一万元以上者，授予四等奖状；捐资三万元以上者，授予三等奖状；捐资五万元以上者，授予二等奖状；捐资十万元以上者，授予一等奖状。"四等及以下奖状仍由各省市（院辖市）教育行政机关自行授予，三等及以上奖状呈报教育部请奖，但额度下限由 1929 年的 3000 元增加到 3 万元。其次，特别奖励的额度标准相应提升。年终由教育部经行政院呈请国民政府集中嘉奖者，由 3 万元增加到 20 万元；专案呈请国民政府单独嘉奖者，由 10 万元增加到 100 万元。最后，关于少数民族地区捐资事例，奖励等级增加，标准提高。

第七条　捐资在蒙古、西藏或其他语言文化具有特殊性质之地方至三万元以上者，除依规定授予奖状外，并另予奖励如左：

一、捐资三万元以上者，由教育部、蒙藏委员会分别题颁匾额。

二、捐资五万元以上者，由教育部、蒙藏委员会分别题颁匾额，并请行政院明令嘉奖。

三、捐资十万元以上者，由行政院明令嘉奖，题颁匾额。

四、捐资二十万元以上者，由行政院转呈国民政府明令嘉奖，题颁匾额。（中国第二历史档案馆，1997a：51-52）

与1934年补充办法相比，获行政院嘉奖的额度下限由3000元增加到5万元，获行政院嘉奖与匾额的下限由5000元增加到10万元，获国民政府嘉奖与匾额的下限由1万元增加到20万元。捐资3万~10万元者可同时获得教育部、蒙藏委员会分别颁发的匾额，这个等级标准是过去所没有的。

透过上述条文变化，依稀可揣测教育部调整褒奖制度时的矛盾心态。迫于严峻的通胀压力，只能大幅提高授奖的额度标准，压制"巨额捐资"和"特别奖励"的虚高状态，又试图避免损伤民众的捐资热情，防止当时稍有好转的捐资态势再度低落。要从中寻求适度的平衡点，确实颇为艰难。此外，1944年条例于制度层面还有两项变化。其一，改变了华侨在国外捐资兴学的褒奖程序，不再直接向教育部呈报请奖，而是类比少数民族地区办理。先由当地领事馆或教育专员呈报侨务委员会（未设领事馆或教育专员的地方，由受捐助学校校长或相关管理人员呈报），侨务委员会核实后再咨请教育部授奖。"侨务委员会查有应予各等奖状者，亦得自行咨请教育部授予。"其二，规定"一人于两处以上捐资兴学者"，可申请分别或合计受奖。另据1944年第667号《国民政府公报》所载，教育部曾于该年7月出台《修订捐资兴学褒奖条例》（国民政府教育部，1944）。与同年2月发布的条例相比，这个修订条例仅有部分授奖额度的变化，而且其实际并未施行。在此即一笔带过，不再赘述。

1944年，全国捐资3万元及以上者为2564例，捐资总额约4038万元，折合1937年6月基准后仅约7.36万元。与此同时，物价节节攀升，仅1944年就翻了两倍有余。褒奖制度的调整赶不上物价的变化，只得再次大幅增加奖励的额度标准。

1945年2月，教育部将《捐资兴学褒奖条例》修订后重新发布，将各项额度标准改为1944年条例的各项额度标准的10倍。例如，获得七等奖状的额度下限由1000元改为1万元，专案单独获得国民政府明令嘉奖的额度下限由100万元改为 1000 万元，其余以此类推。1945 年，全国捐资达到授奖标准的为 1117 例，捐资总额约 8535 万元（折合 1937 年 6 月基准约 6.08 万元），其中中等学校受捐约 911 万元，小学受捐约 7377 万元，约 199 万元捐为教育基金，48 万元捐为奖学金（国民政府教育部教育年鉴编纂委员会，1948：1605-1606）。

　　抗日战争胜利前后，国统区经济曾有过一段相对稳定时期。1945 年 5 月，通货膨胀速度开始放缓，物价在同年 8～10 月还有显著跌落。经过长期战乱，广大民众终于迎来抗日战争胜利的喜讯，也格外珍惜来之不易的和平生活。随着战争的结束，市面各类物价稳定甚至下降，原沦陷区敌伪财产得到接收，经济可望复苏和持续发展。就捐资兴学而言，获得了极其难得的转折机遇，民众的捐资热情重新踊跃。据大批历史档案、地方史志或文史资料记载，全国不少地方在抗日战争胜利后确实出现过一次捐资兴学的热潮。1946 年，全国捐资达到授奖标准者为 2128 例，捐资总额约 12.6 亿元（折合 1937 年 6 月基准为 467 万元）。[①]

　　1947 年，国民党军队在解放战争中节节失利，国统区通货膨胀加剧，物价上涨的速度超过了抗日战争时期，民生更为困苦，捐资兴学颓势再现。该年 11 月，教育部鉴于"社会经济动荡益烈，物价腾涨益速"，而 1946 年条例"所订捐资一万元即予褒奖，似嫌太滥，为重国家名器起见"，呈请行政院重新调整奖励额度标准，"照十八年（1929 年）所定起奖数字标准，加四千倍计算，改自二百万元起，授予奖状。其余各等捐资数额一律递增"。褒奖等级仍为七等，但褒奖形式统一增加了奖章、匾额。奖状由各省市（院辖市）政府自行授予，奖章由教育部授予，匾额由国民政府授予，具体额度标准及褒奖形式如下（国民政府教育部教育年鉴编纂委员会，1948：1594）。

　　一、捐资三十万元以上，不满五十万元者，给予四等奖状。

　　二、捐资五十万元以上，不满一百万元者，给予三等奖状。

　　三、捐资一百万元以上，不满二百万元者，给予二等奖状。

　　四、捐资二百万元以上，不满五百万元者，给予一等奖状。

　　五、捐资五百万元以上，不满一千万元者，给予银质奖章。

　　六、捐资一千万元以上，不满五千万元者，给予金质奖章。

　　七、捐资五千万元以上者，给予匾额。

[①] 《三十五年度褒奖捐资兴学之人数及捐资数》，中国第二历史档案馆馆藏档案，全宗号 5（2），案卷号 80。

历史总是惊人地相似，北洋政府的捐资兴学褒奖制度陷入穷途末路之际，就曾有过类似的挣扎。国民政府之举看似翻新，实则复古，仍想用些许形式上的调整来挽救颓势。皮之不存，毛将焉附？既然经济根基已经动摇，教育财政体制长期处于不良状态，附着于其上的捐资兴学褒奖制度又怎能摆脱消极影响？

若仅从制度建设着眼，1947 年条例多少有些值得肯定之处。其一，正式将外籍人士捐资纳入褒奖范围，"外国人捐资兴学者，得依本条例给予褒奖"。虽然之前早就有相关事例，政府及教育行政机构也曾多次授奖，但直到此时才正式列入褒奖条例。其二，多层级的相关政府机构共同参与，各司其职，衔接有序。以教育部为主导，各级地方政府及教育行政机构逐层经办，蒙藏委员会、华侨委员会、内政部乃至行政院、国民政府协同配合，运行机制已较为成熟稳定。如应获匾额者，"由主管官署开明事实，检附捐资证件及受奖人履历，呈请上级机关送由教育部，会同内政部核呈行政院，转呈国民政府给与之"。其三，规定已获有奖状或奖章者，"继续或于两地以上捐资，得合计捐资数目晋奖，但以一次为限，一人不得同时给予两种奖状或奖章"。

1948 年，国民党政权在大陆的统治已是风雨飘摇，国统区经济濒临崩溃，教育经费极度匮乏，尤其是基础教育阶段的财政负担几乎完全被转嫁给基层民众。当局对于捐资兴学，仍持续不断地加以宣传强调与规范管理，试图有所重振。该年 1 月，内政部以礼字第 2877 号公函通告各省市（院辖市）政府，要求各地自行授予的捐资奖状必须符合中央规定的统一款式（国民政府内政部，1948）。直到国民政府撤离南京前夕，教育部还在与部分中央政府机构及省市（院辖市）教育厅局频繁联系，协商和办理捐资兴学褒奖事宜。在此仅举一例，1948 年年底四川省教育厅呈报吴纯钊捐资兴学事件，称其在该年 9 月捐献巨资 1 亿元，提请教育部和内政部转呈行政院、国民政府给予匾额。但内政部核查后，发现吴纯钊捐献的是 1 亿元法币，折算为当时流通的金圆券仅 33.3 元。那么金圆券 33.3 元又究竟价值几何呢？按照物价总指数的变化推算，约为 1937 年 6 月的 28 元法币。面对如此"巨资请奖"，内政部与教育部会商后还是决定照章办事。"查现行捐资兴学褒奖条例规定数额，仍系以法币计算，在新条例未奉明令公布之前，所有捐资兴学已经呈报到部案件，应即依照现行条例予以核奖，似未便在条例尚未废止以前，不予处置。"于是该项捐资获得了最高规格的褒奖，由国民政府授予匾额。为防止类似情况再度发生，内政部建议将"此类案件发还各省市，饬改缮事实表据，一律以金元（圆）为单位，再行报部"。然而教育部 1949 年 1 月回文称："捐资兴学褒奖条例在未奉令修订公布以前，所有呈部核奖事件应依现行条例办理。"①其实，换不换算为金圆券已无关紧要，因为从 1948 年 9 月至 1949 年 1 月，金圆券已经贬值了约 20 倍，1949 年 5 月竟然又在 1 月的基础上贬值了约 1.2 万倍。关于当时国统区令人瞠目的通胀速度，可援引研究者的相关描述来获得更直观的感受："100 元法币 1937 年可以买 2 头黄牛，到 1945 年只能买 2 个鸡蛋，1946 年只能买 1/6 块肥皂，1947 年只可买 1 只煤球。"1948 年 9 月折合为金圆券后，只能买 1/666 两大米，1949 年 5 月只能买一粒米的 1/408（贺水金，1999）。

国民政府撤出南京前夕，教育部曾计划再次更改《捐资兴学褒奖条例》，提高捐资授奖的额度标准，行政院指示其会同内政部等有关机构商议，准备将各类捐资褒奖条例整合汇编为《捐资兴办事业褒奖条例》，可是"未及办理，即由京撤退"。1949 年 9 月，退往广州的教育部又重新拟订奖励标准呈交行政院，也"未奉核准，旋复离穗（广州）"（蒋致远，1991：1182）。国民政府乃至整个民国时期的捐资兴学褒奖制度随之黯然收场。

（五）相关制度

论及国民政府时期的捐资兴学褒奖，除历次颁布或修订的褒奖条例外，还有两项相关制度需要补充。其一为 1940 年开始实施的《保国民学校及乡（镇）中心学校基金筹集奖励办法》；其二为 1946 年为庆祝蒋介石 60 寿辰制定的《兴学祝寿办法》。

1940 年 3 月，教育部颁行《国民教育实施纲领》，提出义务教育制度向国民教育制度全面转轨，初等小学教育与成人补习教育合流。原初等小学改制为国民学校，由乡（镇）及其下设的保开办，分别称为乡（镇）中心学校、保国民学校。同年 6 月，《保国民学校及乡（镇）中心学校基金筹集办法》规定两类学校的日常经费"以基金所生之利息为大宗来源"，而基金均由各乡（镇）、保自筹。筹集基金的办法主要有九项，其中三项与捐资兴学直接相关：①劝勉当地寺庙、祠会等拨捐财产。②由居民依其富力，自认捐款。③劝募，具体包括"向居户之富有者劝请自动捐助、向举行庆吊之居民劝请移款捐助、向因款产纠纷息颂（讼）之居户劝请双方息争捐助"等形式（中国第二历史档案馆，1997a：430-435）。这三项来源原则上属于自愿捐献，需要相应的奖励办法。

1940 年 10 月，国民政府教育部发布《保国民学校及乡（镇）中心学校基金筹集奖励办法》（以下简称《办法》），规定"个人或团体捐助基金在五百元以上者，按照《捐资兴学褒奖条例》予以褒奖；在五百元以下者，依照省市单行捐资兴学褒

---

① 《行政院核准捐资兴学人员奖品之指令》，中国第二历史档案馆馆藏档案，全宗号 5，案卷号 39。

奖规程奖励之"（国民政府教育部国民教育司，1941：50-54）。《办法》中捐资兴学的奖励标准适用于1929年确立的双轨体系，也可视为1929年条例的具体应用。但从1944年起，两项制度产生了严重的矛盾抵触，《捐资兴学褒奖条例》规定的500元额度逐渐增加到了1000元、1万元直至30万元，而《办法》的相关数额始终没有变动，两者间的差距越来越大，基层办理时无所适从。1947年3月，教育部终于通令废止《办法》，规定"此后所有各省市筹集基金著有成绩者，一律依照《捐资兴学褒奖条例》办理"（国民政府教育部，1947）。

1946年，时任国民政府主席的蒋介石（生于1887年10月30日）临近60岁寿辰，国民党和国民政府各中央机构开始筹备一系列的庆祝活动，教育部也发起了所谓的"兴学祝寿运动"，"一方面为庆祝主席六十大寿，藉以表示人民之崇高敬意，一方面为遵奉主席历来重视教育之训示，力谋国民教育之迅速普及，以期早日完成建国大业"。客观而论，教育部此举既有向蒋介石邀功献媚之意，也想借机筹集更多的教育捐资，缓解极度紧张的教育经费短缺问题。但全国各地没有统一的方案办法，而且"时有藉此名义强制人民出款，发生不良影响"，教育部遂于1946年11月制定《各省市教育厅局指导兴学祝寿运动应行注意事项》，也称《兴学祝寿办法》，进行了如下规范管理：①办理时间，1946年10月30日至1947年10月30日，称为"主席六旬兴学祝寿年"。②办理形式，"应以人民自发自动为主"，"经费之筹集应出于人民之诚意与自愿，不宜稍带勉强性质，尤须防止摊派或勒捐等流弊"。③捐款用途，"应以兴建国民学校校舍或充实国民学校设备等为原则"。④奖励方式，"私人或私法人捐献校舍、校地及其他款产者，均应依照捐资兴学条例分别予以奖励，并得以捐资者之名号命名该校舍、校地之一部，其捐赠设备者亦得题名于该项设备上"。①

"兴学祝寿运动"结束后，教育部通令各省市教育厅局，要求分别呈报办理的具体情况和最终结果。1947年12月至1948年2月，先后有19个省市递交了报告，其中部分省市还算多少有些成果。例如，北平市有5例"巨资捐献"，都获得了国民政府授予的匾额，其中一例不过是捐了25套桌凳。全市总计捐资现款约1.5亿元国币（折合1937年6月基准为0.56万元）。江苏应该是各省市中收获最多的，全省共计捐献国币约5亿元（折合1937年6月基准为1.86万元），还有100亩田地。山东全省捐款也是国币约5亿元，另有田地9.4亩，"酱油20斤，纸烟4箱，卷烟纸80盘"。

---

① 《教育部关于兴学祝寿训令》，中国第二历史档案馆馆藏档案，全宗号5，案卷号10366。

在有些省份，"兴学祝寿运动"几乎演化为一场闹剧。宁夏省政府起初夸下海口，称要用捐款"设中正中学 6 所、中正国民学校 100 所，分布于全省各县市、乡镇"，而全省实际捐款 1.4 亿（折合 1937 年 6 月基准约为 0.52 万元），根本不可能完成上述目标，省行政会议讨论决定用捐款在银川市中心修建"介寿图书馆"，"既可使全省人民永久崇敬领袖，又可藉以推行民众教育"，最终修建图书馆的计划也不了了之。与之相比，湖南的情况更为离谱。该省教育厅组织了"湖南各界庆祝元首六十寿辰造像献校委员会"，但筹集到的资金极为有限，只能"集中力量铸造（蒋介石）石像"1 座。

还有一些地方因战争关系不能办理，如热河省仅 1947 年 5 月就先后遭到华北解放军 5 次攻击，捐款活动"未克完成"。河北省"烽烟未熄，战事剧烈地带未遑举办"。即便是当时未受战争直接影响的部分省市，情况也非常糟糕。云南省教育厅报告"因本省各县地方经济枯竭，人民生活又极艰苦，此项兴学祝寿举办殊感困难"。重庆市教育局称"所收金额有限，开办学校似有困难"。在全国各省市捐资普遍短少的情况下，个别省份的报告则涉嫌严重造假。据江西省教育厅的汇报，该省南昌市、南昌县等 7 县市共计捐资新建了 8 所中学、1 所职业学校、63 所乡（镇）中心学校、54 所国民学校、5 所幼稚园，还有 28 个县分别扩建了县立中学、简易师范、中心学校或国民学校。该省呈报的文书材料并未开列这些新建或扩建学校的具体名单，也没有统计捐资的详细数额。

国民党政权原本寄予厚望的"兴学祝寿运动"收效甚微。且不论人心向背，单凭国统区剧烈的通货膨胀就足以对捐资活动造成毁灭性的打击。例如，天津市教育局原计划利用捐资修建小学 10 所，中学、民众教育馆各 1 所，但因本地"工商凋敝，一般市民平均所得不及战前（指抗日战争全面爆发之前）远甚，致影响献金不克达到原定之数额"，于是决定将所得全部捐资用于修建 1 所中学。然而，还没等学校动工修建，物价就在半年内上涨了约 5 倍，建校计划只能化为泡影。①

二、地方实施概况

（一）混乱中的过渡（1927 年 4 月至 1928 年 12 月）

国民政府成立初期，北洋政府的捐资兴学褒奖制度已告瓦解，新的全国性褒

---

① 《各省市教育厅局呈报办理兴学祝寿运动情形的文书》，中国第二历史档案馆馆藏档案，全宗号 5，案卷号 10365。

奖条例尚未颁布，处于较为混乱的过渡状态。大多数省市对此持观望态度，少数省份则各自为政，先行制定了本省的暂行条例。1928 年 4 月，湖南省政府发布本省《褒奖捐资兴学暂行条例》，并报请大学院获得备案。该暂行条例基本上照搬北洋政府的 1918 年条例，六个奖励等级的额度标准完全相同，只是奖励形式、办理程序略有区别，将金色和银色奖章改为金质和银质，规定四等及以下奖励由地方长官呈请省教育厅授予，三等及以上奖励由教育厅呈请省政府授予（国民政府大学院，1928c）。1928 年 10 月，河南省发布本省《捐资兴学褒奖暂行条例》，奖励等级也分一至六等，都由本省教育厅授奖，具体额度标准与湖南省条例不完全相同。一等以上的特别奖励形式更是灵活多样，规定捐资 5000～7000 元（不含 7000 元）者，可"免其子女或指定人之在省立中等学校肄业者学费一名"；捐资 7000～10 000 元（不含 1 万元）者，还可"在所捐助机关内置纪念碑"；捐资 1 万元及以上者，免除学费的名额增加为 3 人。就连捐资不到 100 元者，也可"由各该地方长官表扬之"（永城市教育志编纂委员会，2012：435）。

（二）规范中的灵活（1929 年 1 月至 1937 年 6 月）

1929 年 1 月全国性《捐资兴学褒奖条例》颁行后，河南、湖南等省暂行条例随即废止。同年 4 月，教育部发布第 577 号"训令"，允许各省市教育行政机关"酌量地方情形，自定单行规程"，捐资兴学褒奖制度事实上分为双轨，捐资 500 元及以上者，适用于全国的统一条例；捐资 500 元以下者，可由各省市自定规程与授奖。加强规范管理的同时，给予了地方一定的灵活空间。至该年 12 月，即有绥远、甘肃、广东等省先后制定了本省的单行规程。

1929 年 5 月，绥远率先发布本省《捐资兴学褒奖暂行规程》，省内褒奖只有两等。捐资 50～200 元（不含 200 元）者，由当地县政府授予褒状，呈报教育厅备案；200～500 元（不含 500 元）者，由县长、教育局长开列事实表册呈请教育厅授予褒状，"年终汇呈省政府转咨教育部备案"。该规程还附有本省褒状的具体图式，要求详细填写捐资者的个人姓名或团体名称、捐资具体情况，并由教育厅长或本县县长签名盖章（绥远省教育厅，1929）。

1929 年 6 月，甘肃公布本省《捐资兴学褒奖单行规程》，省内褒奖分为四等，均由教育厅授奖。捐资 100～200 元（不含 200 元）者，授予四等奖状；200～300 元（不含 300 元）者，授予三等奖状；300～400 元（不含 400 元）者，授予二等奖状；400～500 元（不含 500 元）者，授予一等奖状。劝募他人捐资者，可将募捐所得金额折为 20%，再比照上述标准奖励（国民政府教育部教育年鉴编审委员会，1934：乙编 152-156）。1929 年 8 月广东省《捐资兴学褒奖规程》、1929 年 10 月山东省《褒奖捐资兴学规程》、1931 年 1 月安徽省《捐资兴学褒奖规程》，褒奖等级设置与额度标准与甘肃省完全相同，而且各等奖励都由本省教育厅授予，只是广东、山东两省将奖状改称为丁等、丙等、乙等、甲等（广东省政府，1929；山东省教育厅，1932；安徽省教育厅，1931）。1932 年 12 月，江苏省公布本省《捐资兴学褒奖规程》，具体内容与广东、山东两省基本相同，而办理程序又有所区别。"应授予丙等或丁等奖状者，由县教育局开列事实表册，呈请县政府核明授予，并于年终汇报教育厅备案；其授予甲等或乙等奖状者，由县教育局开列事实表册，呈请教育厅核明授予。"（江苏省教育厅，1932：316-317）

1930 年 1 月，河北发布本省《捐资兴学褒奖单行规程》，将捐资 50～500 元（不含 500 元）的奖励分为六等，都由教育厅授予（河北省教育厅，1930）。1933 年 5 月青海省《捐资兴学褒奖规程》，1934 年 1 月湖北省《捐资兴学褒奖暂行规程》同样以捐资 50 元为下限，但奖励分为五等，"由教育厅核明授予，并呈报省府及教育部备案"（国民政府教育部教育年鉴编审委员会，1934：乙编 158；湖北省政府，1934）。1934 年 12 月，福建省发布本省《捐资兴学褒奖暂行规程》，奖励也分为五等，由省政府直接授奖（福建省教育厅，1934）。

1934 年 1 月广西发布的本省《捐资兴学褒奖规程》可谓独树一帜。其奖励等级分为四等，由省政府授予，奖励物品为银质圆形奖章。奖章底板为国民党"青天白日"党徽，党徽内圈为红色篆体"铎开"字样，外圈为金色"广西省捐资兴学某等奖章"字样。奖章均配以红白蓝 3 色绶带，大小尺寸为"一等直径四公分半，二等直径四公分，三等直径三公分半，四等直径三公分"（李彦福，1990：368～369）。

上述各省自定的单行规程，既保持统一规范，又带有自主灵活，可谓大同小异。"大同"主要指这些规程都是从属于 1929 年全国性条例的下位法规，内容框架均参照全国性条例制定，并需要呈报教育部批准备案。"小异"则表现为多处细微差别：①奖励等级，有的省份仅设有两等，有的设有六等，大多为四等或五等；起始额度，有的省份以 50 元为下限，有的则以 100 元为下限。②奖励形式，基本都采用奖状，个别省份采用奖章。③奖励程序，有的省份是由省政府授奖，有的是由教育厅授奖，有的是按照等级分别由教育厅或县政府授奖。④劝募所得金额的折算比例，甘肃省为 20%，其余各省均为 10%。个别省份还针对零散捐资制定有特别条款。例如，甘肃省个人捐资 30～100 元（不含 100 元）者，虽不能获得奖状，但可由县政府呈请教育厅登报表扬。广西省更是来者不拒，"凡捐资

民国时期捐资兴学制度研究

不满百元者，由县政府表扬之"。

除了本省的捐资兴学单行规程，某些省份还另行制定相关的附属办法。1930年11月，浙江省教育厅核准发布了《浙江省立图书馆捐献图书文献物品章程》，规定"凡私人以图书或文献物品捐赠者，除照国民政府及本省公布《捐资兴学褒奖条例》、规程办理外，依照本章程奖励之"。依照捐献物品的价值等差，追加的奖励形式分为给予感谢状，将捐赠者名牌、小像、照片嵌置或悬挂在阅书室中，以捐资者别号命名图书室等（《浙江图书馆志》编纂委员会，2000：296-297）。

总的来说，从1929年至1937年，捐资兴学褒奖整体制度逐步完善，运行平稳有序。各省市对全国性条例和地方性规程的实施较为规范，中央政府也不断加强对地方的督导管理，这段时期各地捐资兴学的成果虽有纵向起伏和横向差异，但都还可一观。下文即选取部分省市，就其大致情况分别加以概述。

先以河北省为例，该省1933年共有59例捐资者获奖，其中获得全国奖状者21例，包括三等2例、四等14例、五等5例；获得本省奖状者38例，包括一等3例、二等2例、三等16例、四等3例、五等8例、六等6例（河北省教育厅，1934）。在河北下属各县，这段时期的捐资兴学活动颇为活跃。例如，冀县1930～1936年先后有多起捐资相对较大的事例。1930年，李家桃园的刘信之捐献校舍6间，课桌凳若干套，1000元教育基金；1935年，西岳家庄的李殿科捐款修建校舍12间；1936年孟岭村的李建如捐地40亩，宅院1处等（冀州市志编纂委员会，2012：1030）。围场县1932年有尹惠亭捐资600元为本县乡村师范学校购置校舍，同年该县县长、参议会会长也带领本地官绅共计捐款1810元（围场县教育志编纂委员会，1993：207）。河北省教育厅还多次通告本省各县政府和教育局，要求其报告请奖时应遵守条例规程，详尽、准确地填报与核查各项材料。1935年春，天津的章玉荪、章绍廷兄弟捐资南开中学，因为款项是由他们的父亲章瑞廷代交，南开中学经办人员出具收据时，误将捐资人姓名填为章瑞廷，请奖被省教育厅第809号"训令"以材料不符驳回。当时兼任南开中学校长的张伯苓专门致函教育厅，解释"出资者确为伊子，则奖励亦应归伊子二人承受"（张伯苓，1935：915）。

浙江省经济较为发达，当时又颇多达官显贵和富商巨贾，各县大额捐资时有发生。1931年，青田县"土木系"首领陈诚在家乡捐资1万元创办高市小学，并在此后数年内每年续捐1400元（丽水地区教育志编纂委员会，2000：439）。1932年，德清县国民党元老黄郛捐资在莫干山麓修建莫干小学，并捐助水田300

70

亩作为学校基金（《德清县教育志》编纂委员会，2009：66）。1934 年，嵊县黄桂馨、商耕阡两人分别捐资 60 万元、15 万元，均获捐资兴学全国一等奖状和国民政府明令嘉奖（浙江省嵊县教育局，1991：297）。平阳县金融家黄溯初 1933 年捐资 3 万余元，创办温州师范学校，1935 年又向该校续捐田地 10 余亩（温州市教育志编纂委员会，1997：504）。而在江苏无锡县，大额捐资更加频繁。仅 1931 年和 1932 年，该县捐资就达到 3000 元，获得全国一至三等奖状的事例有 19 起，其中匡启墉、胡氏义庄 2 例捐资分别达到约 24.7 万元、约 14.2 万元，受到国民政府的专令嘉奖；唐宗愈、严氏义庄、华释之、杨寿楣 4 例捐资均超过 3.5 万元，受到国民政府年终集中嘉奖。还有 26 例捐资分别获得全国四等、五等奖状，55 例获得江苏省各等奖状，108 例获得县教育局的表彰（无锡县教育局，1992：278-279）。

除上述省份外，其余各省的捐资状况多与地方经济水平直接相关。例如，山东省单行规程颁行于 1929 年 10 月，此后至 1931 年 6 月共有 12 例捐资获得全国奖状，其中二等 1 例、三等 1 例、四等 3 例、五等 7 例，另有 12 例获得本省奖状，其中甲等 4 例、丙等 5 例，丁等 3 例（山东省教育厅，1932：91-94）。广西全省 1936 年获得全国奖状者仅有 4 例，其中四等 1 例，五等 3 例，捐资总额为 3760 元（黄旭初，1936）。

（三）战乱中的维持（1937 年 7 月至 1944 年 1 月）

抗日战争全面爆发后，捐资兴学褒奖整体制度的实施空间发生剧烈变化，我国东部与中部地区大部先后沦陷或成为战区，国统区通货膨胀日益严重，教育经费更为紧张。仅就褒奖制度的内容框架而言，1944 年之前仍基本维持着抗战全面爆发之前的既有格局，全国性条例长期没有更改，某些省份的单行规程虽有修订，但都没有违背 1929 年条例划定的标准。

1940 年 9 月，江西省政府发布本省《修正捐资兴学褒奖规程》，仍以 500 元为界限，规定"捐助未满五百元者，依照本规程褒奖之；其捐资在五百元以上者，仍照捐资兴学褒奖条例办理之"，将捐资 100～500 元（不含 500 元）的奖励分为四级，接续全国的五等奖状，称为六等至九等奖状。"捐资不及一百元者，由各县地方长官表扬之。"（江西省政府，1940）1941 年和 1942 年，安徽、福建等省也修订了本省的单行规程。

处于战时的极端困难环境，很多省市为解决教育经费短缺问题，又在全国条例和本省规程的基础上，另行制定了相关的奖励办法，以尽可能地增加捐资来源。

1941 年，四川省政府制定《捐资兴办国民教育奖励办法》。"捐资五十元以下者，由乡镇公所报请县市政府榜示姓名，并登报公布；捐资五十元以上，一百元以下者，在捐资办理之学校纪念册或捐资纪念碑题名；捐资百元以上，三百元以下者，由县市政府报请省府给予奖章；捐资三百元以上，五百元以下者，由县市报请省府题褒；捐资五百元以上者，依捐资兴学褒奖条例呈请给予奖状。"（四川省政府，1941）同年，甘肃省政府颁布本省《奖励各县士绅热心教育办法》，规定对捐资者给予题字或传令嘉奖，"有特殊功绩者颁发匾额"（甘肃省地方史志编纂委员会，1991：74）。1943 年，浙江省政府发布本省《捐资兴学纪念奖励办法》，规定捐资达到 10 元者，由受捐学校树碑统一刊刻姓名；达到 100 元者，分别奖赠匾额；达到 1000 元者，在受捐学校悬挂捐资者相片。

某些县级政府或教育行政机构甚至还制定了本县的捐资兴学奖励办法。例如，江西峡江县因"各保学（指保国民学校）经费欠缺，难以维持"，遂于 1937 年冬斟酌地方财力拟定了本县的奖励办法。"捐资一百元以上者，呈请省府给奖，县府另题匾额赠送；捐资五十元以上者，由县府给奖匾额；捐资五十元以下，十元以上者，由该管区署传令嘉奖；捐资十元以下者，由该保保学委员会致函答谢。县府奖赠捐资兴学之匾额，准悬挂保学或祖祠内，以示表扬。"（张芳保，1939）贵州松桃县政府 1943 年规定，"凡捐资在五千元以上者，传令嘉奖；捐资一万元以上者，颁发奖状；捐资二万元以上者，县长亲笔题赠匾额；捐资五万元以上者，除赠匾额外，另刊石碑于校，永志纪念；捐资十万元以上者，除赠匾额、刊碑外，并摄捐资人像悬挂于校，以志景仰，每逢其人生辰，由该校全体师生举行纪念会"。县政府还将每年 6 月 20 日定为"捐资兴学纪念日"，全县学校一律举行纪念大会，"追念先贤，以启后人"（松桃苗族自治县县志编纂委员会，1996：759-760）。

江西峡江、贵州松桃的奖励办法都是以全国条例和本省规程为基础，结合了某些较为特殊的褒奖措施，如由地方政府题赠匾额，在受捐学校树碑存照等。比起按照条例规程所获的一纸奖状，这些看似传统的奖励形式往往对基层民众更具有吸引力，更能激起他们捐资的愿望。峡江公布本县奖励办法后，县长多次亲自在正式场合演讲鼓动，"且令教育科长、县督学下乡视导时多多鼓吹"，并对已有捐资者大加宣扬。"经几次鼓励后，全县捐资兴学风气为之展开，家颇小康之农民、商人始皆纷纷捐输。"1937 年 12 月至 1938 年 11 月，先后有 44 人捐资，金额共计 3950 元，都用于各保学修整设备和日常维持经费。1939 年开展后续活动时，因为"谷价甚贱，农家出息甚少，又属荒月，故捐输不甚畅旺"，各学校的日常经费又陷入困境。

由于战争等因素的影响，抗日战争时期各省市捐资兴学褒奖的具体情况很难得到准确的统计。依照 1929 年条例的规定，全国四等及以下奖状由各省市自行授予，年终向教育部汇报备案，抗日战争全面爆发后很多省市都没有按期呈交文书报告。1939 年 10 月，教育部曾公布有各省市的获奖情况，但统计不够全面，与事实有较大差距（国民政府教育部，1939）。此后，教育部多次通令各省市教育厅局，要求其分别填报具体授奖情况，结果却很不理想。例如，山东省教育厅汇报"本厅文卷一部于迁徙途中损失，该项统计报告表暂时无从编填"。江苏省教育厅表示"本省因地域关系，遭受敌伪侵扰最烈，四年以来省厅几经播迁，所有此项材料均随文卷分藏各处，交通梗阻，实难集中统计"。察哈尔省教育厅也称"本省自民国 26 年（1937 年）8 月沦为敌区，我之政令不及，是项捐资兴学之褒奖，即未办理"。广西省亦由省府主席黄旭初直接回复"本府档案被炸，无从查填"。湖北、西康、宁夏等省报表的统计数字自相矛盾，被教育部驳回，其余各省市的报告大多也不够详实。[①] 因此，关于这段时期捐资兴学褒奖的实施情况，只能通过相关的地方教育史志来了解一二，下文即在战区和后方各省中分别选取少数省份加以探析。

战区各省大部或局部沦陷，残存的国统区又被日寇频繁袭扰，甚至被完全包围成了游击区，政府行政效力衰退，财政来源几尽断绝，捐资兴学的意义至为关键。正是民众的无私捐献，才使中华民族的教育事业在当地不致消亡。例如，在浙江游击区各县，捐资活动并未因战争停止，而是颇为踊跃。遂昌县 1942 年和 1943 年主动捐资的个人和团体共有 5300 例，约占当时全县户数的 16%，其中有 139 例获得教育部或省政府的褒奖（丽水地区教育志编纂委员会，2000：439）。安吉县 1943 年筹办县立中学时，共计募得 884 亩田地和 3671 元（安吉县教育局教育志编纂组，1993：318）。瑞安县县立中学 1939 年和 1940 年先后获得吴百亨、王筱梅、林宏文等捐资 3000 银元，1943 年又有李锦淮遗嘱捐献 1 万元为该校奖学基金（瑞安市教育委员会教育志编纂组，1992：266）。德清县 1936 年创办私立莫干临时中学，经费全部由沈景云捐资（《德清县教育志》编纂委员会，2009：66）。玉环县的商人陈楚材 1939 年捐资创办私立东方小学，教师大多是当地进步知识分子，该校被当地各级人士"盛赞有三最，教员质量最好，教学设备最全，

---

① 《教育部关于填报捐资兴学调查表与各省市教育厅局的往来文书》，中国第二历史档案馆馆藏档案，全宗号 5，案卷号 1163（1）。

学生政治思想最进步"。1944 年，陈楚材又捐资 30 亩塘地为校产，将陈氏宗祠改为校舍，创办了海东初级小学。"学校采取新型的教学方法，培养了一大批有志献身革命的人才。"（王咏樵，2002：74-75）

绥远省大部被日伪占据，国统区的教育经费也因"军差浩繁，人民困苦，无法筹措"。1941 年，该省伊盟准噶尔旗代理札萨克奇文英发动各小学校长捐资兴学，并以同仁小学兼任校长的身份捐资 1 万元，另有那公镇小学校长奇致中捐资 1 万元，五字湾小学校长韩守信捐资 3338 元，暖水镇小学校长王观捐资 3020 元，得胜西小学校长白永福捐资 1012 元，所有捐款均用于所在学校建筑校舍和购置书籍、设备。绥远省教育厅依照 1934 年补充办法，向教育部、蒙藏委员会分别呈报请奖。奇文英、奇致中获得全国一等奖状，并由国民政府给予明令嘉奖和匾额；韩守信、王观获得全国三等奖状，并由行政院颁令嘉奖；白永福获得全国四等奖状（内蒙古教育志编委会，1995：227-228）。与绥远类似，湖北省战时大部沦陷，省政府退居鄂西恩施，该省国统区内的很多基层学校都是依靠捐资得以维持。1940～1942 年，郧县即先后有多起捐资活动，而且捐助的都是颇为保值的银元或房产。例如，1940 年陈世昌捐资南化小学 180 银元，黄继监捐资将军乡小学 190 银元。1942 年，李保哲等 3 人捐资 1 万银元作为该县教育基金，索兴举也捐献出校舍 12 间（湖北省郧县地方志编纂委员会，2001：845）。1941～1943 年，秭归县捐资获奖者有 18 例，其中相当多数都是捐献房屋和田产（谭本略，1992：71-73）。

在西部后方各省，捐资兴学同样是维持和发展地方教育事业的重要动力。陕西省洛南县 1939 年创办石坡中心小学，尤秀斌、郝兆先两人各捐款 300 元，并劝募当地殷实人家捐资 800 元。1941 年，该县又有 6 人分别获得全国或本省的捐资兴学奖状（洛南县地方志编纂委员会，1999：571）。周至县 1939～1941 年先后由个人捐资或群众集资创办了青化、知行、武成、崇实等私立小学，其中卢毓秀向武成小学捐资 3000 元和 7 间房屋（周至县教育志编纂办公室，1993：182）。南郑县 1940 年创办自强中学，各界人士共计捐款近 10 万元，田地约 305 亩。这所私立中学资产雄厚，"待遇较公立学校高，吸引了不少公立学校高水平的教师"（汉中市地方志办公室，2005：1518-1519）。1941 年，陕西省捐资兴学获得全国奖状为 57 例，含一等 7 例，二等 1 例，四等 27 例，五等 22 例；获得本省奖状为 117 例，含一等 2 例，二等 31 例，三等 84 例）。捐资总额共计约22.4 万元，其中超过半数用作各受捐学校基金（陕西省教育厅《陕西教育志》编纂办公室，1988：365）。

云南深处西部内陆，地方经济较为落后，清末至抗日战争全面爆发之前的捐资兴学活动并不活跃。然而抗日战争全面爆发后，该省各界人士热忱捐助教育事业，积极出资出力，使云南省赫然成为西部乃至全国各省市捐资兴学的典范。昭通县1938年筹办县立中心小学，"吉祥兴"商号店主陈开阳捐助镍币4万元，折合国币约1.25万元，获得全国一等奖状和省教育厅"惠嘉士林"题匾。1939年，龙云、卢汉等昭通籍军政要员向家乡的省立昭通炎山小学共同捐资镍币约34.3万元，折合国币约10.7万元。同年，昭通县妇女马黄氏临终时遗嘱捐资，其子马世宽遵从遗愿，将母亲终生积蓄连同衣物首饰变卖所得的滇币1万元（折合国币1000元）捐为当地中心学校幼儿园基金，获得全国四等奖状。1941年彝良县曾尔修等6人共计捐资国币1万元，并将田产所得年租50.2斗粮食捐为本地中学常年经费，6人均获得省教育厅"热心教育"题匾。巧家县筹办初中时，该县籍的云南省财政厅厅长陆崇仁先后4次捐资，共计国币35万元。学校建成后，即定名为崇仁初级中学。陆崇仁还向该中学和巧家县立民众教育馆分别捐赠《万有文库》《四部丛书》《古今图书集成》各1套，价值合计国币15万元。其捐资事迹由巧家县政府呈报上级，获得全国一等奖状和国民政府明令嘉奖（昭通市教育局，2002：427-428）。景东县1939年李恕庵捐资2000银元和2万国币，并邀集景东、镇沅两县数百户乡绅共同集资1万银元，创办景镇联立共济中学。1941年和1942年，景东县陶熔、邱开基等先后捐资2000银元、1000亩田地，分别设立"西园奖学金""邱开基奖学金"，奖励本县考入省城中等学校的少年学子（景东彝族自治县教育委员会，2001：310）。

　　大理喜洲、丽江束河等当时可称偏远之地，捐资兴学却蔚然成风。1938年，喜洲的董淑川女士捐赠多年积蓄2万银元修建私立淑川女子小学。1939年，董澄浓等喜洲工商界人士发起创办私立五台中学，董澄浓带头捐资滇币16.5万元。1941年，商人严镇奎临终时遗嘱捐资国币10万元创办喜洲师范学校。1942年，董澄浓又捐资国币35万元，为大理县立中学修建教室、礼堂、图书馆各1栋（大理市教育志编纂委员会，1994：238-239）。加之武昌的华中大学1939年为躲避战火而西迁喜洲，在当地办学长达7年有余，使得这个弹丸小镇竟汇集了大学、中学、师范学校、小学等多种教育机构，成为战时云南境内文教颇为发达之地。丽江束河1939年先由李寒谷捐资创建小学1所，1940年学校扩建时，当地524户人家"每户平均出工130个，募捐款1万余元，含辛茹苦，胼手胝足，使学校成为当时第一流小学"。1941年，杨超然向束河各商号劝募资金，"创办了建筑精美，设备也比较齐全的黄山幼稚园，成为滇西北高原教育园地中的一颗明珠"（丽江纳西族自治县教委，2001：298）。

位于云南省西南边陲的腾冲县，抗日战争时期成为国统区对外经贸往来的重要通道，侨商、外商众多，捐资兴学还带有几分国际化的色彩。该县下属的和顺乡甚至还制定有褒奖捐资兴学的"土政策"，于 1939 年 10 月公布本乡《教育基金筹捐委员会鸣谢条例》，规定"捐资者无论数额多寡，概将芳名志录校内鸣谢碑上，同时在本地和捐资人所在地日报上登报鸣谢"。此外，"捐国币 500 元以上者，并在校内悬挂捐资人玉照，免其子孙一人之学费；在 1000 元以上者，并报请政府褒奖；5000 元以上者，再由学校刊赠纪念匾额，免其子孙二人之学费；10000 元以上者，加聘捐资人为学校永久董事，免其子孙三人之学费；50000 元以上者，增加用捐资人芳名给学校命名；捐建校舍者，以捐者芳名给建筑物命名"。条例公布不久，即有侨商钏文辉兄弟 3 人共同捐赠 2000 印度卢比，缅甸华侨团体"新腾冲社"捐赠新滇币 1 万元。随后，钏文辉又向县立女子初中捐资 2000 印度卢比。该校即聘其为董事长，并在《腾越日报》（腾越为腾冲旧称）刊登更名启事，宣布改校名为文辉女子中学。1939 年腾冲获得捐资的还有松园两级小学和益群中学，计有毡业合作社捐资新滇币 1000 元，张鹏图捐资新滇币 500 元和部分教学设备，本地士绅捐资共 1.3 万元新滇币，"缅甸友人及印度友人亦解囊相助"（腾冲县教育局，1990：300-301）。

需要说明的是，上述所举各例取自抗日战争时期捐资兴学较为活跃的部分地区，它们并不能改变当时国统区教育经费普遍匮乏的整体状况。但毋庸置疑，如果各地没有或多或少的捐资所得，很多基层学校必然会遭遇困境甚至无法延续，也正是由于捐资兴学活动的支持和促进，为战时中华民族教育事业的维持与发展提供了重要动力。

（四）高涨后的衰退（1944 年 2 月至 1949 年 9 月）

1944 年 2 月，国民政府教育部发布新的《捐资兴学褒奖条例》，以捐资 1000 元作为获奖下限，然而当时的 1000 元国币折合 1937 年 6 月基准仅为约 3.76 元，实际价值相当有限，各省市原先制定的单行规程失去了存在的意义，也没有修订的必要。部分地方学校为保持和提高民众的捐资热情，转而采取了一些更加实际甚至非常传统的奖励方式。例如，1944 年浙江缙云县私立崇正小学决定，凡向本校捐资达到 1 万元者，在校内为其祖先设立神主牌位，并给所有捐资者家庭分发"寿桃饼"（浙江省缙云县教育志编纂组，1988：287）。据现有史料来看，抗日战争胜利前后全国很多地方都出现过一次捐资兴学的高涨热潮。大致来说，此次热潮初起于 1944 年，1946 年达到高峰，1947 年因战乱和通货膨胀的消极影响，实际成效明显衰退。

1944 年日军在太平洋战场节节败退，中国抗日战争胜利在望，各地民众深受鼓舞，捐资兴学热情亦随之振奋。浙江省将该年定为"教育年"，大力宣传和推进捐资兴学，取得了不错的效果。其中天台县捐资有 325 例，总额约为 163.1 万元（折合 1937 年 6 月基准约 0.3 万元），临海县捐资总额也有 212.5 万元（折合约 0.39 万元）（临海县志编纂委员会，1989：528）。同年，湖北保康县下属永丰、黄化、百峰等 8 个乡的 1759 名群众集体捐资约 87.9 万元，可见当时基层民众的捐资热情（《襄樊市教育志》编纂办公室，1988：84-89）。

抗日战争胜利后，全国曾出现过短暂和平阶段，国统区局势相对稳定，通胀速度放缓，物价甚至有所跌落，捐资兴学热潮更为高涨。据档案史料显示，1946 年全国捐资总额的实际价值达到了自抗日战争全面爆发以来的最高点，多数省市获得全国奖状的相关数据也得到了具体的统计，如表 3-6 所示。

表 3-6　1946 年各省市捐资获奖情况简表

省市	江苏	浙江	安徽	江西	湖北	湖南	四川	福建	云南
捐资例数/例	46	42	60	184	17	44	99	119	98
捐资总额/万元	5511.6	3946.4	791.9	1117.5	422.7	1290.3	468.9	748.2	5053.7

省市	贵州	广东	广西	陕西	山西	河南	河北	山东	甘肃
捐资例数/例	42	46	156	281	4	187	14	11	141
捐资总额/万元	1354.3	577.6	894.4	1820.3	62.0	2395.7	850.0	922.5	2063.2

省市	青海	热河	绥远	辽宁	上海	南京	天津	青岛	重庆
捐资例数/例	2	20	104	2	12	4	79	294	2
捐资总额/万元	710.5	57.5	783.0	260.0	394.9	49.5	620.6	895.7	1505.1

资料来源：根据中国第二历史档案馆馆藏档案：《三十五年度褒奖捐资兴学之人数及捐资数》，全宗号 5（2），案卷号 80 数据整理。原档案欠缺其余省市数据，另有向教育部直属学校捐资获奖 9 例，总额约 9 亿元。

与抗日战争全面爆发前相比，各地捐资总额的位次已发生明显变化，江苏、浙江两省仍居全国领先水平，但此前捐资较多的广东、河北等省有所下降，而原本较为落后的云南、甘肃、陕西、贵州等西部各省均有提升，尤其是云南竟超过了浙江，高居全国第二位。

云南的捐资兴学能有如此成就，主要是受到了当时特殊历史背景的刺激。1939 年滇缅公路通车后，云南边境成为中国对外贸易和接受国际援助的主要通道，地方经济相对繁荣，1942年开始又长期驻有大量远征军部队，当地富裕绅商和驻军高级军官大额捐资时有发生。例如，1945年11月至1946年7月，腾冲县的大同职业学校即先后获得远征军第54军副军长叶佩高、本县恒茂商号的捐资共计883.5万元。1946年，昭通县济川镇中心学校获得本县力生商行经理张国梁、本镇士绅李得天2人的捐资各200万元。同年，第24师师长龙绳武、永达商行经理王燮和、焦鸣岗3人共计捐助昭通县教育基金900万元。陕西捐资所获奖状接近云南的3倍，捐资总额却仅有云南的1/3强。相关历史档案也证实1946年度陕西各例捐资请奖都是四等及以下，额度均未达到30万元。[①]青岛获得的奖状为294例，高居全国首位，总额仅有895.7万元，大多数都是最低的七等奖。虽然这些省市虽总额不多，涉及面却更广，足以反映当地民众普遍的捐资热情。

从1947年年初开始，国统区通货膨胀陡然加速，物价直线飙升。尽管部分地方的捐资热潮尚未完全消退，可实际成效已大打折扣。该年度汉口市（当时为院辖市）的捐资请奖为34例，捐资者阵容可谓盛极一时，既有个人、家族，也有工厂、商号、行会等团体，以及中央银行、中国银行、交通银行、农民银行、中央信托局、邮政储金汇业局等金融机构，捐资总额多达13.1亿元。[②]若按当时物价总指数换算，可折合1937年6月基准约37万元，还算得上一笔不菲的资金，对促进地方教育不无裨益。1947年，汉阳县城区（当时属汉口市管辖）及邻近乡镇新办的私立小学即有10所（武汉教育志丛编纂委员会，1990a：167）。然而好景不长，物价在一年间飞涨近18倍，这些新设的小学很快即陷入困境。

至1948年7月，物价总指数竟然又在1946年12月的基础上增长了近35倍。国民政府眼见法币已彻底崩溃，遂于该年8月改为发行金圆券，并规定1金圆券兑换300万法币。可是金圆券流通仅半年就贬值了500多倍，此后更是形同废纸，在民间的信用度还不如法币。这段时期捐资兴学的成果亦随之急剧缩减，捐赠的法币、金圆券很难估量出实际价值。往往是捐献时的购买力还值得一提，但未及用于修建校舍或购置物品，各类物价已上涨数十倍、数百倍。1948年，湖北省捐资请奖为20例，包括金质奖章2例，银质奖章1例，一等奖状3例，二等奖状8例，三等奖状6例，捐资总额为法币4770万元，折合1937年6月基准仅约13

① 《一九四六年奖励捐资兴学绅民一览表》，中国第二历史档案馆馆藏档案，全宗号5（2），案卷号80。
② 《汉口、天津、上海、青岛政府咨送捐资兴学请奖文件及有关文书》，中国第二历史档案馆馆藏档案，全宗号5，案卷号50。

元。[1]同年，广西省捐资请奖为 410 例，包括金质奖章 70 例、银质奖章 80 例、一等奖状 96 例、二等奖状 62 例、三等奖状 7 例、四等奖状 95 例，捐资总额约为 3.26 亿元，折合仅约 91 元。[2]

国民政府末期，各地请奖文书中动辄出现捐资数亿甚至数十亿元的天文数字。1947 年 4 月，四川大邑县的大地主刘文彩向自己先前创办的私立文彩中学捐资 3.5 亿元。1947～1948 年，江西南昌的熊定祥先后向峡江县玉笥乡中心学校捐资 6 次，仅其中一次金额即为 8.5 亿元。[3]浙江诸暨东安乡的葛宝华捐资本乡第 14 保国民学校，金额为 180 亿元。[4]此时捐献的纸币与获得的奖状都没有任何实际意义，只是用一堆废纸换回一张废纸而已。当然，不能因此一概抹杀各界民众捐资兴学的热忱，解放战争期间国统区内的学校教育之所以没有完全瓦解，很大程度仍受益于捐资的勉力维持。尤其是部分捐资者主动捐助田地、房产、粮食、设备等保值物品，才使当地的基层学校在极度困难的环境中得以生存延续。例如，1947～1948 年江苏省仪征县私立立祺小学获得的捐助就有大米 225 石（约为 13 600 公斤），图书 660 册，风琴 1 架、玻璃 240 平尺。[5]甘肃灵台县 1948 年民众共计捐献土地 800 亩（当时折算为国币 654.8 亿元），小麦 33.4 石（折算为国币 44.5 亿元），国币 41.7 亿元。[6]这些"巨额"国币随即化为乌有，倒是土地和小麦弥足珍贵。

总而言之，抗日战争胜利后的短短两三年间，捐资兴学由高涨迅速转为衰退。国民党政权败退台湾后，《捐资兴学褒奖条例》形式上并未废除，实际办理则是按照台湾省政府 1949 年 9 月公布的《捐资兴学给奖补充标准》执行。"捐资新台币一千元以上，未满一万元者，给予四等奖状；捐资新台币一万元以上，未满五万元者，给予三等奖状；捐资新台币五万元以上，未满十万元者，给予二等奖状；

① 《湖北、湖南省政府咨送捐资兴学请奖文件及有关文书》，中国第二历史档案馆馆藏档案，全宗号 5，案卷号 45。

② 《广东、广西省教育厅呈送捐资兴学请奖文件及有关文书》，中国第二历史档案馆馆藏档案，全宗号 5，案卷号 43。

③ 《江西、安徽省政府咨送捐资兴学请奖文件及有关文书》，中国第二历史档案馆馆藏档案，全宗号 5，案卷号 42。

④ 《浙江省教育厅呈送捐资兴学请奖文件及有关文书》，中国第二历史档案馆馆藏档案，全宗号 5，案卷号 41。

⑤ 《江苏省教育厅呈送捐资兴学请奖文件及有关文书》，中国第二历史档案馆馆藏档案，全宗号 5，案卷号 403（3）。

⑥ 《宁夏、四川、陕西、甘肃、青海省政府咨送捐资兴学请奖文件及有关文书》，中国第二历史档案馆馆藏档案，全宗号 5，案卷号 49（1）。

捐资新台币十万元以上，未满五十万元者，给予一等奖状；捐资新台币五十万元以上者，专请教育主管部门或台湾地区领导人颁给奖章或匾额。凡以动产或不动产捐助者，按捐资时值折合新台币计算。"（蒋致远，1991：1182-1183）货币单位和额度标准有所改变，基本框架仍维持不变。随着新台币的逐渐贬值，台湾当局又于1964年修改标准，规定捐款1000万元以上者奖励匾额，500万～1000万元者奖励金质奖章，300万～500万元者奖励银质奖章，10万～300万元者奖励各等奖状（姚志华，1999：35-36）。

第四章 民国时期捐资兴学活动中的重要群体

在民国时期纷繁复杂的捐资兴学活动中，有一些重要群体值得专门关注。这些群体大致可以分为如下类型。第一类为商人、华侨，承担着大额捐资的主要来源，具有显著的群体效应；第二类是军政要员捐资，体现出政府对捐资兴学的倡导，具有积极的示范效应；第三类是家族捐资、女子捐资，反映了基层民众对捐资兴学的支持，具有典型的带动效应。此外，"庙产兴学"中的僧道、日占沦陷区或中共领导根据地的士绅群众、外籍人士等群体由于其社会身份、所处环境、身份国籍的特殊性，在捐资兴学活动中也分别起着重要的作用并产生了重要的影响。为避免重复交叉起见，本章尽可能地根据捐资者的主要社会身份来加以分类探讨，如商人与华侨，一般按照其主要经营产业是否处于国内进行区分。

第一节　商人捐资兴学

一、原因概述

商人参与捐资兴学，在我国有着悠久的历史传统。洋务运动之际，部分新派商人受朝廷捐纳制度的刺激，将捐资兴学作为获取政治资本，提升社会地位的重要门径，以此实现官商结合，寻求更多的经济财富。中华民国成立后，破除了对捐资者奖给官职的旧例，改为授以褒章、匾额等荣誉奖励，商人捐资兴学的外部时局发生变化，内生动力也更为复杂。关于近代商人捐资兴学的原因，研究者已有较为深入的探讨。例如，闫广芬认为其深层次的动因有四：一是国家危亡中的救亡图存；二是正心修身的伦理关怀；三是追求新知的知识力量；四是社会环境的积极支持（闫广芬，2003）。直接目的则是希望惠及桑梓，匡助家乡的教育事业；追求尽善尽美，实现更多的自我价值（闫广芬，2001）。

商人捐资兴学往往受自身成长经历和家庭背景的直接影响，捐资的原因有时相当直接或单纯。据 1917 年 11 月 1 日《申报》所载，上海北四川路广东小学经费困难，房东欲将房舍收回。各校董事开会商议维持办法，即有"同记"商号赵灼臣"慨允独立担任，捐助巨资，购买基地，自建校舍，并筹送产业以为永久经费"。校董事会议决定以"灼臣"为学校命名，赵灼臣表示其父赵歧丰"生前常以设立学塾，造就贫寒子弟为心"，"鄙人向欲继承先志，故稍尽责任，不敢居名"。校董事感于其"孝思不匮，仰承先志"，遂将学校定名为"歧丰学校"（佚名，1917）。与之相比，杨斯盛捐资的考虑更为深远。他在《捐产兴学启》中首先回顾了自己的早年经历，"生而寒微，无一石之储，一瓦之覆。既不获读书，乃学为圬（瓦工）"。后来经营建筑业致富后，感受"国步艰危，不可终日"，又"听名人谈论，必以兴教育为救国第一义"，于是决定捐产兴学，"完我国民一分子之义务，且使子孙与被泽焉"（陈学恂，1986：644）。这两起捐资的动因分别是出于遵从父命的伦理孝道、兴学救国的国民义务，仍可归入"伦理关怀""救亡图存"的动机类型。

二、基本概况

（一）北洋政府时期

北洋政府时期商人捐资的类型已较为多样，捐资者既有传统的商人个体，也有新式的工商企业及其组织的商会。为表述准确与简便起见，可分别称为个人捐资、团体捐资，统称为商界捐资。

清末民初，各地商界多有个人捐献巨资兴学者，浙江杭州的胡乃麟即是其中典型的一例。其自 1902 年捐资创办安定中学，至 1913 年已累计捐资 8.32 万元。北洋政府《捐资兴学褒奖条例》颁布后，浙江省民政长屈映光向教育部呈请给予特别奖励，教育部依照条例指出清宣统二年（1910 年）7 月以前的捐资不在褒奖范围，将请奖驳回，嗣后鉴于胡乃麟近 3 年的捐资实际已达到特别奖励的标准，并承诺此后每年继续捐资 1200 元，才同意授奖，最终认定其捐资总额为 7 万元。胡乃麟由此成为民国首例获得捐资兴学最高等级奖励者，教育部向大总统袁世凯请示胡乃麟"捐资巨万，历久不渝，在近代实为罕靓，应如何破格请奖，请酌核施行"。袁世凯交由内阁总理熊希龄处理，熊希龄认为胡乃麟"捐资兴学前后十余年，卓著成效，实属急公好义，足以矜式国民"，应按照褒奖条例奖给金质一等褒章，并由大总统授予匾额以及二等或三等嘉禾勋章。袁世凯表示应照章办理，可奖给褒章和匾额，但不同意授予嘉禾勋章（熊希龄，1913b：353-354）。熊希龄随后又连同教育总长汪大燮呈文袁世凯，请其在褒章执照上加盖大总统印信，并亲自确定匾额字样和款式。

浙江上虞县横山村的陈春澜，生于 1837 年，又名陈渭，幼年家境贫困，无钱上学，14 岁开始就前往汉口谋生，在其亲属任掌柜的汇丰钱庄当学徒。不久因太平军逼近汉口，钱庄关闭，只得回到家乡从事小本生意，还利用清早的空余时间放牛，傍晚捡狗屎，被村人戏称为"狗屎阿渭"。他 19 岁时来到上海，先后在两家外国洋行做学徒和外勤，平日用心观察，刻苦学习，掌握了很多经商与交际的本领，而且通过勤俭节约，积累了少量的储蓄资金。1875 年在上海开办"春记"货栈，从事仓库出租和运输业，由此逐渐发家，又开办钱庄，并在家乡经营垦殖、畜牧业，终于成为上虞首屈一指的巨商。1908 年，他捐资 5 万银元，在家乡横山创办初等小学，定名为春晖学堂。中华民国成立后，浙江教育界筹办本省教育会，他慷慨捐资 1 万银元用于修建会所。1919 年，陈春澜已是 83 岁高龄，仍不忘平生捐资兴学之夙愿，又以巨资 20 万元创办私立春晖中学（王克昌等，1996：541-552）。

又如湖南郴县人陈谊诚（原名陈善均），发家前在家乡"无所施展，乃赴长沙，另谋生计。无意中，以一元购彩票，获中头彩，得银洋一万元"。当时正值民国初期军阀混战，谭延闿等占据湖南，私自开办裕湘银行，发行纸钞。吴佩孚委任的湖南都督张敬尧打退谭延闿后，裕湘银行钞票急剧贬值，很多商家都拒绝流通。陈谊诚认为军阀实力起伏不定，看好谭延闿能够东山再起，便乘机以极低的价格大量收兑。果然谭延闿不久又将张敬尧驱逐，重掌湖南实权，"裕湘银行钞票恢复原值，不折不扣，依然流行市面"。陈谊诚投机成功，"一翻数倍其值，遂成巨富"。他又在长沙北门外购置百亩庄田，并在市区开办织布工厂，财富迅速增加，号称百万。清末民初之交，湖南酃县（今炎陵县）何炳麟等在长沙创办南路公学堂（后改名岳云中学）。学校开办不久，就因军阀混战，经费来源困难。陈谊诚得知后，欣然解囊捐银 1.8 万两，嗣后又多次捐资扩建校舍，添购设备，前后累计超过 2 万银元。依照 1913 年褒奖条例，获得金质一等褒章，并由大总统颁给"兴学明义"匾额（张愈纯，1988：196-197）。

江西繁昌徐理堂发家与兴学的事迹同样带有传奇色彩，其本名徐行燮，少年时偶然间帮助了为躲避太平天国军队而逃亡繁昌的芜湖海关冯姓师爷。湘军镇压太平天国运动后，冯师爷戴着徐理堂返回芜湖，送其到学堂读书，后来还将独生女儿嫁给了他，并介绍他到海关任职。光绪年间，冯师爷夫妇及女儿先后病故，徐理堂继承巨额家产后决定返乡。回乡后又得知他的 3 位叔父都已去世而且全部无后，于是又获得了不少遗产。他在繁昌开办烟草行，种植和收购加工烟草，获利甚厚，后来"竟添购田地一千二百多亩，山林三十多号，成为全县数一数二的大财主"。徐理堂所在的中分村原先只有 1 所私塾，因无固定经费，时办时停。他便于 1913 年捐资创办私立义兴初等小学，自任校长，至 1918 年累计捐资约 1.05 万银元。1914 年，获得安徽巡按使倪嗣冲授予的银质一等褒章。1919 年，又获得大总统徐世昌授予的金色一等褒章、"敬教劝学"匾额（徐有志，1988：119-122）。

胡乃麟是晚清巨贾胡雪岩的同宗近亲，自幼家世优裕，陈春澜、陈谊诚、徐理堂等则出身草根，凭着偶然的运气和自身的努力，打拼出一番事业。中华民国前期以巨资兴学的代表人物还有江苏南通的张謇，这位"状元商人"的兴学系列活动在清末就已开始，中华民国成立后又陆续创办了南通纺织专门学校、医学专门学校、河海工程专门学校、南通商业学校、狼山盲哑学校，以及数十所小学和多所幼儿园，捐资金额难以估量。棉花行学徒出身的上海"棉纱巨子"穆藕初，1920 年以 5 万两白银资助北大学生赴欧美留学，1921 年又捐 1 万银元资助 4 名河南学子出洋深造。祖籍浙江定海的上海"火柴大王"刘鸿生，1919 年捐献"天来""大来"两家丝厂的全部资产 23.25 万元，在家乡兴办定海公学，还为学校购置 2 万余元的仪器设备，后来又向明德女校捐资 4 万余元，促成该校改办为定海鸿贞女子中学，并附设完小 1 所。1922 年，获得金色一等褒章、"乐育菁我"匾额（浙江省教育志编纂委员会，2004：808）。1912～1915 年，祖籍江苏无锡的上海"面粉大王"荣德生先后在家乡捐资创办了 8 所小学。尽管人生经历各有不同，但他们都共同选择了捐资兴学的义举，希望以此惠及桑梓和实现人生价值，这其实也是当时商人捐资者的普遍心态。

关于北洋政府时期商界个人捐资的具体人数和金额，全国和各省政府档案并没有进行专项的分类统计，但从胡乃麟等事例及大量相关史料来看，应该在大额捐资中占有相当多的比例。相对而言，商界团体大额捐资的情况更容易把握。《第一次中国教育年鉴》列有历年度捐资千元及以上的授奖名册，其中的商界团体从名称即可判定，如表 4-1 所示。

这些商界团体主要为工商企业，也有部分商会组织、少数同乡会馆，所在地域以江苏、上海、广东、黑龙江等省市为多。其中同乡会馆的成员不一定全都是商人，然则当时能以数千、数万巨资兴学，款项来源必然是以富商为主。由于 1913 年褒奖条例并未规定团体捐资的奖励条款，1914 年修正条例就此进行了补充，1918 年重修条例又对奖励形式给予了某些更改，同一区间的捐资金额在不同年度的奖励可能会有所差异。例如，按照 1914 年条例团体捐资 1 万元以下只能获得各等褒状，1918 年条例则规定达到 2000 元就可增获匾额。

北洋政府时期，商界捐资逐渐成为推进地方基础教育发展的重要动力。尤其在经济相对落后的中西部内陆各地，积极作用更是不可或缺。甘肃敦煌因缺乏教育经费，小学教育长期停滞不前。20 世纪 20 年代，当地出现了以商人为主导的兴学潮流。例如，1920 年商人周炳南捐献小麦 50 石，创办周氏私立初级小学；1926 年商户李秀南、印生枝捐资创立李氏私立小学等。"正因如此，全县教育方有所发展。"（敦煌市地方志编纂委员会，2007：626）1912 年，湖南茶陵县江口乡的罗友昆捐资创办乡立国民学校，至 1918 年累计捐资 1029 元，获得金色三等褒章（茶陵县江口乡志编纂领导小组，1989：251）。陕西蓝田的蔡忠恕出身贫苦，以银匠手艺谋生，经过数十年积累，在西安开办了一所银楼。晚年返乡后，看到本乡子弟大多不能上学，和自己一样饱受不识字之苦，便于 1915 年"以仅有之资金捐献桑梓"，修建了一所规模不大的学校，供贫寒子弟上学（蔡树勋，1985：168-170）。湖南湘乡商人蒋德钧 1929 年捐田 300 亩创办干始、干健小学，1931 年又捐粮食 200 石和多处房屋，开设民众夜校 4 所，获得全国一等奖状（湘乡市教育局，湘乡市地方志编辑委员会，1995：389-390）。1927 年年初，湖南沅江先后有两起商界团体捐资事件。一是江西同乡会集体捐田 30 亩，作为维新小学常年办学基金；二是渔业同业公会由渔商集体捐资购得水田 72 亩，作为私立育才小学基金（沅江县教育志编纂组，1990：221）。

表 4-1 民国前期商界团体捐资兴学获奖简表（千元以下者未计入）

捐资者名称	所在地域	捐资时间	捐资金额/元	受捐机构	获得奖励
通俗煤炭公司	奉天锦西	1912～1914 年	1200	砂锅屯镇立初等小学	三等褒状
大咸盐栈	江苏南通	1912～1914 年	11200	南通师范学校	一等褒状、匾额
江苏垦牧公司	江苏	1912 年	5000	西圩北区第三初等小学	一等褒状
广信公司	黑龙江	1914 年	1749	省立女子教养院	三等褒状
官银号	黑龙江	1914 年	1166	省立女子教养院	三等褒状
通崇海泰商务总会	江苏南通	1912～1914 年	6701	南通商业学校	一等褒状
上海金业公所	上海	1912～1917 年	10000	私立金业商校	一等褒状、匾额
溧阳丝业公所	江苏溧阳	1912～1916 年	10000	私立经纶国民学校	一等褒状、匾额
南洋兄弟烟草公司	上海	1919 年	1500	中华职业学校	三等褒状
慎昌洋行	上海	1919 年	1000	中华职业学校	三等褒状
张裕酿酒公司	山东烟台	1918 年	——	烟台私立女子高小	三等褒状
祁县商会	陕西祁县	1919～1920 年	1800	公立模范国民学校	三等褒状
宿迁商会	江苏宿迁	1913～1920 年	4040	商界私立高小	二等褒状、匾额
黄陂城内布帮	湖北黄陂	1917～1920 年	3000	乙种商业学校	二等褒状、匾额
万泉商务会	山西万泉	1920 年	3000	万泉高等小学	二等褒状、匾额
安东木业会	辽宁安东	1920 年	20000	东边木业学校	一等褒状、匾额
安东总商会	辽宁安东	1920 年	27639	东边森林学校	一等褒状、匾额
南洋烟草公司	广东	1921 年	1500	旅津广东学校	三等褒状
广发源商店、广和源商店、万生利商店、万世盛商店、莫志德堂商店	广东	1921 年	各 1000	旅津广东学校	均获三等褒状
聚升盐商店	黑龙江	1914 年	20000	女子两等小学	一等褒状、匾额
如皋县京江会馆	江苏南京	1912～1914 年	1422	京江会馆私立初小	三等褒状
聚和堂（八邑会馆）	广东广州	1912～1916 年	11000	潮属八邑旅省中学	一等褒状、匾额
上海潮惠会馆	上海	1913～1922 年	32600	上海私立潮惠私立高小	一等褒状、匾额
厦门永春会馆	福建厦门	1914～1919 年	3530	思明县第四区私立第一高小	二等褒状、匾额

资料来源：根据国民政府教育部教育年鉴编审委员会：《第一次中国教育年鉴》，上海，开明书店，1934 年，戊编第 292～358 页表格数据整理。

注：表中"一"表示不详。

（二）国民政府时期

南京国民政府于 1929 年 1 月颁行《捐资兴学褒奖条例》后，该年度影响最大的获奖者是商人卢木斋。天津南开大学属于私立性质，1919 年由严修捐献和筹集资金开办，"规模原不完备，所有一切建筑设备端赖各方捐助而成"。该校"对于购置图籍书物特别视为重要"，陆续自购或受捐图书价值 10 多万元，但一直苦于没有像样的图书馆，"惟以学子阅书之所，每觉不敷应用"。1927 年，校董事卢木斋慨然允诺捐资改善。图书馆遂于该年夏季开工，至 1928 年秋季落成，卢木斋先后累计捐助 12 万余元用于建筑和购置设备。图书馆建成后命名为木斋图书馆，他又欣然追加捐赠临时费和购书费 2 万余元，并表示此后每年都捐 1 万元作为常年经费。1929 年《捐资兴学褒奖条例》公布后，南开大学校董事会便依照条款向教育部和国民政府呈请专案嘉奖。教育部部长蒋梦麟令饬天津市教育局查明属实后，将请奖文书转呈行政院，再由行政院递交国民政府。该年 11 月 30 日，国民政府以第 2785 号"指令"批准呈文并通令嘉奖。国民政府主席蒋介石、行政院院长谭延闿、立法院院长胡汉民、司法院院长王宠惠、考试院院长戴传贤（戴季陶）、监察院院长赵戴文等均在"指令"上署名，使卢木斋兴学事例引起了巨大的社会反响（中国第二历史档案馆，1994：99-100）。其实早在 1916 年，卢木斋就在天津开办了卢氏小学和蒙养园，1932 年小学附设初中班。抗日战争时期，初中班避入英租界坚持办学，独立设置并改称木斋中学，1939 年又增设高中部，发展成为天津颇具规模和影响的私立完全中学。1942 年木斋中学新建教学楼，卢木斋以 87 岁高龄亲笔题写基石铭："树基惟坚，诲人不倦；学子万千，白圭无玷；禹寸陶分，青灯黄卷；域朴菁莪，耄龄宏愿。"（钟和高，1990：69-70）

国民政府时期，商界捐资对于维持和发展地方教育事业仍具有重要作用。湖北黄安县（今红安县）县立中学"经费全由黄安寄居武汉绅商捐募筹集"（湖北红安县教育委员会，1987：181）。黄陂县的济民中学、前川中学等校，经费也主要由本地在汉商人承担。云南建水县 1933 年由商界捐资开办商业补习学校，1938 年又有矿商邵连义捐资帮助创建县立师范学校。该校后来因经费困难改制为私立建民中学，直接"由工商界人士集资办校"（建水县教育居，2007：643）。1929 年，昆明商会会长李琢庵得知家乡大理的县立中学因地震毁坏，没有经费维修，"慨然捐资滇币 5 万元，供学校修补校舍及添置图书之用"。此后，大理喜洲商人董澄浓、严镇奎、董纯儒等，先后出资创办五台中学、喜洲师范学校，或是以大额款项捐助县立中学、下关镇中心学校等（大理市教育局教育志编纂委员会，1994：239）。

国民政府成立至抗日战争全面爆发之前，商界团体的大额捐资相对较少。两次中国教育年鉴所列授奖名单中，仅有如下寥寥几例：1929 年，天津电车电灯公司捐资私立南开中学科学馆 1 万元，获全国一等奖状；1931 年，江苏无锡应书书坊捐资县立长安桥小学 4000 余元，获三等奖状；1932 年，安徽蚌埠市运输业同业公会捐资私立江淮中学 5.7 万元，获一等奖状。另有江苏无锡米猪业公所捐资私立复旦大学 2 万元，山东即墨县商会捐资县立初级中学 3728 元，分别获一等、三等奖状，具体捐资时间不详。而在各省市自行授奖的较小额度捐资中，团体捐资则较为普遍。1934 年，山东惠民县励学商店、勤工印刷局、中阜钱号向本县惠民中学分别捐资 1298 元、415 元、351 元，按照全国褒奖条例和本省单行规程依次获得全国四等、本省甲等和乙等奖状（国民党中央统计处，1934b）。

抗日战争全面爆发后，国统区经济困难，商业萧条，但还是有不少商界个人或团体从有限的经费中挤出款项捐助教育。1938 年，竺梅先及其夫人徐锦华为救助因战火而流浪街头的孤儿，发动宁波旅沪同乡会共同筹资，在奉化泰清寺创办国际灾童教养院。夫妇二人承担了教养院的主要费用，先后捐款 25 万余元，供给 600 多名孤儿长达 5 年多的教育、生活费用（宁波市教育委员会，1996：508）。1939 年，湖北籍商人梅焕侯在重庆捐资 2 万元，其中捐赠私立复旦大学、私立武昌中学、国立第十二中学各 5000 元，补助重庆市部分小学建筑费 5000元（佚名 a，1939）。

团体捐资则如 1944 年，广西恭城的富源矿业公司捐资栗木乡中心学校 20 万元，四川威远的民船公会捐资县立小学 3.3 万元，分别获得全国一等、三等奖状。1943 年，广西平南县各商号捐助本县私立龚南中学新建校舍，其中"高义记"商号独资捐建可容纳千人的礼堂 1 座（平南县教育志编辑委员会，1994：364）。1945年，四川宜宾的美纶商号、合众轮船公司分别向私立外江中学捐赠地产 1 处、基金 3 万元（宜宾县文教局，1985：173）。一些小本经营的个体商户则采取了联合捐资办学的方式，例如，战时迁入甘肃平凉的山西、陕西、河南籍商户，为了解决本省籍子弟的入学问题，就集体筹资开办了同仁小学、伊光小学。

抗日战争胜利后，全国捐资兴学热潮再起，商界捐资也重新活跃起来。1946年，云南凤仪商会向南开大学捐资 200 余万元。1947 年，上海、汉口两地分别出现了工商企业大规模的联合捐资。该年 4 月，上海的信和纱厂股份有限公司、新生机器纺纱股份有限公司、利泰纺织公司、德丰纺织公司、上海杭州第一纱厂、恒通纱厂、苏纶纺织厂、公永纺织厂、华丰染织厂、大中华橡胶厂、华丽铜版纸厂、信谊化学制药厂、南洋兄弟烟草公司、鲁信烟草公司、扬子电气股份有限公司、汉镇既济水电公司、国际水电行、泰山实业公司、中国国货联合营业公司、舟山轮船公司、金城银行、诚孚信托股份有限公司，大通、恒丰、崇信、大生、长新、富安等6家纺织股份有限公司，共计28家企业先后向上海教育事业基金捐资，金额均在200万元以上。同年6月，上海第六区机器棉纺织工厂同业公会还向私立诚明文学院单独捐资1500万元（国民政府教育部教育年鉴编纂委员会，1948：1603-1604）。

汉口市商界团体捐资的金额更为巨大。福州第五面粉厂、申新第四纺织厂联合向私立汉口中正小学捐资5亿元；鸿兴祥商号、谦祥益衡记商号、汉口市棉织业同业公会、汉镇阮济水电公司联合向宝善区国民学校捐资3100万元；康生记商号向大智区国民学校捐资1000万元；汉口市第一纱厂、中央银行汉口分行、交通银行汉口分行、农民银行汉口分行、中央信托局汉口分行、湖北省银行、邮政储金汇业局联合向中山区国民学校捐资4860万元；楚新营造厂向三民区国民学校捐资1000万元；中国银行汉口分行向云樵区国民学校捐资500万元。[①]由于当时国统区惊人的通货膨胀，两地商界捐献的资金迅速贬值，实际作用相当有限。与之相比，其他部分地方商界捐赠的实物更为保值。1947年5月，浙江上虞的春泽垦牧公司向本县简易师范学校和小学捐赠土地500亩，按当时市价折合为2500美元。[②]贵州巧家县城原本仅有1所小学，"学龄儿童连年增加，实有不敷容纳之现象，致使学子坐失时机"。1948年，该县云贵会馆集资创办小学，其中福鹤公司总经理严松鹤个人即捐赠水田73.5亩，每年可产出稻谷35石，红糖4000斤。[③]

三、分析评价

其一，捐资主体和形式逐渐趋于多样化、现代化。清末捐资者多为传统商人或商号，民国前期则以行业或地缘为纽带的商会、会馆占据重要比例，民国后期已由工厂、股份有限公司、银行等现代实业和金融机构占主导地位。与此同时，捐资形式也开始带有某些现代特征。例如，广东兴宁县的西成织造厂、两庄布厂、

---

① 《汉口、天津、上海、青岛政府咨送捐资兴学请奖文件及有关文书》，中国第二历史档案馆馆藏档案，全宗号5，案卷号50。

② 《教育部中等教育司捐资兴学褒奖登记》，中国第二历史档案馆馆藏档案，全宗号5，案卷号7116。

③ 《云南、贵州省教育厅呈送捐资兴学请奖文件及有关文书》，中国第二历史档案馆馆藏档案，全宗号5，案卷号47。

西德信托公司、西昌信托公司等 4 家企业，每年将各自盈利的 5%捐助给本县豫立小学。该校获得资金后，又利用结余投资企业，在两庄布厂、西成织造厂各有 500 和 300 股份，还购置了田地作为基金，每年可产稻谷 1000 石。这种"造血"的捐赠方式比起一次性的"输血"，更有利于地方学校的良性持续发展（兴宁县教育志编辑室，1988：186）。1921 年，浙江海盐县商人朱斐章捐资创办城南小学，至 1926 年个人累计出资 8100 元，并向亲友募集 4900 元。为使学校能有后续稳定的经费来源，他还向县政府提交《捐资兴学呈》，请求予以备案。他在呈文中表示自己的独生子年纪尚幼，担心自己"设或偶遭变故，校务恐无能相继，该校停顿堪虞"，因此预留遗嘱，指明本人死后的遗产必须划拨 2 万元作为城南小学基金，并且"委托钱保镜律师证明，订立遗嘱合同，庶临时有所遵循，免将来藉口争执"（宋立宏，1991：42-44）。通过政府备案和律师证明来确保遗嘱捐资得以执行，在当时可谓颇具现代的法制意识。

其二，捐资目的和动机带有复杂性。不可否认，不少商界捐资者都抱有无私的奉献精神，尤其是对惠及桑梓，匡扶家乡教育事业最为热心。例如，上海宝山高桥乡徐家村的徐源祥，开办"徐源记"营造厂，专门制作棺木，小有家业后"乐为桑梓培育人才"。1923 年，他在本村租赁民房开办敬睦小学，随后又在邻近的高家浜设立分校。同年，当选为高桥乡教育会会长。《申报》曾报导他的兴学事迹，称赞其"热心教育，乡人甚为敬佩"。对于捐资兴学的原因，他有过这样的解释："家产虽多，若子孙不肖，荡平其产者屡见不鲜，我今捐资兴学，子孙欲败不得。"（毛饮石，1988：245）清末杨斯盛在《捐产兴学启》中也曾讲道："此区区家产，与其传之子孙，使贤者损志，愚者益过，何如移以兴学。"这种兴学的朴实心态，确实令人敬佩。

然则在商言商，另有很多捐资者的目的动机比较务实，更倾向于选择自己更为熟悉，对自己经营事业更有长远益处的职业教育领域。例如，"面粉大王"荣德生兄弟 1919 年以 10 万银元巨资创办公益工商中学，设有工科、商科 2 个专业，课程教学除普通中学的主干学科外，极为注重工商业所需知识和能力的培养。学校还附设有实习工厂，工科学生为荣氏企业检修机械和制造零件，商科学生也在荣氏工厂、商店中学习经营管理。荣德生曾对师生说："随所学而入事业，学用相当，不患无事，不忧无才。"该中学开办历时 8 年，毕业学生 200 多人，为荣氏企业乃至地方经济培养了一批优质的实业人才（《无锡市教育志》编纂委员会，1994：410）。与之类似，甘肃平凉的药商孙华堂捐资创办华堂中医学校，招收学生数十名，学制 3 年，聘请名医执教，"课程系统而全面，病理、药理、临床兼顾",是甘肃全省首家私立中医学校(郭继泰,1993:77-78)。1946年,上海的"荣昌祥""汇丰""宏泰"等34家服装商号联合创办私立西服业初级工艺职校,办学目的就是为了培养本行业所需的技术人才,推动行业的共同发展。某些捐资者的想法更为传统和实在,甚至带有一些小商人的狡黠。1940年,广西金秀县桐木乡表证("表证"为示范之意)中心学校课桌凳奇缺且破旧不堪,学校决定"面向社会,大造舆论,使社会群众对捐资兴学事业提高认识,再由全体教师向殷商富户亲自登门走访,做细致的思想教育宣传工作,开展募捐活动"。经过劝募,街镇上很多商铺都捐赠了几套桌凳,"广源兴"号老板同意捐赠25套,但要求学校在每套桌凳上标明"广源兴捐赠"字样。他的捐赠后来获得广西省奖章1枚(胡占琼,1990:84-86)。

其三,办学管理的差异性。各所学校的独立或主要捐资者通常兼任该校的董事长,但基本不参与学校的具体管理。但也有部分捐资者抱着认真务实的态度,以经商者特有的细致和精明,亲自参与办学过程,直接干预甚至决策学校的办学宗旨、教师选任、课程设置、教学管理。例如,荣德生在《行年记事》中回忆自己曾多次与学校教员商议办学章程、课程安排等事项,他还频繁到所办各校视察,参与师生的教学和娱乐活动。前文所述江西繁昌的徐理堂捐资办学并自任校长,大小事务都亲力亲为,尤其重视优秀师资的选聘。为了请到一位青年教师,他曾亲自登门恭请。聘请另一位全县知名的教师时,更是多番劝说并许以高薪。通过徐理堂的努力,他所办村小的师资和设备条件都超过了当地的县立小学。民生公司总经理卢作孚在北碚捐资办学期间,兼具企业家的实干精神和教育家的科学观念,将学校乃至地方教育的发展放到更高更远的层面加以考虑,既注重顶层设计,也关心具体细节,其远见卓识已然超越了一般商人捐资者的境界。

其四,社会舆论的两面性。由于中国封建传统观念长期对商人持抑制和轻视态度,商人时常在社会舆论中处于尴尬地位。特别是每遇地方公共或慈善事业需要经费,商人便首当其冲成为劝募的目标,捐款被视为理所当然,如若拒绝便被称作为富不仁。近代以来商人社会地位有所提高,此种偏执观念稍有转变,但遗存影响仍相当普遍,对商界捐资造成了社会舆论的两面影响。就积极影响而言,舆论对捐资者的宣传与称赞能够营造示范和群体效应,促使更多的商人乐于主动捐献,例如,湖南湘潭商人朱后璜听闻胡乃麟、陈谊诚等的捐资事迹,"因此慷慨激昂,捐资兴学"。他在家乡购得田产147亩作为学田基金,并定校名为松柏高等小学,以示对母亲守节的纪念(朱光宇,2000:227-228)。这种捐资行为集孝义伦理与奉献桑梓于一身，颇受时人颂扬。消极影响则是舆论绑架常常使商人处于被动状态，失去了捐资应出于自愿的本意。

1920 年，安徽绩溪县召开教育会议，胡在渭提交《捐资兴学与社会主义》一文。开篇即声色俱厉地宣称："现在这个时代是要打破资本家专横的时代，是要提倡社会主义的时代。若靠金钱万能，只顾自私自利，不顾他人的生活，断乎没有好结果的。"他接下来又表示："教育事业是最大的公益，所以觉悟的资本家常有捐资兴学的举动。凡不肯热心公益的资本家，却也有两种缘故：一因遗产继承的弊害没有看破；二因互助主义的精神不知尊重。"作者进而分析了不肯捐资而留存遗产的种种恶果：本人趋于见利忘义；养成子弟依赖苟安的恶习，甚至嫖赌俱全，腐化堕落；死后子孙争产，涉讼法庭；如无子嗣，也会导致宗族争产；造成贫富差距日益扩大，社会必然动乱，走向暴力革命。"照这样看来，资本家又何苦积下许多遗产来害自己，害子孙，害社会呢？不如把资产的一部分捐助教育以及各种公益事业，利己利人还有实惠。"关于互助主义的必要性，作者认为："我们人类的资产是由互助作成，若离开社会便不能成功。资本家既受了社会辅助的恩惠，便不能不报答社会。况且个人的身家与环境有密切关系，若环境不好，个人的身家也不能独善。若要我的身家好，便不能不使大家都好，便不能不尽我的力量辅助大家。这种互助主义的精神，既然晓得尊重，那就捐资兴学以及各种公益事业都肯做了。"（《绩溪县教育志》编委会，2005：373-374）该文作者将社会主义与平均主义混为一谈，先入为主地给资本家打上"专横""自私自利"的标签，捐资兴学是有觉悟，不愿捐资则"断乎没有好结果"。照此看来，资本家、商人在捐资兴学问题上似乎是没有选择余地的。1924 年，江苏第二师范学校的学生叶兴祖在《学生文艺丛刊》发表《读杨斯盛捐产兴学启书后》一文，肯定和赞颂杨斯盛事迹的同时，也不无偏激地指责当时的商人"多鲜廉寡耻，惟利是趋，不知有所谓公益，有所谓国民之义务也。人人如是，国基之危肇于此矣"（叶兴祖，1924）。及至国民政府时期，社会时有关于强制征收遗产税用于教育事业的强烈呼吁，其实际矛头还是主要针对商界群体。

第二节　华侨捐资兴学

一、原因概述

关于民国时期的华侨捐资兴学，目前已有大量相关研究成果，尤其是对陈嘉庚等少数代表人物在国内的办学活动研究最为深入透彻。下文力求回归基础史料，着眼全局加以分析概述，并从中梳理历史线索与基本特征。首先应当指明，民国华侨捐资兴学者多为商界人士，整体可归入商界捐资范畴。其捐资原因与国内商人具有很多相似性，诸如奉献国家、回报家乡、体现自我价值、谋求社会声誉等，但深层动机更为复杂。由于华侨及华侨教育在国外长期受到歧视限制，华人子弟被隔离于当地主流教育之外，或是有被外国教育体系完全同化之虞，华侨捐资办学便带有争取教育机会平等、延续传承民族文化的深远意义。

20 世纪初期，美国各州仍对华人子弟采取严格的种族隔离教育政策。华人儿童只能进入办学条件极为低劣的所谓华人公立学校读书。1902 年，《旧金山呼声报》刊载的一篇报导就描述了某位华人女孩的遭遇，她不能和当地的白人小孩一起读书，因为这样是"违反法律的"（李永，2015：97）。即使是专为华人子弟开设的公立小学，课程和教学也带有强烈的种族偏见，教材中的华人形象都是愚昧、懦弱或者狡诈、傲慢的。华人男子的长辫、女子的小脚更是成为当时美国人对中国文化的刻板印象。

在华侨集中的南洋各地，华侨教育所受歧视与限制亦颇为露骨。1920 年，英国马来西亚殖民当局颁布《学校注册条例》，要求各华侨学校及其董事、教师必须向殖民当局注册备案，教科书也必须经审查通过才可使用。1927 年 11 月，国民政府华侨教育委员会委员汪同尘拟订的《扶助海外华侨教育计划书》即沉痛地表示，南洋华侨教育"其黑暗事实，不啻人间地狱"（中国第二历史档案馆，1994：946）。此后的情况更为糟糕，例如，暹罗（今泰国）教育部"无日不在阻止华侨教育之发展"。1933 年，强行规定华侨子弟每周至少学习 21 小时的暹罗文。1934 年，"又变本加厉，未半月而无故封闭华校竟至十五所之多"。对华侨学校的管理者和教师，则用恐吓威逼等下作手段，"设法迫其脱离"（佚名，1934）。在此前后，英属马来联邦（包括今马来西亚、新加坡）如法炮制，开始禁止华侨学校使用本国编制的各种课本。荷属东印度（今印度尼西亚）、法属印度支那（包括今越南、老挝、柬埔寨）等地，华侨教育也都遭受了不同程度的摧残与压制。

国外华侨教育的生存空间异常艰难，华人唯有奋起抗争，扩大影响，倾尽全力地筹资办学，才有可能为子弟争取一点相对平等的教育机会，所以国外侨界普遍对于捐资兴学有着极大的热情和行动。旅日侨商吴锦堂认为华侨要想在异邦立足，不仅要有自己的商业组织、慈善机构，最重要的是要开办自己的学校，对子孙后代进行民族语言、文化与精神教育。1900 年，他在日本神户发起创办华侨同文学校，此后又出资开办神阪中华公学，先后捐资超过万元。1907 年，陈嘉庚等福建籍侨商在新加坡捐资创设道南学堂，1912 年和 1915 年又分别开办了爱同小学、崇福女子小学。

除在国外捐资办学外，很多华侨经商者或实业家还纷纷以大额资金在祖国创办或捐助教育事业。其原因大致有：①挥之不去的家国情怀，更愿意奉献于本国的教育事业，衣锦还乡的传统观念也促使他们回国返乡，通过捐资兴学来寻求国外无法获得的身份认同感。②亲身见证了西方国家的先进，同时也饱受了西方文化对自己与祖国的歧视，对于本国经济社会的贫弱落后更有切肤之痛，更希望依靠教育来改造国家与振兴民族。③通过勤劳智慧与节俭，逐渐积累了较多的财富，也拥有相对充足的经济实力来投入祖国及家乡的教育事业。总而言之，民国时期华侨的捐资兴学热潮乃是政治、经济、文化、教育等多方面因素共同促成的必然结果。

二、国外捐资

关于华侨在国外的捐资兴学活动，1913 年《捐资兴学褒奖条例》尚未列入奖励范畴，1914 年修正条例补充规定为："华侨在国外以私财创立学校或捐入学校，培育本国子弟，准由各驻在领事开列事实表册，详请褒奖。其以私财创办或捐助图书馆、博物馆、美术馆、宣讲所，诸有关于教育事业者，准照前项办理。"如表 4-2 所示，民国前期华侨在国外的捐资兴学活动曾空前活跃，而且很多都是大额捐资。

由于篇幅所限，表 4-2 仅列出最基本信息，捐资者名称、籍贯或所在地、获奖形式与等级一概从略。该段时期华侨在国外创办和捐助的学校主要位于东南亚各地，荷属东印度群岛（今印度尼西亚）一带最为集中，安南（今越南）、菲律宾、新加坡、缅甸等地也有一定分布，这些地域都属于当时所谓的"南洋"。除此之外，还在日本、韩国设有个别学校。就这些大额捐资的具体信息来看，捐资时间多为1912～1919 年，捐资千元及以上获奖者约有 140 例，占同时段国内外所有获奖数的 10%左右。捐资者多为华侨个人，而且籍贯都是广东、福建，只有 13 例捐资来自公司、商会、同乡会、慈善组织等团体。

表 4-2　民国前期华侨国外捐资兴学获奖简表（千元以下者未计入）

受捐机构	受捐次数/次	受捐总额/元	受捐机构	受捐次数/次	受捐总额/元
安南海防埠华侨时习初高小学	2	6 246	荷属坤甸华侨公立振强学校	5	26 200
槟榔屿时中学校	6	34 000	荷属丹绒峇来华侨培善学校	9	23 100
雪梨中华小学	3	6 000	荷属丹绒峇来雷珍兰培善学校	3	9 100
南洋英国保护地华侨私立明德小学	7	19 200	荷属占碑华侨育才小学	1	1 000
纳闽启文学校	4	4 200	荷属坤甸大院振华学校	3	3 000
菲律宾怡明中华乙种商业学校	7	18 900	荷属坤甸洋江埠中华初等小学	1	1 000
南洋日里府沙湾埠私立养中两等小学	3	9 675	荷属华侨学务总会及学校	1	60 000
缅甸文律埠中华初等小学	1	5 040	昔兰埠中华学校	1	1 300
新加坡华侨芙蓉中学	1	1 000	新加坡应新学校	1	1 100
新加坡霹雳大平修齐学校	3	3 460	南洋巴双埠中华女学	1	8 100
三宝垄华侨公立国民高小、华英中学	11	87 568	大亚齐古打拉夜中华学校	4	11 370
日里棉兰华商学校	3	6 647	日里棉兰养中学校、颂讶中华学校	7	27 585
日里龙葛中华学校	1	1 400	怡朗华侨公立乙种商业学校	9	27 040
山打根学校、亚庇中华学校	9	11 050	爪哇拉森公立中华两等小学	1	5 200
爪哇马都拉潒水中华学校	1	3 500	爪哇欧怡埠华侨公立两等小学	2	5 364
爪哇安班兰兴纳务亚利尔中华学校	1	4 970	爪哇丹墨中学	3	3 000
爪哇淡满光中华学校	5	7 900	爪哇末里纷公立两等小学	1	1 000
爪哇洁水中华学校	1	1 200	爪哇拉森公立两等学校	1	1 050
爪哇严望中华学校	1	1 700	爪哇东婆罗洲波岛古达马路中华学校	6	7 000
爪哇安班兰中华学校	2	2 700	爪哇蓝中华学校	3	4 566
爪哇巴城丹那望中华学校	2	3 400	爪哇亚拉汉埠中华学校	2	2 100
爪哇葛打山中华学校	1	2 000	爪哇牙律中华小学	8	13 448
爪哇六安中华学校	6	7 566	爪哇三马堂中华学校	1	3 000
志成大同中华学校、神户同文华强学校	13	44 200	长崎华侨公立时中小学	1	2 000
仁川华侨学校	1	2 000			

资料来源：根据国民政府教育部教育年鉴编审委员会：《第一次中国教育年鉴》，上海，开明书店，1934 年，戊编第 293～352 页表格数据整理。

1918 年，北洋政府教育部对国外侨民教育进行了较系统的考察与整理。其总结报告证实"荷属东印度群岛经费来源比较充裕"，"本部近年查照《捐资兴学褒奖条例》分别给奖，每年发出奖章，尤以侨界人士为最多"（中国第二历史档案馆，1991：545）。1920 年以后，东南亚各地华侨教育所受迫害日渐加剧，兴学活动遭到限制打压，捐资重心更多地移往国内。国民政府成立后，华侨教育委员会委员汪同尘建议制定专门的奖励规程，大力鼓励华侨在国外捐资办学。"奖之以名誉，常为海外华侨所欢迎。侨胞好义，且多小康，虽无望于祖国政府之解囊，然一朋之颂，亦多士多乐为鼓舞也。"然而，民国初年的兴盛局面已是一去不返。

20 世纪 30 年代前期，东南亚各地华商因受世界经济危机影响，生产和经营活动普遍陷于困境，华侨在国外捐资获奖者不足 20 例，而且大多是数额较少的四等奖，大额捐资仅有 2 例。张郁材在吉隆坡创办柏屏义立学校及其分校，至 1930 年累计捐资 16.5 万元；1933 年，谭植三捐资 18.6 万元在安南海防创办私立时习初中。当时国民政府侨务委员会的调查报告亦表明："侨民学校多因经费不敷，设备殊欠完备，甚至连校舍亦由租赁得来"，"因海外各地经济不景气影响，经费问题极感困难，多有缩小范围或不幸停办者"（中国第二历史档案馆，1997b：275）。抗日战争全面爆发后，尤其是日军占领东南亚各地后，华侨海外捐资兴学活动更为消沉。即便是抗日战争结束后，形势并未改观，反而每况愈下。例如，暹罗政府下令限制华侨学校悬挂中国国旗，并强行要求改挂暹罗国旗，随即又抛出《限制华侨学校新章则》，意图全部瓦解与同化我侨民教育。至 1948 年 5 月，"暹境华侨学校几已被完全摧毁。全暹各地华侨学校三千教师，刻均赋闲，等待复课的儿童计二十万人"（佚名，1948a）。菲律宾、马来西亚、新加坡等国也对华侨学校加紧推行限制和同化政策，各地华侨进一步丧失了海外兴学的实施空间。

在欧美各国，华侨的捐资兴学活动以集体筹资较为常见，而且金额相对零散。1924 年，加拿大卡加利华侨华人共同捐助开平中学 1.2 万余元，"捐款者中不乏捐助上百元的较富裕华人，也有毫无收入却捐助 10 元之多的学生"。1925 年，开平中学收到的捐款仍是由各地华人集体捐献，"爱民顿华人捐 258 元，布坎文华人捐 11 元，哈利法克斯及附属各埠华人捐 3626 元，温哥华华人捐 100 元"（黎全恩等，2013：447）。

三、国内捐资

"清朝末年是华侨捐资在祖国家乡办学的萌芽时期。华侨捐资办学是从本土本乡开始的，学校的数量不多，几乎都是小学，是华侨捐资在国内兴学的先声。"（冯子平，2004：313）中华民国成立后，海外华侨深受鼓舞，民族自信心与自豪感有所增强，捐资国内教育事业的热情高涨，学校数量不断增加，办学层次逐步拓展。在福建闽南、广东潮汕等地，华侨捐资的作用举足轻重，成为推动地方教育事业发展的主要动力。

（一）福建华侨捐资

福建侨乡主要分布于闽南①各地，这些地方在民国前期都陆续出现了华侨捐资兴学的热潮，由华侨开办或捐助的学校如雨后春笋，呈蓬勃发展之势。以晋江为例，该县华侨 1913 年在石圳创办毓德女校，此后数年间又办起了 20 余所小学。"这些侨办学校的基建费和经常费，全部由华侨投资，部分学校实行学生免费入学，有的学校还设有奖学金。"（冯子平，2004：314）民国时期，福建全省华侨开办或捐助的小学最多时达到 967 所，多数位于晋江、南安、永春、惠安等闽南各县，闽东的闽清、福清两县也有少量分布。

1906 年，永春华侨郑安邦捐资 1000 银元创办永春州立中学，首开福建华侨在本省自办中学之先河。但此后 10 余年间，该省侨办中学缺乏新的进展。1918 年陈嘉庚创办厦门集美中学后，福建华侨捐资兴办的中学逐渐增加，至 1926 年达到 5 所，全部为个人独立出资开办。国民政府时期，侨办中学得到快速发展，先后出现了两次兴学高潮。第一次为 1927～1930 年，新增学校 8 所。第二次为 1946～1948 年，由于东南亚各国侨教事业处境日渐险恶，更多的闽籍华侨决定在家乡开办中学，短短 3 年间新办的学校就多达 15 所，其中 8 所为集资开办。据统计，民国时期福建华侨先后开办了 48 所中学，至 1949 年还存在有 34 所。这些中学"根据华侨需要和各校实际情况，有的侧重英语科教学，有的侧重国文应用文教学，有的增加一些商业知识"，共同点是"普遍注重培养学生爱国爱乡思想"（福建省地方志编纂委员会，1998：586-590）。

福建华侨在国内捐资兴办师范教育始于 1917 年，基督教会在晋江创办华英女

---

① "闽南"并非单纯地理概念上的"福建南部"，更多地带有文化色彩。其范围通常指现今的厦门市、漳州市、泉州市。按照民国时期的行政区划，其包括厦门、泉州、晋江、石狮、南安、惠安、安溪、永春、德化、金门、龙海、云霄、漳浦、诏安、长泰、东山、南靖、平和、华安等县市（省辖市）。

子师范学校，建校经费主要由海外闽籍华侨捐献。1918 年，陈嘉庚在厦门自行创办集美师范，1921 年增办集美女子师范。此后至 1924 年，先后有泉州华侨陈光纯、蔡连芳、杨家种等创办西隅初级师范、启明女中附设简师班、泉州华侨女子初级师范，南安华侨黄奕住、吴记霍创办斗南初级师范、南安乡村师范，晋江华侨蒋报企兄弟创办明新学校初级师范班。1927 年，陈嘉庚、黄奕住两人又分别出资开办了集美幼稚师范、厦门慈勤女子师范。1931 年，黄泽吾、张宗麟等集资创办集美乡村师范。同年，在晋江华侨的捐资帮助下，金井毓英初级师范也得以成立。至此，闽南华侨创办或捐助的师范教育机构已有 13 所。1936 年，福建省政府以"统制"管理为由，强迫全省私立师范学校限期停办。1940 年，集美师范最后一届学生毕业，民国时期福建的侨办师范教育随之结束。

1915 年，菲律宾华侨集资创办南安职业学校。该校设编织、织布 2 科，是福建首个侨办职业教育机构。1920 年和 1925 年，陈嘉庚先后在集美学校增设水产科、农林部。1922 年和 1928 年，吴记霍先后在泉州、厦门创办嘉福职业学校、五通民用航空学校。此外，福建华侨创办的职业教育机构还有泉州华侨女子职校（1922 年）、泉州闽南女子职校（1922 年）、闽清东庄女子职校（1922 年）、闽清溪西女子职校（1923 年）、南安县嵩安职校（1925 年）、闽清初级女子家事职业学校（1931 年）等。在上述职教机构中，尤以五通民用航空学校最具特色，该校创办者吴记霍通过菲律宾中华总商会的支持与帮助，个人捐献并募集资金购买 7 架飞机，重金聘请丹麦等国飞行教官，招收 11 名菲律宾华侨子弟和 89 名国内青年进行飞行训练。可惜办理时间只有短短 2 年，1930 年即告停办。

在高等教育方面，陈嘉庚开创了中国教育史上第一所侨办高校——厦门大学。1919 年，他在家乡陈氏宗祠召开大会，宣布了创办厦门大学的计划，并当场表示捐资开办费和经常费共 400 万元。1921 年，厦门大学正式成立，设有师范、商学 2 部，学生均为南洋华侨子弟或厦门本地青年。经过陈嘉庚长期不懈的努力，学校规模和影响日益扩大，至抗日战争全面爆发前夕已成为一所全国知名的私立大学，可与国立暨南大学这所教育部主办的华侨高教机构争长竞高，交相辉映。1927 年，陈嘉庚开办的集美学校国学专门部也独立为国学专门学校。莆田华侨陈训彝曾于 1934 年发起创办莆田国医专门学校。该校办学历时 6 年，但招生与毕业人数有限，而且没有经教育部批准立案，培养层次严格意义上仅相当于中专程度。

福建华侨在国内捐资兴办幼儿教育的首创者仍为陈嘉庚，他于 1919 年创办集美幼儿园，聘请陈淑华等为教师，招收儿童 140 多人。此后，某些侨办学校也附设有幼儿教育机构，例如，泉州女子师范、集美乡村师范、南安斗南小学、晋江安海镇进化女学、晋江清华学校分别设有幼儿园或幼儿班（福建省地方志编纂委员会，1998：585）。

整体而言，福建华侨本土捐资兴学以闽南地区数量较多，层次较高。闽东福州、闽西莆田等地，也有一些华侨兴学的代表人物。例如，莆田县涵江镇的陈训彝，民国初期赴新加坡经商，兼营橡胶园种植，"商务通达，家业渐富"。1924年，他感到家乡商业发展后继乏力，希望通过教育来培养高素质的商业人才，于是联络南洋各地的莆田侨商，集资创办涵江公立中学，自任董事长。次年，学校师生人数增加，原有房屋不敷使用，他又捐资1万银元修建了校舍楼。1925年，学校正式在省教育厅注册立案，改名为莆田县私立涵江初级中学。1927年，陈训彝再次筹资增建校舍。学校规模扩大的同时，图书设备也逐渐齐全，成为全县数一数二的私立中学，"校务臻达，办学成绩杰出，求学的学生广布闽中、闽南各地"。此外，陈训彝还在1928年和1930年先后捐资协助福建省教育厅开办省立普通实验小学、省立莆田高中。1934年，又发起创办莆田国医专门学校，担任董事长。1946年，陈训彝在涵江初中增设高中部，改称私立涵江中学。次年，他于本人八旬寿辰时将所收贺仪全部捐赠涵江中学，用于新建校舍楼1栋，学校师生即将此栋楼房定名为"训彝堂"（莆田市教育委员会，2000：314-315）。

对于福建华侨捐资兴学的热忱与成效，1940年福建省教育厅厅长郑贞文曾在《为倡导捐资兴学告海外同胞书》中有这样的高度评价："亲聆侨胞爱国之言论，目睹侨胞办学之成绩，实深钦佩。我侨胞慨捐巨资在闽南、闽西各县创设中小学者时有耳闻，此皆有裨于教育事业与社会文化者至大，实为本省人士所钦念不置者也。"（福建省档案馆，1990：1352-1353）抗日战争全面爆发以前，晋江县有200余所中小学，80%以上的学校基本由华侨捐资开办或维持。该县1935年教育经费总支出为47.4万元，其中除政府拨款3万元外，余下部分主要由华侨承担（王挥，2001：146）。在福建全省各地，华侨开办或捐助过的学校更是数不胜数。

（二）广东华侨捐资

清末与民国时期，广东侨乡主要集中于潮汕地区[①]。与福建闽南相仿，广东潮汕也在民国前期出现过华侨捐资兴学的热潮。先以潮安县为例，1913年有金砂黄氏华侨集资创办熔金小学，1916年有泰国华侨郑智勇独资创办智勇高等小学。"在

---

① "潮汕"地理范围主要是现今的潮州市、揭阳市、汕头市。按照民国时期的行政区域，则为潮安、潮阳、揭阳、澄海、饶平、南澳、惠来、普宁、丰顺、汕头等县市。

校学生的学费、书籍、食宿费用，全部由郑智勇捐助。学校设施齐全，师资力量较强，学业成绩优良，潮汕各地慕名前来就读者为数不少。"1917年，华美乡华侨集资创办振华小学。1918年，金砂曾氏华侨集资创办南金小学。20世纪20年代，"潮安华侨捐资兴学之风益盛"。新办学校不断增加，如新加坡华侨杨敬好、杨缵文在文里开办的培才学校、达道小学、绍鳝小学，廖正兴在仙圃开办的维正学校，泰国华侨赖渠岱在归湖开办的世德学校，马来西亚华侨曾汝平在骊塘开办的务滋学校等。杨缵文、廖正兴两人还在1926年联合筹资在汕头开办时中学校。抗日战争期间，潮汕全境沦陷，华侨兴学之风被迫停顿。抗日战争胜利后，潮安华侨又捐资开办了塘东小学、石头坑中心小学等校（郑仁章，1996：124-126）。

在潮汕其余各县，华侨捐资兴学的态势与潮安基本相同，兴起于民国初期，鼎盛于20世纪20年代。抗日战争之前，潮阳华侨开办的学校有萃英学校、中民小学、启蒙义务小学、养正学校、灶浦学校、桂山学校、西美学校等；澄海有镇平小学、圣彰小学、南畔洲学校；揭阳有诚正学校、阿婆中学、培英中学等；饶平有黄冈女子小学、黄冈女中、南侨小学、南化小学等；普宁有寄芦小学、洪山小学、兴文中学、洪阳乡立学校等。这些学校多数创办于1929年之前，办学层次以小学为主，另有部分中学。

民国时期，广东香山（1925年为纪念孙中山改名中山县）、梅县、台山、文昌（今海南省文昌市，当时属于广东省）等地华侨的捐资兴学活动亦较为活跃。1913年，香山旅美华侨李培芬捐资创办大环学校。1915年，该县又有华侨马应彪等集资开办世光女子高等小学，附设女子职业班。1922年，香山华侨掀起兴学高潮，在全县10多个乡"竞相设立学校"。1930年，旅美华侨周崧创办私立周崧学校、玫瑰幼儿园。1933年，华侨郭乐、郭顺兄弟创办竹秀园学校，"其建筑及设备成为中山侨乡学校的佼佼者，国民党元老于右任为该校题写校名"。1934年，旅美华侨陈述尧创办葫尾小学，"亲任校长，兼任教职达十年之久"。1936年，华侨杨着昆从夏威夷汇款2万元，捐助仙逸学校扩办为仙逸中学。此外，抗日战争之前香山华侨还兴办有下泽学校、岗背学校、申明亭学校、起凤环学校等。抗日战争时期，中山被日寇占领，各侨校遭受了很大的破坏和损失。抗日战争胜利后，该县华侨新办学校不多，捐助的经费主要用于原有各校的恢复与扩建。例如，1948年周崧购买土地，在周崧学校增设初中部。同年，他还成立了周崧学校基金会，并向美国政府备案。1946年，旅美华侨杨添霭向仙逸中学捐赠飞机1架用于陈列，1949年又捐赠该校田地55.8亩作为基金田产（中山市教育委员会，1995：164-165）。

抗日战争时期梅县沦陷之时，全县有中学27所，小学659所，其中90%以上由华侨开办或捐助。另据当时梅县本地报纸所载，全县"私人捐资兴学总数约在百万元以上，中小学各占其半，捐款的主要或全部来源为南洋华侨乐助。派员往南洋募捐，成为最有效最流行的筹集学校经费的方法。每次募捐的结果，多的数十万元，少的数万元不等"（广东省地方史志编纂委员会，1995：80）。民国时期，台山县华侨捐资兴办的学校共 86 所，其中小学 78 所、中学 8 所（曾定夷，1985：565）。1933 年，该县旅居芝加哥华侨同乡会捐助本县私立赤坎初级小学图书仪器，价值 500 元，获得五等奖（广东省政府，1933a）。

除上述潮汕、香山等地外，广东其余各县华侨捐资兴学的事例亦时有发生。1933 年，巴拿马花县华侨团体捐助本县县立乡村师范学校开办费港币 1000 元，获得四等奖（广东省政府，1933b）。及至福建、广东之外的其他省市，华侨捐资亦有一些零星个例。例如，浙江旅日侨商吴锦堂在家乡慈溪开办锦堂学校，其长子吴启藩于 1931 年将全部校产捐献给浙江省教育厅，学校随即改称浙江省立锦堂学校。1949 年 2 月，旅日侨商、日本大信公司董事长黄万居向台湾省教育厅捐资台币 100 万元，用于购买国语书籍 2641 册，再转交民政厅山地行政处分发给各山地学校。[1]

四、分析评价

民国时期，华侨捐资兴学者多为商界人士，整体特征既具有类似于本土商人的共性，也存在着某些相对的差异性。这主要表现为华侨捐资兴学的客观环境更为复杂，办学规划更为系统，办学观念更为开放，群体效应更为明显。

（一）客观环境的复杂性

华侨捐资兴学受制于国内外政治、经济、军事等因素的综合影响，其高涨与低落亦随时代变化而起伏不定。华侨在清政府时期饱受本国朝廷与国外殖民当局的歧视，尤其对封建君主专制深恶痛绝，是反清暴力革命的重要支持者。中华民国成立后，华侨的政治与社会地位大为改善，中央政府颁行了一系列优待和争取华侨的政策法令，包括大力鼓励华侨捐资兴学，为之提供了良好的客观环境，华侨在国内的捐资兴学热潮随之兴起。第一次世界大战期间，欧洲各国经济大受影响，南洋华侨实业借机有所发展，捐资活动得到了有力的经济支持。1920 年开始，

---

[1] 《福建省、台湾省教育厅呈送捐资兴学请奖文件及有关文书》，中国第二历史档案馆馆藏档案，全宗号 5，案卷号 44。

南洋各地华侨教育受殖民当局的压制日益严重，捐资重心移往国内，本土侨办学校大量涌现和发展，达到民国时期的最高点。抗日战争全面爆发后，国内沿海侨乡大部分沦陷，南洋各地也被日寇占据，华侨的捐资能力与实施空间遭到严重制约，捐资活动陷入低谷。1940 年，福建省教育厅厅长郑贞文发布《为倡导捐资兴学告海外同胞书》，其中列出发展本省教育事业的种种宏伟蓝图，希望得到华侨的响应与支持。"我侨胞有志奖助教育学术者，尽可随时以书面或口头向本人商洽，自当鞠诚奉答。至捐资兴学褒奖，中央及本省均有明文规定，主管机关自应切实施行，以资激劝。海天在望，曷胜翘企，诸唯朗照。"（福建省档案馆，1990：1356）其言辞切切，却因客观环境所限而应者寥寥。抗日战争胜利后，华侨经济条件有所改善，而且海外侨民教育遭到的高压更为残酷，于是国内兴学高潮再起。1947 年，南安县政府制定《倡导捐资兴学宣传纲要》，宣传和鼓励的主要对象便是华侨群体，称赞"本县地方人士对于捐资兴学素称踊跃，尤以侨胞对教育之热心蔚成风尚"，希望"侨胞为求办教育计，为国家民族计，定能继承前人捐资兴学之至意，再接再厉、同心协力为家乡教育而劳力"（泉州市档案馆，2006：171-172）。然则国内政治局势再次剧烈变化，华侨捐资兴学亦由此步入全新的历史阶段。

（二）办学的系统规模性

一些侨商的捐资兴学活动历时长久，而且办学设校注重系统规划，稳步推进，最终构建了多层级、多类型的学校体系，陈嘉庚创办的集美学村是其中最典型的代表，其在民国时期的兴学过程大致可分为四个阶段。

第一阶段为 1912～1917 年，办学重点是基础性的小学教育。1912 年，他从新加坡回到家乡同安县集美村，为当地教育的极度落后而感到震惊，全村只有几个旧式的私塾，其中 1 所还是他在 1894 年捐资设立的，很少有孩子能够到县城里的小学读书，于是他决定在集美创办正规的小学。经过多番奔走，于 1913 年开办了乡立集美两等小学，1917 年又创办了集美女子小学。两校既相对独立，也可统称为集美学校，此后开办的学校亦是如此。

第二阶段为 1918 至 1926 年 8 月，办学重点是延展性的中等教育。由于集美小学开办初期师资严重缺乏，陈嘉庚在 1918 年和 1921 年先后创办了集美师范学校、女子师范部。为使两所小学的毕业生能有更多的深造机会，他在 1918 年创办了集美中学。他陆续开办的中等职业教育机构更具有极强的现实针对性与系统性。1920 年 2 月创办水产航海部，旨在改变当时中国水产、航海业贫弱不振的局面，

"力挽海权，培育专才"；同年 8 月创办商科（1924 年改称商业部），是为了培养兼具理论与实践能力的本土商业人才；1926 年创办农林部，则是为适应本国当时以农立国的现实国情，造就农业、林业、畜牧业的新型技术人才。此外，他还在 1919 年开办了集美幼儿园。

第三阶段为 1926 年 9 月至 1937 年 6 月，办学重点是高层次的专科教育，并对原有学校加以整合。1926 年 9 月，开办国学专门部，招收中学毕业生，修业年限为 4 年。在此前后，还开办了高级师范部，分设文学、理学、地理、艺术、体育等系，主要招收集美师范学校的毕业生。至此，集美学校已发展成为纵贯幼儿教育、初等教育、中等教育、高等教育，横跨普通教育、师范教育、职业教育，多层次、多类型的教育机构体系。1927 年，集美学校进行了较大的整合，附属各部独立设置，并与某些原先独立设置的学校进行重组。集美中学改为初级中学；师范学校改为高级中学，附设师范；女子师范部独立为女子初级中学，附设女子师范与女子小学； 水产航海、商业、农林、国学专门、高级师范等部也都独立设校。同年，创办集美幼稚师范学校，将原有幼儿园划归该校附设。1932 年，集美初等教育社张宗麟等创办的试验乡村师范学校正式归入集美学校序列。1933 年，男子和女子初级中学、高级中学 3 校合并为完全中学，高级师范、乡村师范、幼稚师范 3 校，以及原高级中学、女子初级中学 2 校的附属师范整合为师范学校，男子小学、女子小学、幼儿园改为师范学校附属。

第四阶段为 1937 年 7 月之后，办学重点是在艰难处境下辗转迁徙，力求保存和发展已有的教育事业。抗日战争全面爆发后，当时远在海外的陈嘉庚写信激励集美师生"抱定牺牲苦干之精神，努力抗敌救国之工作"。1937 年秋，日军侵占金门，同安局势告急，集美各中等学校迁往福建安溪各地，并从 1938 年 1 月开始统一以"福建私立集美联合中学"的名义坚持办学。1939 年，水产航海、商业、农林等职业教育部分脱离联合中学，组成"福建私立集美职业学校"；联合中学改称"私立集美中学"，实际辖有中学、师范、小学部分。1941 年，职业教育各部分再次独立设校。1942 年，中学分设为初中、高中两校。抗日战争胜利后，各校陆续迁回集美。1947 年，高级农林职校停办。1949 年 4 月，陈嘉庚曾计划筹设航海专科学校，因战争关系宣告停顿（福建省地方志编纂委员会，1998：600-602）。

关于集美学校上述长期而曲折的办学历程，陈嘉庚并非全程不间断地亲身参与，但其中的历次重大事务必然由他本人自行决策或提供建议。正是他以企业家特有的敏锐眼光和爱国者坚定的报国热忱，高屋建瓴地为集美的长远发展预作规划，又能根据现实需要、形势变化而及时地调整适应，经过数十年的苦心经营，几乎倾尽所有，最终使集美学校由最初的一个乡村小学发展为层次门类齐全的学校体系，家乡集美村也成为全国乃至世界知名的学府圣地。

如果说陈嘉庚办学的特色是长期的系统性，那么另一位侨商胡文虎的特点就是宏大的规模性。胡文虎曾先后向国内外数十所学校捐赠过大额资金，但他最为人称道的兴学事迹还是抗日战争全面爆发前夕在全国捐资创办 1000 所小学的庞大计划。其主动向国民政府请缨，自愿在全国开办 1000 所小学，按照当时预算造价，每所小学需要资金 3500 元，总计则需巨资 350 万元。1937 年春，胡文虎派员前往全国各省实地考察磋商，并将资金汇往香港中国银行，随时准备供各地办学时提取。可惜因抗日战争全面爆发，办学计划被迫终止，实际仅在福建、浙江、江西建成了 300 多所小学，余下资金用于购买政府的抗日救国公债。他本打算抗日战争胜利后兑现公债本息，继续完成兴学设想，然而战后这笔巨资早已因剧烈的通货膨胀而严重缩水，实际价值微乎其微。倘若他的上述计划得以完成，对于中国基础教育事业的促进与示范作用当不可小视。除陈嘉庚、胡文虎这两位杰出代表外，诸如吴记霍、黄奕住、陈训彝等不少侨商都分别开办或捐助过多所学校，其兴学事例也具有一定的系统规模性。

（三）办学观念的开放性

民国时期，华侨捐资兴学的观念由传统逐步转向开放，具体又可分为三点来阐述。其一，服务对象逐渐开放。民国初期华侨在国内的兴学活动多以本乡本土为中心，以地缘和血缘为纽带，尤其注重本宗族子弟的教育。不少侨办学校仅从名称即可看出强烈的宗族色彩，如谭氏育英学校、关氏光裕学校等，这些学校最初仅以本宗族子弟为招生对象，后来逐渐开始招收本村其他姓氏的孩子，再后来又扩展为邻近乡村的所有愿意入学者。陈嘉庚在国内的捐资兴学活动便是从家乡集美村开始的，后于 1920 年在集美学校设立同安教育补助处，在同安县各乡开办了 30 余所小学。1924 年，补助处改为教育推广部，资助的范围扩展到福建全省 28 个县市的 73 所学校。

其二，拓展功能逐渐开放。由最初单纯的校内教学逐渐面向社会，功能日益拓展，对所在地方的社会教育、文化生活、观念转变等发挥了重要的推动或引导作用。例如，集美学校先后开办多所通俗夜校和民众学校，进行成人扫盲教育，师生利用课余时间送教上门，深入各家各户实施流动教学，并向村民赠送学习用具。又在村中设立阅报室，提供书报、画册供村民阅读观看。1930 年，集美还成立了专门的民众教育委员会，举办识字动员大会，大力开展民众识字运动。又如，南安华岩小学开设民众代笔处，为村民代写家信；办理民众夜校，招收文盲、半文盲男女青年入学；摘录时事新闻，修建球场，丰富村民的文化娱乐活动。除常规学校教育、社会教育之外，华侨捐资涉及的领域还包括特殊教育和难童教育。1925 年，泉州佛教界发起创办开元慈儿院，收容残疾孤儿和流浪儿童进行文化教育和职业训练，经费主要来自华侨捐助（中华文化通志编委会，2010：145-146）。抗日战争结束之后，中山县筹建县立育幼院，收容因战乱失去家人的孤儿，华侨郭顺、郭泉兄弟便在祖产中拨出 12 亩田地捐赠该院，并另行捐助 10 万港元修建院舍（中山市教育委员会，1995：165）。

其三，校务管理逐渐开放。某些侨办学校开办之初，校务多由创办者或其指定专人管理，事权集中但开放民主性有所不足，随着办学规模的扩大，管理模式日渐转变。集美创办初期，陈嘉庚以"校主"的身份直接领导各校（部）长，各校（部）长等具体管理所属师生，没有专设的管理机构。1920 年，开始设置集美学校校长办公室，统一管理下属各校（部）。1927 年，各校独立设置，分别组织校务执行委员会，负责管理本校日常事务，陈嘉庚委派叶渊全权监察各校一切事宜。1933 年，组建集美校董事会为监察机构，由校董事 5 人组成。1934 年公布《福建私立集美学校组织大纲》，以集美校务会议为行政机构，由各校董事、校长及公共机关主管人员组成。抗日战争全面爆发后，集美各校联合办公，各校校长一度改称为主任。1941 年，各校再次独立设置，分别恢复校长制与校务委员会制。虽然不同时期管理机构的名称与组成有所差异，但校务管理总的发展趋势是由集权逐渐转向开放。在其他一些规模较大的侨办学校，组织系统没有集美这样复杂，大都也经历了传统的个人管理或家族管理转向民主开放管理的过程。

（四）办学效应的集群性

客观地说，民国时期华侨国内捐资兴学的实施地域相对有限，除胡文虎未竟全功的兴学计划外，捐资活动多集中于各沿海侨乡和部分高校。之所以在当时乃至现今极为引人关注，一个重要的原因便是办学效应的集群性。所谓集群，首先表现为学校系统的集群化，仍以陈嘉庚与集美学村最具代表性。长期连续地在某一相对狭小的地域开办系列学校，累计的社会影响往往以几何倍数增加。与之似，侨办学校不断出现于侨乡某县，甚至成为当地教育事业的主要成分，以致当时人们谈到福建、广东两省的教育，自然而然地会联想到华侨捐资兴学。其次，表现为以地缘、血缘、亲缘、同业等纽带形成的示范与群体效应。新加坡侨商李光前受岳父陈嘉庚的影响，向国内外多所侨办学校捐资并担任董事长、董事，还在家乡南安梅山创办国光中学、国专小学及山美、榕溪、董山、金陶 4 个分校，使梅山学村初具规模，俨然成为一个"小陈嘉庚"。很多史料亦显示，胡文虎、吴记霍等的捐资活动乃至 20 世纪二三十年代闽南华侨的兴学高潮，都直接或间接地受到了陈嘉庚这位先行者事迹的激励。

诚然，以上所列举与分析的都是较为成功的典型事例，不能以此掩盖民国时期华侨捐资兴学活动的某些内在缺陷。如前文所述，华侨兴学的主观愿望与客观能力受制于多种因素的综合影响，尤其是其经费支持不具有长期的稳定性。沿海各侨乡的教育事业过度依赖于华侨的捐献，本土经费供给严重缺失，时常处于"等米下锅"的被动状态。很多学校因为华侨一次性的捐资而骤然兴办，又因后续经费无着而停办，当地教育事业随之低落甚至倒退。此外，很多国内外侨办学校自成一体，相对游离于本国教育行政体制之外，未按规定申请注册立案，学制也与全国统一方案有所差异，国民政府教育部 1931 年特别强调向未立案之私立学校捐资者不能受奖，便是要对此进行限制与规范。侨办学校与本国、本省、本县政府及教育行政部门之间的关系并非全然和谐无间，有时也会产生矛盾纠纷。1947 年，惠安旅菲华侨开办的私立屿头小学向本县政府呈验学生毕业证书，县政府以"所送毕业证书格式与边沿图案等不合规定"为由，拒绝认可该校毕业生学籍，导致毕业生不能升入县立中学。屿头小学校方多次交涉无果，只能由旅菲校董会请求驻马尼拉总领事与福建省教育厅交涉（泉州市档案馆，2006：282-283）。

第三节　要员捐资兴学

一、军政要员捐资

在民国时期的捐资兴学活动中，手握权柄的军政要员是一类颇具内在矛盾的群体。一方面，他们往往主动或被动地挤占、挪用教育经费，使教育事业整体受到直接损害或间接阻滞。另一方面，他们又是捐资兴学政策的提出者或实施者，并以实际捐资行动表明自己的倡导与支持，推动了教育事业的局部发展。

（一）全面抗战之前

抗日战争全面爆发之前，参与捐资兴学的军政要员中职位最高者莫过于黎元洪与蒋介石。黎元洪系民国首任副总统，后来又两度出任大总统。1915 年前后，他在家乡湖北黄陂县的横店镇捐资开办了慈善会小学，"学生不仅免费就学，还发给服装，享受免费医疗待遇"。1920 年，胡康民在黄陂筹办私立前川中学，黎元洪又捐资 3 万银元赞助（武汉教育志丛编纂委员会，1990b：244）。蒋介石捐资发生于 1929 年 2 月，宁波西门效实中学修建中山纪念堂，动员师生捐募经费，该校校友陈布雷"特向蒋主席捐募，当蒙允许，即出中国银行二千元支票一纸"（宁波市档案馆，2013：3020）。1935 年，时任交通部部长朱家骅、江西省政府主席熊式辉各向上海私立同德医学院捐款 500 元，青帮大佬杜月笙同时也为该校捐助 1000 元。上海市政府按照褒奖条例，分别授予 3 人全国四等、五等奖状（上海市政府，1935）。张謇曾于 1912～1914 年先后担任南京临时政府实业总长、北洋政府农商总长，在此期间创办过江苏省立水产学校等教育机构，但因他在民国时期的首要身份是实业家而非政治家，一般归入商人兴学系列。

各地方军政要员中，西北系实权人物及其下属军官捐资较为常见。以冯玉祥所部军官为例，旅长鹿钟麟 1918～1922 年捐资家乡河北定县鹿家村国民学校 1050 元，获得金色三等褒章；团长鲍玉堂 1923 年捐资陕西醴泉县（今礼泉县）贵德高等小学，修建教学楼 3 栋、宿舍 24 间及学校周围墙垣；师长田金凯 1928 年捐资陕西乾县考院巷女子小学 1700 元。

西北系捐资的要员还有杨虎城，1920 年他捐资武功县新民小学 3000 元；于右任，1919 年在家乡陕西三原县创办民治小学，1935 年前后又捐资供该校修建教学楼，并在邻近三原的泾阳县创办泾干中学，还另行捐助泾阳县小学教育经费 2000 多元（咸阳市教育志编纂委员会，1997：210-211）。孙蔚如，1934 年在家乡西安灞桥以母亲的名义捐资 2000 余元创办慈惠小学。同年又应地方人士请求，另行捐资 5500 元开办灞桥小学，还发动本省军政要员参与捐资，陕西绥靖公署主任杨虎城、省政府主席邵力子分别捐款 2000 元，军长冯钦哉捐款 1500 元，省财政厅厅长宁升三捐款 1000 元，使灞桥小学颇具社会影响与办学实力（灞桥区教育志编纂办公室，1997：260）。杨渠统，1933 年前后任第 17 师师长，驻防甘肃平凉，向母校平凉中学捐款修建大礼堂 1 栋，并资助平凉师范学校修建学生宿舍 40 余间，捐赠西街中山小学 300 银元，购买土地 3 亩作为学生活动场所。1937 年，杨渠统奉命率部调防河南，又将部队靠近平凉中学的营房和操场全部赠与该校（郭继泰，1993：75-76）。

马鸿逵，1928 年时任第 17 师师长，驻防山东临清，向该县育才小学、武训小学捐资共计 3000 元（临清市地方史志编纂委员会，1997：638）。1931 年，马鸿逵遵照其父马福祥（字云亭）遗愿，在家乡甘肃临夏县韩家集捐资复建小学 1 所，改名为私立云亭小学，此后短短数年间又在全县其余村镇设立了 10 个分校，共有学生 1000 余名。"学校的建校经费和教职员工薪金，马鸿逵均以私款开支，当时堪称学校林立。"（李恩华，1990：226-227）由于临夏是西北马氏军阀共同的发源地[①]，1921～1935 年马廷勃、马福祥、马鸿宾、马步芳、马为良等先后都在当地创办或捐助学校。1921 年，马福祥向导河小学等校（"导河"为临夏旧称，1929 年改名）共计捐资 1.5 万元，获得金色一等褒章、匾额及褒辞。

除上述西北系各例外，其他地方的高级军官也偶有捐资兴学之举。1926 年，北伐军第 10 军军长王天培捐资 1000 元，用作家乡贵州天柱县西门女子小学的办学基金，该校每年可得利息 240 元（天柱县志编纂委员会，1993：782）。1927 年，第 11 军军长陈铭枢向家乡广西合浦县第五中学捐资 1.5 万元，并亲自为该校撰写募捐启事，发动地方人士捐资。同年，又在自己的出生地樟嘉村创办小学 1 所（王冠超，陈世海，1987：33-34）。四川军阀杨森 1924 年在成都创办天府中学，后来又在泸县设立分校，还于 1932 年前后向远在上海的国立音乐专科学校捐资 1 万元。1929 年，第 29 军副军长孙震变卖田产，以所得资金在成都先后开办树德小学 4 所（树德为其父家谱堂号），分别以序号命名，"对学生实行全部免费义务教育"。1931 年，他向第 29 军军长田颂尧请辞副军长职务，获赠 10 万银元，又以之为基金在成都开办了树德中学（李有为，1997：110-111）。1929 年，时任第 19 师第 55 旅旅长的罗树甲在家乡湖南衡阳兼任警备司令，向当地的广湘中学捐资 2000 银元，并担任该校校长（钟启河，周锦涛，2011：192-193）。1936 年，黄埔系出身的第 78 师师长丁德隆驻防陕西，向武功县捐助教育经费 3000 元。

（二）全面抗战时期

抗日战争全面爆发后，我国东部与中部地区大多相继沦陷，要员捐资兴学基本限于西部后方各地，尤以西北马氏军阀最为频繁与显著。在甘肃临夏，1937 年马鸿逵（字少云）捐资修建私立云亭中学，1939 年全部竣工建成，占地面积约 2.6 万平方米，教室、教研室、实验室、图书馆、办公楼、宿舍、大礼堂等一应俱全。图书馆名为"少云楼"，藏书 2 万余册。"建校过程中，诸多紧俏建筑材料均从外地选购，马鸿逵调动宁夏能工巧匠百余人支持。综观该校规模之宏伟，为当时

---

① 西北马氏军阀的源头为晚清咸丰、同治年间甘肃临夏回民领袖马占鳌及其亲属、部属，经过长期的复杂演化，先后出现了老、中、新三代"西北五马"。南京国民政府时期，新"西北五马"为马仲英、马鸿逵、马鸿宾、马步青、马步芳，又分为三大势力集团（"甘马"指马仲英集团，"宁马"指马鸿逵、马鸿宾集团，"青马"指马步芳、马步青集团），也称"西北三马"。

甘、宁、青三省私立学校之冠。所需经费共计十几万银元，全部由马鸿逵的私人账房支付。"学生待遇也很优厚，不仅学费全免，还发给奖学金、伙食补助费，每年都有制服 1 套（李恩华，1990：227-228）。1940 年，马步青（字子云）筹款30 余万，在临夏动工开办 16 所青云完全小学，并在临夏、永靖、和政、宁定 4县各设青云中学 1 所，其夫人马素琴也"以私储之款创办素琴女子小学一所，开临夏女子教育之先河"（佚名，1940a）。1944 年，马鸿逵、马步芳各捐 50 万元，作为临夏兴华中学、小学的基金。

在甘肃永登，"青马"系干将马禄（字福山）1939 年捐资兴办回民促进小学，旋即改校名为福山小学，自任名誉校长，为所有学生免费提供校服，并从洛阳采购教材、教学设备和乐器（《永登教育志》编纂委员会，2002：283）。在甘肃武威，马步青至 1941 年春已创办了一系列的青云学校，包括高中 1 所、初中 3 所、完全小学 24 所。"建筑方面，马氏时常督导官兵，以兵工兴建，均已次第落成，极为壮观。除兵工不计外，共需建筑费二百二十余万元，均由马氏捐助，并将个人产业四百九十余处，价值一百四十余万元，尽数捐归各校作为永久基金。每年各级学校所需经费及学生书籍、制服、津贴各费，计达三十余万元。"（佚名，1941a）在青海省，马步芳 1941 年"慨将其先祖数代在青海各县惨淡经营之遗产，房屋一万余栋，良田五万三百余亩，牛羊马匹一万头，价值现金七千五百余万元，悉数捐充教育经费"（佚名，1941b）。随后，他又捐助青海省立民和简易师范学校 3.2 万元。同年，马步康（马步芳堂弟）向青海省回民教育促进会捐赠教育基金 2 万元。

马氏军阀的系列捐资兴学活动既有宗族色彩，也具集群效应，先后有多人获得中央政府的褒奖，马鸿逵、马步芳、马步青等还分别受奖多次。抗日战争全面爆发后，甘肃平凉作为西北重要的军事整训基地，长期驻有重兵，高级军官兴学事例时有发生。1944 年，第三十八集团军总司令范汉杰捐款购置木料、砖瓦，为平凉师范修建教室、学生宿舍各 5 间，还有 1 座可容千余人集会的大礼堂，"为当时平凉最大的室内活动场所"。在此前后，第 42 军军长杨德亮在军部附设初级中学 1 所，定名为力行中学，专门招收流亡学生或军中愿意求学的青少年，1945年第 42 军调离平凉，该校便交由地方接管，改为省立中学。第 43 师师长周祥初率部回平凉休整时，也发动所属部队翻修了平凉师范的校园和校舍，还在校内树立了"七七抗日阵亡将士纪念碑"。

除西北地区外，其余各地的高级军官也不乏捐资兴学之举。抗日战争全面爆发后，北平成达师范学校南迁至桂林，"对于回民教育颇为努力，曾先后于六塘、苏桥、天炉等处设立三所小学校"。1939年9月，时任桂林行营主任的白崇禧向这3所学校捐资共计1100元，"以资补助"（佚名，1939b）。第5军军长杜聿明率部驻防广西全州期间，在该县文庙捐资创办"陆军第五军军人子弟学校"，校长先后由军政治部主任夏雷、杜夫人曹秀清担任。该校开办之初，仅招收本部军官子弟70余人，"自第二学期开始，招收民众子弟入学，学校规模逐渐扩大"。至1942年秋，已有高中2班、初中5班、小学10班，学生共1100余人，中学部此后改称私立大同中学。1943年秋，为纪念在缅甸殉国的新5军所属第200师师长戴安澜，杜聿明又发起创办"安澜纪念学校"，校长由戴安澜的堂弟、西北工学院机械系毕业生戴子庄担任。该校为职业教育类型，招收高级机械科、初级汽车科各1班，"为全州县培养了一批技术人才"（伍邦彦，2005：121-122）。

1943年，孙震已升任第五战区副司令长官兼第二十二集团军总司令，他鉴于当时法币严重贬值，树德中学原有基金不敷使用，又捐出大量个人私产，包括成都市区的房地、郫县的水田、嘉乐纸厂的股票等，均交由树德中学董事会保管。孙震还参与了私立铭章中学的创办，该校的缘起是为纪念1938年在山东藤县牺牲的王铭章将军，虽非王将军本人亲自捐献，却是为了完成他的遗愿。王铭章率部出川参加抗日战争时，曾对家人和部属谈起过准备在家乡新都开办1所中学，未及实现便以身殉国。孙震作为王铭章的老上司，决定发起创建铭章中学以志纪念。王将军的遗孀周华玉对此极为赞同，将国民政府发给的特别抚恤金1.2万元全部捐出，并将田产600余亩作为办学基金。1941年，学校正式开学，孙震亲任董事长，周华玉任名誉董事长。校址即位于新都王铭章墓园对面，占地80亩，也是由周玉华捐献的（张祖涌，2007：464）。

1940年，第三十三集团军驻防鄂西南漳县一带，总司令冯治安捐资修建集团军子弟小学1所，第37师师长吉星文捐资1000缗铜钱（1000文为1缗）创办临漳初级中学，另捐300缗购买约40亩水田作为该校基金田产（湖北省南漳县教育志编写组，1987：243）。1945年春，第55军副军长理明亚向家乡河南密县牛店镇的中心学校捐资2000元，希望"加强学校建设，把学校办得更加有生气些，让学校早出人才"（陈金玉，1989：49）。由于通货膨胀的关系，2000元在抗日战争全面爆发之前能开办1所小型的学校，1945年春就只能买一点乒乓球、足球了。由此可看出长期战争造成经济困难，部分没有私产的高级军官捐资能力已颇为有限。与之相比，驻防云南保山的远征军司令卫立煌的手笔就要大得多。1944年，他会同保山地方官绅发起创办远征中学，个人即捐款1500万元，地方人士又集资2500余万元，再加上县政府拨出的部分学田，"使远征中学有较为宽裕的教育基金"。同年，驻保山第 71 军军长钟彬也在当地创办了私立中正中学（保山市教育局，1994：246）。

抗日战争结束后，军政要员捐资兴学事例较为少见。即便是马鸿逵当初以重金打造的私立云亭中学也面临经费短缺问题，"仅能维持现状"。1947 年，马步芳捐助临夏私立兴华小学，只能提供青海所产的食盐 1 万公斤。孙震还曾打算开办树德文理学院，但因物价飞涨、局势动荡而未能实现。

（三）分析评价

首先，应充分认识其捐资成效的矛盾两面性。对积极一面应给予肯定，它毕竟推动了某些地方教育事业的局部进步，奠定了部分教育机构长远发展的历史基础。在当时的历史环境下，也对社会各界的捐资兴学起到了一定的示范与引导作用。然而，这远不能改变全国教育经费短缺的普遍格局，更不能掩盖其中很多捐资者又正是损害教育事业者的客观事实。以最典型的马氏军阀为例，其对于局部地方的教育事业确实有所促进，但他们也榨取了更多地方的教育资源，破坏了教育公平。简而言之，马氏家族在教育领域只狭隘地注重临夏等少数地方，又以回民领袖的身份自居，凭借自身的政治权势和经济实力，通过回民教育促进会、云亭文教基金会等组织大力偏袒与扶持本族的学校教育，造成了甘宁青三省回民教育畸形繁荣的局面，也不利于民族之间的和谐共处。还有，马氏军阀虽表面臣服于国民政府，实则处于半独立状态，各自操控所辖地域的财政大权，肆意搜刮攫取，捐资教育的区区所用不过是羊毛出在羊身上而已。又如冯玉祥所部割据陕西期间，捐出的兴学费用与其因军备挪用的教育经费相比，完全是杯水车薪。民国时期军政要员捐资事例最多的西北地区，整体教育事业始终在全国处于落后状态。1927 年 10 月，以冯玉祥为首的国民革命军驻陕总司令部发出训令，亦被迫承认西北一带"平民暨义务教育极其颓废，各县城乡庠序寥若晨星，失学遍于童稚"（陕西省地方志编纂委员会，2009：1245）。

其次，应深入剖析其捐资动机的复杂多样性。其中既有孙震这样的真正热心教育者，也不乏附庸风雅、沽名钓誉者。民国旧式军阀大多文化程度不高，为了改变自己"大老粗"的形象，捐助或开办学校便是最为快捷有效之道。综观各例高级军官办学所取校名，还可发现一个共同特点，即往往以本人、父母的名号或家谱堂号为学校定名，普遍含有显亲扬名的传统观念。再者，捐助或创办的学校多数位于本人家乡或祖籍，也体现了惠及桑梓的乡土意识。这些目的倒无可厚非，而少数军阀的捐资动机则不是那么光彩，甚至带有不可告人的用心。四川军阀杨森素来以贪婪好色著称，公开的妻妾先后就有 12 人，子女多达 43 人。他于 1932 年前后向远在上海的国立音乐专科学校捐资 1 万元。1930 年，汪德芬嫁给杨森时只有 15 岁，杨森便将她送到中学继续读书，1932 年年底又派秘书送其往国立音乐专科学校深造。汪德芬毕业后回到成都，即在杨森创办的天府中学当校长。

二、在野要员捐资

所谓在野要员，是与当政要员相对而言，主要指暂时或永久退出权力中心的军政人物。民国时期，此类捐资兴学者以熊希龄最为突出。他曾于 1904 年在家乡湖南芷江创办务实学堂，1910 年又续捐该校 1527 元，民国初期依照褒奖条例获得金色三等褒章。自 1912 年 4 月开始，他先后担任北洋政府财政总长、热河都统、内阁总理兼财政总长，1914 年 2 月因反对袁世凯独裁而辞职，此后主要致力于慈善与教育事业。1917 年夏秋之交，河北境内发生严重洪灾，受灾地域波及 103 个县，灾民超过 600 万人。当时正隐居天津的熊希龄立即赶赴北京，吁请中央政府尽快赈灾，并慨然出任"京畿水灾筹赈联合会"会长。由于政府拨给的款项极为有限，他又通电全国各省，希望社会各界给予援助，还利用自己的政治影响向外国洋行借款。在赈灾过程中，筹赈联合会陆续收容了 1000 余名难童，这些孩子多数为逃难途中与家人失散，有的已经彻底失去了家庭和亲人。熊希龄便以联合会的名义在北京成立了慈幼局，专门收容难童，随后又将慈幼局分设为 2 所，分别收容男童和女童。1918 年 4 月，赈灾事务告一段落，但 2 所慈幼局还有 200 多名难童无人认领，熊希龄遂决定成立一个永久性的教养机构。他呈请大总统徐世昌出面与前清皇室内务府交涉，选址已经废弃的前清行宫香山静宜园，于 1919 年年底正式创办香山慈幼院。该院"以慈善机关而兼学校、家庭、社会性质"，开办宗旨为"教养孤贫失学之男女儿童，使有适当之智慧、道德，俾可谋生于社会"（熊明安，周洪宇，2001：322-323）。办学经费除少量政府拨款外，大多来自社会各界的捐助。至 1926 年，香山慈幼院已设有 1 个总院和 6 个分院，实际的教育教学机构有蒙养部（幼儿教育）、小学部、中学部（附设中等师范教育）、职业部（中等职业教育）、职工部（技工教育），还虚设有大学部，继续资助和管理升入大学的本院毕业生。1932 年，熊希龄为纪念病故的亡妻朱其慧，宣布捐出全部家产成立"熊朱义助儿童幸福基金社"，捐献款产总计折合约 27 万银元，另有白银 6 万余两。

1933 年，熊希龄委派长女熊芷回到家乡，将大部分祖产田地和房屋捐献给自己早年创办的务实学堂，并授意该校改称务实简易职业学校，下设染织、缝纫、蚕丝 3 科，学制 3 年，只收女生，同时附设"熊朱义助小学"，两校均不收取学杂费用。抗日战争全面爆发后，已重病缠身的熊希龄又派专人赶赴芷江，准备开办慈幼院芷江分院。1937 年 12 月，他在香港突发脑出血去世，续娶的妻子毛彦文接任香山慈幼院院长，并继续筹办芷江分院。1938 年秋，芷江分院正式成立，下设女子初中、女子职业、小学 3 校。其中女子初中系新设，女子职业学校即原有的务实简易职校，小学即原有的"熊朱义助学校"，更名为熊朱私立双陵小学（"双陵"分别指熊希龄父母的家谱堂号"江陵""延陵"）。

民国时期，以在野要员身份捐资兴学的事例还有田中玉、梁士诒等。田中玉为皖系军阀出身，民国成立后历任代理山东民政长、陆军部次长、察哈尔都统、山东督军兼省长等要职，1923 年 10 月因震惊中外的"临城劫车案"被迫辞职。他在家乡河北临榆县陆续出资创办了 1 所中学和 8 所小学，其中 2 所创设于辞职之后（上海图书馆，2013：142-143）。梁士诒在 1912～1916 年先后出任总统府秘书长、财政部次长兼交通银行总理，是民国旧交通系的首领。袁世凯复辟帝制期间，他是主要帮凶之一。袁世凯死后，梁士诒曾被列为帝制祸首，一度遭到通缉，只得隐居避祸。1918 年，他曾向上海中华职业学校捐资 1000 元，获得金色三等褒章。1921 年 12 月，受徐世昌之命组阁，担任国务总理，旋即于 1922 年 1 月被吴佩孚扳倒，在任时间仅有 1 月。他的捐资行为只是蛰伏期间的一个小插曲，难以与熊希龄之光明磊落相提并论。此外，国民党"四大元老"之一的吴稚晖从 1924 年开始担任国民党中央监察委员、国民革命军总政治部主任、国民政府委员等职，但都是挂名的虚衔，基本从不过问政事。1924～1947 年，其先后 3 次捐助家乡江苏武进的道南小学、道南中学，共计 600 银元和 10 两黄金，也可算作在野要员捐资兴学的特例（江苏省武进县县志编纂委员会，1988：748）。

三、蒙古贵族捐资

民国伊始，南京临时政府曾于 1912 年 2 月公布《关于大清皇帝辞位之后优待之条件》《关于清皇族待遇之条件》《关于满蒙回藏各族待遇之条件》，承诺"清帝尊号仍存不废"，清皇族及蒙藏"王公世爵概仍其旧"。同年 8 月，北洋政府又发布《蒙古待遇条例》，表示"各蒙古王公原有之管辖治理权，一律照旧；内外蒙古汗、王公、台吉世爵各位号，应予照旧承袭，其在本旗所享之特权，亦照旧无异；蒙古各地呼图克图（指大活佛，笔者注）、喇嘛等原有之封号，概仍其旧"。1924 年 10 月，冯玉祥逼迫溥仪退出紫禁城，并宣告永远取消皇帝尊号，但清皇室及蒙古贵族世爵在民国时期一直存在。清朝王公贵族本就没有封地，很多在民国初期即坐吃山空，迅速败落，有的还改换汉姓，以求谋生度日。在相关档案史料中，基本没有前清贵族捐资兴学的获奖纪录。与之相比，蒙古各级贵族统辖原有封地，政治、经济等方面具有较大的自主权，捐资兴学的事例更多一些，直至南京国民政府时期仍偶有发生。

科尔沁左翼中旗贝子多尔吉（汉名多振甫）从小在北平长大，1928 年偕夫人马淑俊回到家乡后"看到蒙民愚昧落后，深为慨叹，决心开发蒙古民智，改变蒙民落后状况，维新办学，使蒙民子弟读书识字，增长知识"。他将自己每年收入的 1000 多石田租捐出，在贝子府外院开办"固山贝子府蒙汉小学校"，自任校长，聘请汉、蒙教员数人，招收辖地内 14～16 岁的蒙民子弟入学，所有书籍、食宿、服装等费用全部免费提供。可是学校开办不到半年，便因贝子府官员的私下抵制与贪污办学经费而被迫停办，多尔吉夫妇也失望地就此返回北平（科尔沁左翼中旗教育志编写办公室，1988：190）。

1934 年 7 月，察哈尔省镶黄旗总管穆克登宝向本省政府呈报："窃查教育所以培养人才，为当今之急务，我旗僻处塞外，教育幼稚，文化落伍，加以东邻虎视，北连赤俄，文化侵略在所难免。若不积极振兴教育，唤醒民众，则将为外族文化所熏染。国之兴亡，关系匪浅。"然而，本旗当时只有省立初级小学 1 所，学生不过三四十人，"其余儿童无学可入，难免有向隅之叹"。位于该旗的仁福寺麻当活佛发起兴学活动，捐出个人私田 30 顷，当地蒙古贵族妇女旦德希勒随之响应，也捐出 65 顷田地。两块田地的价值分别为 450 元、975 元，都用于省立初小的扩建经费与办学基金。察哈尔省政府依照全国褒奖条例及本省褒奖章程，分别授予两人全国五等奖状、本省一等奖状，并特别奖励匾额各一方（察哈尔省政府，1934）。

1941 年 5 月，绥远省教育厅委派高永信以视察员的身份巡视本省所辖 16 个县、旗，前后历时 5 个月，写成了比较详细的视察报告，其中多处提及蒙古贵族的兴学事例。以伊克昭盟（下辖 6 个旗）为例，准格尔旗代理旗长奇致中、代理协理奇文英，当时分别兼任那公镇小学、同仁小学校长，向各自所在学校捐资 1 万余元、5000 元，奇文英还另行捐助全旗学生课本费 5000 元；乌审旗协理奇国贤，捐助本旗西公商小学师生伙食、服装、设备等费用 1 万元，向该校捐助的还有已故镇国公朝克图鄂齐尔的夫人庭克素花，捐资修理、设备、文具费共

3800 余元。与前面几位相比，郡王旗捐资者的身份地位更高。当时绥远教育厅准备在当地开设省立边疆实验小学，该旗旗长、和硕亲王图布升吉尔噶勒"慨然允捐田地百顷"。

由于外蒙古在 1924 年已在事实上独立，所谓蒙古王公贵族捐资兴学的范围仅限于今内蒙古一带。长期以来，这些地域的文化教育相对落后，某些蒙古贵族的兴学活动确实发挥了积极的促进与示范作用，有利于当地学校教育的发展和社会文化的更新。然而，同时也存在严重的缺陷。高永信在视察报告结尾列出了伊克昭盟教育的 12 项不足，其中有 3 项与当地蒙古贵族直接相关：①贵族捐资行为缺乏持续稳定性，导致受捐助的学校"钱到开学，款磬停闭"。而且捐资多用于免费提供伙食和服装，每当学校收到捐助时，学生就能过一阵子丰衣足食的幸福生活，捐助用完后，只能关门大吉。②小学多以王公贵族兼任名誉校长，"对筹集经费不无帮助，惟与法规不免抵触"。③各旗行政长官一般由王公贵族世袭相承，他们"本身既多未受教育，自不欲希望其属下人等获得超越于自己之知识"，所以对教育事业真正积极支持和大力捐助者并不多（内蒙古教育志编委会，1995：189-193）。

第四节　女子捐资兴学

一、民国前期

民国成立后，女子的社会地位有所提高，对社会各领域的参与和影响也不断增强。其在捐资兴学活动中扮演的角色与产生的作用，超过了今天很多人的想象。诚如 1912 年苏州女界发起兴学运动时所言："亚东大陆发现一璀璨庄严之民国，于是我黑暗无光之女界披云雾，见青天，咸获仰首伸眉，发舒其磅礴郁积之气，或组织党社，或要求参政，究其一般之趋势，几与男子立于同等之地位不止。美哉美哉，此固有史以来之盛举哉！"（中华全国妇女联合会妇女运动历史研究室，1991：636-637）。

据不完全统计，1912～1926 年女子在国内捐资千元及以上而获奖者多达 132 例，约占同时段所有授奖数的 6%，这还没有算上女性华侨捐资获奖的情况。而且当时的授奖名单没有标明性别，有些获奖者可能是女性，但因无法确认而没有统计在内。这 132 例授奖的地域分布为江苏 48 例，山东 15 例，河北 12 例，浙江、湖南各 11 例，安徽 9 例，河南 6 例，湖北、陕西各 4 例，江西 7 例，甘肃 2 例，辽宁、广东、贵州各 1 例。江苏不仅捐资受奖人数最多，而且捐资数额普遍较大，殷胡静芳、张倪安雅、刘戴氏、毛薄氏、王颉忏因、吕曾氏、戴王思怙、戴董淑敏、王凌氏 9 例的捐资都达到或超过了 1 万元。全国捐资最多者为安徽安庆的姚潘素清（本名潘慧馨），毕业于清末创办的安庆女子师范学堂，1912 年在当地开办素清贫民女子小学，捐资累计达到 77 922 元。她倾尽家资，义务办学的行为先后两次得到了国家元首的褒扬。北洋政府时期，大总统黎元洪亲笔题赠"女中师表"匾额，学校随后改名为安徽省第一贫民女子小学。1936 年，时任国民政府主席林森为该校题词"素清贫民女子小学校二十四周年纪念"，并赠与姚潘素清"惠逮蓬门"题匾（林友华，2012：394）。抗日战争全面爆发后因安庆沦陷，该校被迫停办。

在上述 132 例女性捐资者中，有很多相关的信息可供挖掘梳理。其一，捐资者称谓。授奖名单中仍多标为传统的某某氏，只有夫姓和本姓，如刘戴氏、毛薄氏等，无从了解其具体全名。部分则采用了民国新式女性中比较流行的方式，在本名前冠以夫姓，如殷胡静芳、张倪安雅等。仅有 4 例标为本人姓名，名单中分别称为唐沈韵女士、顾淑基女士、王梦琴女士、徐婉珊。其二，捐资去向。以捐资者当地的小学居多，其中相当部分是捐向其所在夫家开办的私立学校。例如，江苏的王凌氏捐助私立王氏进业小学 3 万元，湖南的刘成氏捐助私立刘氏纪纲小学 1.02 万元。其余捐资者更偏向于捐入女子小学、女子中学或师范、职业学校，个别还涉及高等教育、幼儿教育、特殊教育、社会教育。例如，河南房张氏、江苏沙吴氏、江苏顾淑基、湖南王梦琴的捐资对象分别为私立中国大学、如皋城市幼儿园、南通盲哑学校、衡阳阅报社。其三，捐资时间。大多处于 1912～1921 年时段，与全国整体态势相吻合。

此外，还有某些特例需要分类说明。第一，3 例为遗嘱捐资。例如，河北的黄陆氏 1912 年捐资天津公立补遗女子学校 5500 元，后来追授一等褒状。第二，3 例为女性自行开办学校。江苏泰县的王颉忏因及其儿媳王谢隐华，捐资 18681 元创办王氏私立明义初小。从婆媳两人的称谓推测，捐资时很可能都是孀居，并且笃信佛教。江苏吴县的张倪安雅，1912～1921 年捐资 2 万元创办私立大同女学。湖北蕲水（今浠水县）的胡蔡兴寿，1912～1919 年捐资 1485 元创办私立汇英女校，并亲自在该校任教。第三，1 例为名人的妻子捐资。1912 年，张謇在南通唐闸镇开办南通第一幼儿园，其妻张徐氏次年以个人的名义捐资 2770 元，获得金质三等褒章。

民国前期，受男女平等观念刺激，女子兴学之风盛极一时，捐资活动遍及各地。四川旺苍张姓富绅之女，"自幼好学，少年时渴望外出求学深造，由于封建道德和族规束缚未能如愿，一气之下，双目失明"，从此立志终身不嫁，1914 年捐资开办初小程度的张家学堂，招收本家及乡邻子弟进行教育（广元市教育志编纂委员会，2005：628）。山东即墨宋金氏，丈夫去世后寡居 40 余载，"勤俭持家，辛勤操劳，终使家境殷富起来"。1912 年，即墨县开办县立高等小学，她即捐资 1000 余元，县政府特准该校在校门前为之立碑纪念，并由县劝学所所长撰写碑文（《棘洪滩镇志》编纂委员会，2009：613）。河南内黄县女子吴桂印，出生于相当富裕的乡绅之家，自幼聪敏，"但囿于社会积习及家庭阻碍，未能上学读书"，17 岁嫁到当地王姓家庭，4 年后产下一女，可惜因此患上产症而一病不起，临终前嘱托父母："女儿凤以不读书不识字为憾，愿以自己所储之资捐出，藉以兴学。"她去世后，家人即将其私财 5000 缗铜钱全部捐献，折合 1000 余元，用于开办小学 1 所，时为 1926 年（内黄县地方史志编纂委员会，1986：46-48）。另据河南《新安县志》所载，民国初期该县有张氏妇女向铁门小学捐地 40 亩，可在县志中连像样的名号都没留下，只被称作"张寡妇"（新安县地方史志编纂委员会，1989：466）。

二、民国后期

国民政府成立后，女子捐资兴学保持着较为活跃的状态。这段时期教育部保存和公布的全国授奖记录并不完整，其中只发现约 20 则女子捐资事例。例如，1927～1930 年，黑龙江松浦的李张文昭向私立务本女子小学捐资 4000 元；1929 年，无锡尤葛氏向县立东亭小学捐资 3000 元；1936 年，湖北汉阳的李杨婉如向河北省立女子师范学院捐资 5.2 万余元。同年，江苏川沙宋马氏捐资私立培德育业小学 3.1 万余元等。但就其他相关史料来看，全国各地女子捐资兴学的事例可谓屡见不鲜。

自清末以来，妇女地位虽有提高，然而传统女性成婚后，能以完全独立的身份参与社会重要事务者并不多见。这就造成了当时女子捐资兴学的一大典型特点，即很多传统妇女捐资时都已是孀居身份，此种现象在国民政府时期仍相当普遍。河北无极县孀妇魏张氏，1929 年向本县职业教员养成所捐助宅基地 0.5 亩（无极县教育志编纂委员会，2004：305）。安徽休宁县孀妇胡玉之，鉴于县城一带"人烟稠密，学童如织"，但仅有县立海阳小学 1 校，"致学校有人满之忧，学子抱见遗之憾"，遂于 1929 年在县城北街捐资办学，定校名为守志小学（安徽省教育厅，1929a）。贵州仁怀县孀妇孟胡氏，1930 年捐资在孟氏宗祠开办鲁班女子初级小学，并担任该校名誉校长，"对远道学生免费供其食宿，对家境贫寒学生供给衣物、文具等"。1937 年又将全部家产捐出，创办私立昆山中学。县政府呈报请奖时，还给她取了个既新式又直白的名字"孟本胡"（遵义地区教育志编纂领导小组，1993：571）。广西罗城县孀妇吴覃氏，1940 年捐助本乡小学校房屋 6 间及田地若干，价值 850 元，被授予本省五等奖状（佚名，1940b）。湖南平江县的谭陈鹤贞，1941 年捐资创办私立海涛民众教育馆，以此纪念亡夫谭海涛，并附设小学、图书室、农场各 1 所，"以期减少当地不识字的民众，帮助推进新县制各项工作"（刘苏华，李长林，2013：1022）。湖南隆回县孀妇匡丁秀，1948 年因"年老多病，晚景日促"，征得儿子同意后，将自己名下的全部谷地捐赠私立明德小学。[①]著名地质学家丁文江的妻子丁史久元，也是一位传统女性，1936 年丈夫去世后，她曾向湖南省立高级农业职校捐资 1000 元，供该校购买图书之用，获得全国四等奖状（湖南省教育厅，1937）。

随着时代观念的变化，女子捐资兴学也出现了某些新的特征。主要表现为：①部分女性开始以个人的名义与丈夫联合捐资，在授奖名录中占有一席之地。例如，1929～1931 年，江苏东台的缪敏之、缪徐佩芬捐资本县私立栟茶初中 5000 元，共同获得全国二等奖状；1931 年，河北宁津（今属山东省）的王锡三、王阎氏捐资王庄村初小 3400 元，获得全国三等奖状；1945 年 4 月，云南蒙自的何天佑、何吴氏捐资本县教育基金 25.2 万元，按照当时的褒奖标准，获得全国四等奖状。②参与的地域和范围有所拓展，西部偏远地区的捐资者明显增加。当时诸如云南、贵州、绥远、湘西等地，文化观念较为保守，却还是有不少巾帼女性冲破阻碍，他们的捐资热情与行为不在须眉男子之下。

以云南昭通市所辖各县为例，昭通县的龙登凤（龙云胞妹）1923 年捐资 600 元创办昭通幼稚园，1929 年又将个人名下两处田产抵押，得款约 1000 两白银，再贷款 135 元，全部捐为昭通十县联合女子中学的办学基金。随后，彝良县女子陆云仙也捐献该校大片基金田产，当时可得年租约 5000 元。大关县女子禄宗敏捐赠本县劝学所学田，每年可得租粮 100 石。1939 年，昭通县马黄氏临终嘱托其子马世宽："身后丧事各费一律节俭，生平所积全部捐资教育，作为办理幼儿园基金，教育地方儿童，以遂平生之愿。"马世宽遵照母亲遗愿，将其积蓄连同衣物

---

① 《湖南、陕西、甘肃、浙江省政府咨送捐资兴学请奖文件及有关文书》，中国第二历史档案馆馆藏档案，全宗号 5，案卷号 49（2）。

首饰变卖，得款滇币 1 万元（折合国币 1000 元）尽数捐献，马黄氏被追授全国四等奖状。1944 年，昭通县刘黄氏捐资 1 万元作为本县国民教育基金，威信县白黄氏捐资 2000 元作为当地保国民学校修建费，分别获得全国四等、七等奖状。1948 年，鲁甸县妇女李发英捐献当地龙头山小学瓦房 3 间，国币 55 万元（昭通市教育局，2002：427-429）。

绥远安北县（今属内蒙古巴彦淖尔市）女子刘英士捐资兴学的事例，更反映了普通妇女文教观念的时代转变。其本人幼年失学，目不识丁，起初笃信神佛，对教育的重要性并无认识。1938 年，她为母亲治病而求神许愿，准备盖一座小庙来敬谢神灵，需要找人写一块牌匾，但附近方圆几十里竟没有人能够书写。这使刘英士深受刺激，自此决意创办学校，让当地贫寒人家子弟能够读书识字。她将自己"大半生靠种地、纳鞋底、生豆芽、割洋烟积攒下来的一小笔钱作为学校资金"，腾出家里的两间土房，聘请了一位教师，开办了一所极简陋的初级小学，学生最初只有一二十人。为争取更多的儿童到校学习，她苦口婆心地劝导家长送子上学，还想方设法地采取了一些吸引措施。所有学生免缴学费，住校生只交口粮，蔬菜由学校供给，遇到灾荒年景，还可免交口粮。学习成绩优秀的学生，学校给予适当奖励。为使住校生安心学习，刘英士长期给他们做饭、烧暖炕、缝补衣服。她的一片热忱感动了所有的家长和学生，入学的儿童不断增加，邻近群众自发捐献田产和物品，学校得以扩建校舍和购置设备，正式定名为私立英士小学。在此后的办学过程中，刘英士又经历了很多磨难，却始终坚持不懈。1946 年，她携带干粮、行李，徒步前往省会归绥（今呼和浩特）、包头等地筹集经费。绥远新闻界得知她的事迹后，撰文大加称赞，呼吁社会各界给予帮助。华北军政首脑傅作义闻讯亲自接见，当即拨给国币 1100 余万元、土布 2 匹，并指示教育行政部门向私立英士小学定期发放津贴。如此一来，学校的处境大为好转，在地方基层学校经费普遍匮乏的形势下，招生规模反而取得了明显的发展，甚至成为安北县办学质量最好的小学。刘英士捐资兴学的事迹在绥远乃至全国广为流传，因此获得了教育部部长朱家骅授予的匾额，还被时人誉为"西北的女武训"（郭轶平，1985：214-216）。

三、分析评价

民国时期，参与捐资兴学活动的女性大多出身于传统家庭，本人文化程度普遍不高，没有接受过任何形式的正规教育。她们既是传统文教体制的受害者，也是新式教育事业的支持者。由于早年被剥夺了受教育的机会，亦深切感受到缺少文化知识的苦痛，不愿看到下一代孩子重蹈自己的覆辙，对捐资兴学有着朴素而执著的热忱。当时的社会观念整体尚处于转型阶段，女性独立的兴学之举可能会获得更多的赞誉，也难免会承受更多的非议。尤其是对于丧夫寡居的女性而言，捐资行为时常会受到夫家宗族势力出于经济利益的阻碍。安徽休宁孀妇胡玉之的办学活动，就曾因所谓"家务纠纷"而被迫一度搁置。面临类似处境的还有作为家中独女的捐资者，其对家产的继承权会受到传统宗法观念的质疑，某些觊觎财产的族人也会打出种种旗号，对捐资行为大加反对。她们往往需要克服更多的困难，采取更复杂的手段来达成捐资目的。例如，河北定县回族女子马佩衍，"从未接受过汉文化教育，因而饱尝无文化之苦，为了使穆斯林同胞能有上学机会，毅然将其父的遗产捐献给清真寺办回民小学"。她在捐资之前，首先征得当地回教领袖的认可与支持，再以立碑的形式申明所捐10亩地产"供给学堂，不作别用，恐后无凭，立碑为据"（张继宗，2001：223-224）。又如湖北随县神农乡女子谭桂兰，"父母先后谢世，临终遗嘱反复叮咛不准立嗣，着将所剩遗产尽数捐入学校以作基金，而垂不朽，并杜奸人、族恶、流痞栽立占产企图"。她遵照父母遗愿，将4处房产及田产全部捐献给本乡中心学校。为确保捐资行为不受族人阻碍，她甚至想到请人代笔上书教育部部长，请求将所捐财产"赏准备案，转详国民政府，并令湖北省政府转令随县督率神农乡实时接收，以免延宕搁置之弊"[1]。

相对来说，少数经过新式教育熏染的女性捐资者立意更为深远。1912年5月，福建女子陈英如向本省大都督递交《捐资兴学呈》，表示"好义急公，妇孺亦知大体；毁家纾难，人民乐于输将。伏思法兰西之中兴也，妇人脱簪珥以助国用；美利坚之独立也，女子捐衣履以济社团，氏虽无知，窃尝慕之"，愿将价值万元的房产捐为兴办本省大学之用，并声明"此屋系氏自置房产，并无他人纠葛之处，自立案后，凡氏之亲戚族人等，均不得异言"（全国妇联妇女运动历史研究室，1991：638-639）。从其行文语句及能够自置巨额房产来看，绝非一般"无知"女性，而且捐资观念也超过了单纯的教育范畴，带有男女两性政治权利与社会义务完全平等的意味。笔者以此为线索，又查找到了她提倡兴学的另一事例。1913年1月，她针对当时教育部颁行之医药学堂章程单纯注重西医的情况，在《申报》

撰文呼吁中医界发起兴学运动。"英虽女流，于中医学占一分子，奈才短力薄，复兴望洋之叹。敢恳海内各先生及医界药界诸同志，急先联合团体，鸠集经费，提倡保存中国医药大会，设立总机关于上海，合策群力，筹办中医学堂，与西医并行不悖，已而赴部要求准予立案，必达目的而后已。"（陈英如，1913）

　　无独有偶，民国医界女性中还有一位捐资兴学的金韵梅大夫，生平经历更具传奇色彩。其原名金阿美，又称金雅妹，1864 年出生于浙江宁波鄞县的一个基督教家庭，2 岁半左右，父母因患时疫先后去世，被父亲的生前好友、宁波基督教长老会的麦加缔（Me. Cartee，生卒年不详）医生夫妇收养。1869 年，金雅妹随麦加缔夫妇前往美国，在美接受了幼儿教育，短暂回到中国后又赴日本，在日接受了小学和中学教育。1881 年，再次赴美，考入纽约女子医科大学，1885 年以优异成绩毕业并获得医学学士学位，此后曾在费城、纽约、华盛顿等地医院实习。1888 年回到中国，进入厦门一家教会医院工作，是中国第一位具有西医师资格的女性。此后 20 年间，辗转于广东、四川，日本神户，美国夏威夷和南加州等地。1907 年，接受时任直隶总督兼北洋大臣袁世凯的邀请，出任北洋女医院院长，改名为金韵梅。次年，她主持创办了中国第一所公立护士学校——北洋女医学堂，担任校长兼总教习。1916 年，辞去院长、校长职务，移居北京继续从事医疗工作及护理教育，1934 年 3 月因肺炎病逝。临终之前，她先后两次捐资教育事业。第一次是向私立燕京大学捐赠自己在北京的房屋及地基，价值约 1.5 万元，同时捐助该校现金 6200 元；第二次是向天津私立木斋学校捐赠外文书籍 150 余卷，价值约 1000 元。两起捐资总计约 2.22 万元，按照当时的褒奖条例，1934 年 11 月被教育部追授全国一等奖状。她的一生波澜起伏，在中国教育史和医学史上都具有开创性的地位，她是中国第一位女留学生、第一位女西医师、第一位出任医院院长的女性、护理教育的开创者，在女子捐资兴学运动中也留下了自己的独特印迹。然而，她的一生也非常坎坷不幸，幼年即失去双亲，此后多年又漂泊不定，1894 年曾与一位西班牙籍音乐家结婚，还生下一个儿子。这段跨国婚姻于 1904 年以失败告终，独生儿子也死于第一次世界大战。作为接受过西方系统学校教育，具有显著社会地位与声誉的新式女性，临终之前选择以捐资兴学的方式来处理自己的产业，显然是希望后辈学子能够获得更好的学习条件，通过教育来改变自己和国家民族的命运。在这一点上，又与很多传统而普通的女性捐资者殊途同归，尽管她们的生平经历、教育背景、学识见解、职业身份等方面都存在巨大差异，对于教育事业的不朽贡献都同样值得铭记与尊敬。

第五节　家族捐资兴学

前节述评女子捐资兴学的影响因素时，曾提及宗族势力有时会产生阻滞作用。但从总体来看，家族群体在兴学活动中更多地还是作为积极因素存在。大量捐资都是以家族的名义共同献出，或是家族成员以个人的身份联合参与。很多地方基层学校之所以能够创办与维持，都与本地某些家族群体有着直接的关联。

一、北洋政府时期

据粗略统计，北洋政府时期国内捐资千元及以上的获奖者中有 242 例带有家族群体性质（其中包括少数 1910～1911 年捐资而按例获奖者），约占同时段所有授奖数的 11%。大致可分为两种情况，第一种为家族成员以个人的名义先后或联合向某校捐资，并分别获得授奖，总计有 69 起家族捐资，197 例获奖者，多数为 2～3 人参与，也有部分为 4～5 人，参与者最多的一例为 15 人（表 4-3）。需要特别说明，表中最后一例同时带有女子捐资兴学的性质，郭本刘、郭本曹、郭本甘、郭本刘应该是 4 位嫁给江西德安郭姓家族的女子，名为郭本刘的两人籍贯不同，分别来自江西临川、丰城。在此类事例中，捐资相当多数直接用于开办和维持家族学校，如山东诸城的相州王氏小学、辽宁营口的迟氏小学、江苏如皋的卢氏高小等。浙江镇海的培玉小学，前身为清末方舜年创办的方氏培玉两等小学堂，民国前期又得到了其他家族成员的大量捐助。方舜年本人被授予嘉禾四等勋章、金色一等褒章，其余 14 名捐资者都获得了金色二等褒章。

第二种情况为家族集体捐资，并按照团体的形式获奖，计有 45 例。大多数都是以家族祠堂、义庄的名义捐出，例如，1910～1913 年，江苏宜兴的张氏宗祠捐助本县周铁桥乡的乡立第一小学 2320 元，获得三等褒状；1914 年，江苏南通的徐敦厚堂捐助本县教育经费 3000 元，获得二等褒状；1912～1919 年，江苏无锡的严氏义庄捐助本县私立经正高小 10 124 元，获得一等褒状、匾额。这类祠堂或义庄捐资以江苏省最多，其余分布于浙江、安徽、湖北、山东、江西、山西等省。相当多的资金也是直接投入本家族开办的学校，如山东章丘孟奉先堂的私立孟氏正蒙学校、江苏无锡安氏义庄的私立安氏熙春初小等、江苏南通刘氏宗祠的私立刘氏初小等。此外，还有部分捐资是以家族群体而非祠堂的名义献出，如湖北汉川、黄陂的两例捐资，获奖者分别为"童氏本族""卓壁镇潘族"。

表4-3 民国前期部分家族个人捐资兴学情况简表

捐资时间	捐资对象	捐资者姓名及捐资金额
1913 年	湖南平江崇实小学	凌敏庄（2 400 元）、凌敏芝（2 400 元）、凌胜盛泰（1 200 元）、凌盛南（1 200 元）
—	浙江镇海培玉小学	方舜年（20 000 元），方积钰、方积驭、方积驹、方积镕、方积藩、方积骥、方积余、方积铣、方积储、方积骊、方积骐、方启新、方培源、方善长（均为4 822 元）
1912～1920 年	山东诸城相州王氏小学	王统熙（6 664 元）、王凤焘（5 211 元）、王建桢（5 510 元）、王之桢（1 500 元）、王竹楗（1 300 元）
1920～1921 年	辽宁营口迟氏小学	迟春林（5 550 元）、迟芳林（4 990 元）、迟德本（3 300 元）、迟德晙（1 010 元）、迟占元（1 030 元）
1920 年	河北冀县淄村初小	曹俊选、曹俊修、曹俊和、曹景参、曹景义（均为1 000 元）
1919～1922 年	江苏如皋卢氏高小	卢驯（3 060 元）、卢琨（3 060 元）、卢骧（3 069 元）、卢驳（2 099 元）、卢石氏（1 000 元）
1917～1922 年	湖北秭归龙城小学	吴道隆（4 960 元）、吴贞明（1 690 元）、吴汝霖（1 224 元）、吴汝贤（1 734 元）
1913～1922 年	江苏常熟张氏怀馨小学	张湛（3 280 元）、张澄（2 200 元）、张楣（2 200 元）、张秦淑勤（2 168 元）
1916～1922 年	浙江萧山区立第一高小	许荣业（7 558 元）、许荣成（1 117 元）、许荣科（1 120 元）、许荣金（1 174 元）、许华连（1 189 元）
—	江西德安私立沈毅小学	郭本刘、郭本曹、郭本甘、郭本刘（均为1 000 元）

资料来源：根据国民政府教育部教育年鉴编审委员会：《第一次中国教育年鉴》，上海，开明书店，1934 年，戊编第292～358 页表格数据整理。

注：表中"—"表示不详。

清末民初新式学校的创办与发展过程中，某些具有经济实力的家族群体发挥了显著的推动与促进作用，这在江浙两省尤其是苏南地区表现得尤为典型。研究者对此有如下解释：当地的家族教育转型时间早，对新式学校教育的接受与推广具有领先性；开放程度高，家族学校较快地融入了地方教育体系；文明浸润深，重视文化教育事业的整体进步；实学实用兴，强调教育服务社会的实际需要（蒋明宏，2013：28-30）。究其根本，苏南地区以工商业为地方经济支柱，家族捐资大多出自新兴的商业世家，同时兼具商人捐资兴学的基本特征，办学观念亦较为领先与开放。浙江宁波各县的情况与苏南较为相似，例如，镇海县"有识之士以普及初等教育为要务"，纷纷以多种形式捐资兴办小学，"各乡镇大族亦以助当地办学为荣"，先后创办的学校有樊氏便蒙、董氏韧初、叶氏中兴、洪氏尚志、方氏培玉、李氏养正、李氏敬德、贺氏养正、虞氏述志、乌氏养中、陈氏思本等校（浙江省宁波市镇海区教育委员会，北仑区教育委员会，1993：120）。

山东、河北等省的大额捐资虽不如江苏普遍，但家族捐资仍然对地方基础教育事业具有重要意义。1924年，山东平邑县北昌乐村的唐呈祥、唐保详、唐考详、唐吉祥、唐谢氏、唐孙氏6家合办北昌乐小学，集资"购置宅基3亩，建房6间，并购置了桌凳、办公用具、文体活动器材等"。次年，共同获得了县政府颁给的"热心兴学"木匾（平邑县教育志编纂委员会，1987：210）。

至于内陆的湖南等省，家族办学的观念起初尚较为传统。1913年，湖南浏阳的黄氏家族集资创办私立官桥黄氏初等小学，立学宗旨即明确限定为"培植族中子弟"，所需经费由本族各分支祀会以缴纳学谷的方式共同承担，并且签订捐约合同，"各祀认捐每岁租谷，永远作为办学经费，不得移挪别用"。参与捐资的有本族直系的参宇祀、绍徽祀等6个祀会，另有宗族旁系的永庆祀"因住居星散，不获独立创办学校，每年认捐租谷四石整"，作为子弟入学的代价，还承诺"不论丰歉，照数颗粒缴纳，并无折价、减扣、拖延、抗缴等情，至该校每岁决算盈亏，概不过问"（上海图书馆，2013：440-442）。此后，很多家族学校开始招收外姓学生，办学观念渐趋开放。1921年，湖南湘潭的王氏家族创办私立王氏醴泉小学，"常年经费悉由本族各大小公祠，按收入之多寡认缴学谷"。该校创设之初只招收本族子弟，"学费、书籍、课本、杂费全免，膳费亦有津贴"。开办后的第二年，即允许"异姓子弟亦得入学，只收书籍、杂费洋（银元）二元，以期教育普及"。招生规模不断扩大的同时，该校还陆续制定了《学校章程》《校董会章程》《产款管理细则》《学生免费条例》《教务纪要》《训导纪要》《升学子弟津贴条例》，每学期填写和公布详细的经费收支预决算表、学生成绩册和操行簿等，教学与管理制度颇为健全规范（上海图书馆，2013：28-76）。

二、国民政府时期

随着社会变化与流动的不断加快，聚族而居的传统社会结构逐渐解体，家族公有产业不断萎缩，群体性的捐资兴学活动在民国后期已大为减少。很多原有的家族学校都相继遇到了办学经费短缺的问题，例如，河南南乐县官庄村的任氏家族在1910年创办私立任氏小学，1911～1919年又先后追加多笔捐资，当时"学生免交学费、住宿费"，学校每年还免费提供3缸咸菜，师资和办学质量也在本县属上乘水平。1925年以后，"任家已无力全部免费，学生要拿一定束脩"，甚至要通过养鸡、养猪、制草帽等方式来弥补经费的不足，并开始申请领取县政府的办学补助（屈永信，1987：70-71）。西北军阀马氏家族的捐资行为倒是异常活跃，但其捐资来源不同，则又另当别论。

总的来说，民国后期的家族捐资兴学呈现出两大特征。

其一，大额捐资明显减少，而且江苏等东部各省因受长期战争的影响，所占比例显著下降。在有据可查的各则获奖事例中，多出自相对较为安定的中西部各省。例如，1929 年和 1932 年，河南新蔡县宋氏家族的迎晖堂、近晖堂分别向私立诞文学校捐资 10.9 万元、10 万余元；1932 年，广西贺县的谢基盐公蒸尝会①向新寨乡小学捐资 4.2 万元；同年，江西安义县的熊敬慎堂向本县捐资教育基金 4 万元；1944 年，云南华宁县的卢荣芳、卢延芳、卢延寿、卢延勋 4 人共同向本保国民学校捐资 8.2 万元；同年，湖南酃县（今炎陵县）刘氏合族向本地代用国民学校捐资 3 万余元；1947 年，陕西石泉的杨鲲生兄弟 4 人向本县捐资贫寒青年奖学基金 2000 万元等。东部沿海各省的获奖事例，仅有江苏无锡的严氏义庄（1932年）、浙江平湖的王诒谷义庄（1934 年）2 例，且都是发生于抗日战争全面爆发之前（国民政府教育部教育年鉴编纂委员会，1948：1597-1605）。

其二，捐资用途拓展，管理方式进步。首先，很多家族的捐资不再局限于创办或捐助某所学校，用途逐渐拓展至与本族子弟相关的各类教育领域。湖南益阳县金沙、大桥两乡的苏氏家族曾于民国前期创办苏氏萃贤小学，基本解决了本族子弟接受小学教育的问题。但部分优秀学子因家境贫寒而无法升入更高层次的学校，苏氏家族遂于 1942 年召开族务会议，决定以公产设置明德奖学基金，帮扶考上"大学、高中、初中及师范学生"，规定就读大学、专科学校者，每学期奖给 3～5 石学谷；就读中学或同等学校者，每学期奖给 1 石学谷，家庭尤为困难者，还可额外借款。如果学生在读期间"成绩在丙等以下，品行不端、思想不正"，停止发放奖学金。为确保上述规则能够得到切实执行，还制定《明德奖学金暂行规程》，并向县政府申请备案。同时成立了专门的保管会，设有理事 4 人，分别负责常务、文书、财务等事项，另有候补理事 3 人。与之类似，浏阳县泉江乡的蔺氏家族也在 1943 年成立了"泉江蔺氏育才奖学会"，每年由全族捐献田租 140 余石，"凡族内入中学以上各级学校求学子弟，每年酌量发给奖助费"（上海图书馆，2013：739-745）。其次，某些家族学校开始扬弃陈规旧例，采用更先进的管理方式。1944 年，江苏江阴陈家坝村的陈氏家族为庆祝族长陈君平的七旬寿辰，决定筹资创办君平小学，声明该校"当秉承君平公平生乐善好施之德性，凡入学

---

① "蒸尝会"是客家人的一种家族团体组织，以祭祀先祖为核心纽带，兼具家族公共事业与娱乐功能。

儿童，应不分姓氏及畛域，一律免费"。尤为难得的是，还强调"君平小学为陈氏所创设，凡陈氏族人应负监督协助之责，但不得担任校长及教员，以杜绝把持玩忽之流弊"，校董事会也是由陈氏家族成员与其他"热心教育之地方士绅"共同组成。该校不仅实施免费教育，同时带有强迫性质，免费就读既是权利，也是义务。要求陈家坝及邻近的坝上、赵庄3个村子的"学龄儿童不分男女，应一律督令入学，入学之后始终不辍者，一律免费。家境赤贫者，并供给书籍用品。但如有半途中止或时常旷课者，则应追缴学费，每学期白米两斗，悬以为例"（上海图书馆，2013：392-393）。

三、分析评价

由西周而至明清，家族对于地方教育事业的发展始终具有重要意义。《礼记·学记》有云："古之教者，家有塾，党有庠，术有序，国有学。"其中的塾、庠作为地方基层学校，也带有家族教育的性质。在古代的封闭型社会中，人口流动相对有限，惯于聚族而居。家族既是参与地方事务的基本单位，也是协调与组织本族公共事业的纽带，遍及各地的村塾或族塾大多以家族为本位开办。清末民初，随着社会结构的演变与分化，家族的社会功能有所消解，各地的家族教育及捐资兴学活动同样面临着转型问题，逐渐形成了与本地经济形态相适应的典型模式。苏南等东部沿海地区商业经济发达，各家族中不乏资产充裕的富商大贾，他们承担起了开办与维持家族学校的主要责任，捐资形式多为现款。而湖南为代表的内陆省份仍以农业经济为主，经费主要依靠家族成员的共同筹集，捐资形式则通常是学田或学谷。

时至今日，人们提及传统家族时往往会产生诸如封建族权、束缚个性自由等负面联想，认为家族是阻碍文化教育进步的消极因素。但是，应看到其中的"正能量"，举全家族之力兴办学校，不仅可以促进地方教育的发展，而且能够增强家族内部的向心凝聚力。很多普通民众省吃俭用，筹资兴办家族教育事业，无形中更有助于塑造良好的文教氛围，克制不良陋习。例如，广东番禺沙边乡"为孙氏一族之所聚居，外姓之寓于此者寥寥无几"，孙氏家族先是于1913年创办沙边学校，1931年又集资进行扩建，成为当地一大盛事。家族成员孙干宾、孙海寿等牵头"设席公谦（宴），向本乡热心殷户及海外回里诸侨胞即席劝捐"，随后又"设册向海外侨胞劝捐"，约定"凡捐千元者，将其尊号冠之课室用留纪念"。孙氏族众"踊跃输将"，参与捐资者约200人，另有少数异姓群众解囊相助。所捐金额多的超过 1000 元，少的只有 1 元，甚至还有 1.15 元这样的零头，最终总计筹得资金 4 万余元，族中长辈孙琼林又捐出田地 4 亩供建校之用。全部校舍历时两年建成后，孙艺园捐资修建图书馆 1 座，捐赠《万有文库》全套及书桌椅凳，价值超过 5000 元；孙奕连捐赠标本、仪器若干，价值 1600 元。该校的图书馆和仪器室因之分别定名为"艺园图书馆""奕连仪器室"。学校扩建期间，正值世界经济危机顶点，广东沿海一带的外向型经济受到严重冲击，建校过程遇到了颇多曲折困难，能够克竟全功，离不开大批族众乡邻的热忱奉献。对此，该校建校纪念碑文中有这样的描述："呜呼，是岂事功之有易、有不易耶？抑人力之有尽、有不尽耶？当建校进行之始也，正世界开始总崩溃之时，素为一乡繁荣，素之海外华侨遭逢时会，破产失业者不可胜数，经费劝捐盖已难矣。而金贵银贱之余，物价飞涨，影响工程亦非浅鲜。而乃二年之间，巨款集，大功成者，则乡内外热心教育诸君子急公好义，慷慨捐施之赐也。"（上海图书馆，2013：116-120）

第六节　庙产捐资兴学

一、制度源流

首先应当指明，"庙产捐资兴学"是套用民国时期"庙产兴学"的概念而来的，"庙产"本身并非捐资主体，而是其所有者捐出的款产。前文曾有叙及，庙产兴学的思想发端于 1898 年，张之洞、康有为两人先后提出了类似的建议，并由光绪帝以上谕的形式予以确认推行。然而对于相关政策的实施范围，君臣三人的认定颇有模糊和分歧之处。张之洞《劝学篇》的说法是"佛道寺观"，康有为的奏折称为"乡邑淫祠"，光绪的上谕则指示"民间祠庙，其有不在祀典者"。如果从权威性的角度来看，显然应以康有为建议，经光绪帝认可的范围为准，即所谓不在祀典的"乡邑淫祠"，并不包括正统合规的佛道寺观。直至清末新政时期，才将庙宇、道观真正地纳入兴学制度的实施范围，而且推行方式也以劝谕、奖励为主。例如，1904 年《小学堂章程》笼统地表示"可借公所、寺观等处为之"；1906 年《奏定劝学所章程》又称"查明某地不在祀典之庙宇、乡社，可租赁为学堂之用"。在各级地方政府的实际执行过程中，政策发生了严重的失真与曲解，导致大批庙观被强制"毁庙兴学"，又进而引发"乡民毁学"事件。

目前学界对于庙产兴学已有较多的研究论述，但视角多集中于清末民初，而且主要聚焦于佛教寺庙所受的损害及由此产生的僧俗矛盾与政教纠纷，基本是将寺庙与僧众放在消极的受害者角度，同时亦将宗教与教育放在了完全对立的矛盾面，这其实有失偏颇。民国时期的很多史料档案表明，庙观与僧道在兴学运动中并未全然处于被动地位，也有其主动支持与促进的一面。庙产捐资兴学，即指庙观、僧道主动以个人或团体形式向教育事业的捐资活动。

二、北洋政府时期

（一）时代背景

民国成立之初，"毁庙兴学"与"乡民毁学"的恶性循环持续上演。湖南长沙某公立高等小学系由庙宇改建，1912 年 4 月 25 日，该校校长易某将庙内神像打毁，"并作价卖与漆店，用车推像"。当地一些刚入伍的乡民看见后，"便整队赴该校哄闹，易君逃出，学生被伤十余人。校中仪器打毁一空，损失万余金"。次日，"该队又将青石桥多佛寺初等小学校、纱帽塘李真人庙女子工业学校、府城隍庙小学校打毁"。随后，"女子师范、衡粹学校、女子国民会均被冲散，各校均停课"（许效正，2013）。1913 年春，上海闸北地方组织准备将分水庙改办小学，命令庙内尼姑限期迁出，引起当地乡民反对，双方发生冲突（郭华清，2005）。此类事件不断上演，导致僧俗矛盾、政教纠纷层出不穷，各地僧众纷纷以《中华民国临时约法》中"人民有信教之自由"条款为依据，向北洋政府及内务部发起诉讼与抗议，迫使其制定专门法规来解决庙产的归属与管理问题。

1913 年 6 月，内务部颁行《寺庙管理暂行规则》。其中列有如下条款：①"寺院财产管理由其住持主之。"②"寺院住持及其他关系人不得将寺院财产变卖、抵押或赠与于人，但因特别事故，得呈请该省行政长官，经其许可者不在此限。行政长官为前项许可后，须呈报内务总长。"③"不论何人不得强取寺院财产。依法应归国有者，须由该省行政长官呈报内务总长，并呈请财政总长交国库接收管理。前项应归国有之财产，因办理地方公益事业时，得由该省行政长官呈请内务总长、财政总长许可拨用。"（北洋政府内务部，1913：1-2）仅就表面文字来看，既确认了寺庙对其财产的所有权与管理权，又采取了较为严格的限制措施，不允许随意处置，但"因特别事故"并经许可者不在此限。这就为寺庙主动捐资兴学提供了政策依据。另外，寺庙财产"因办理地方公益事业时"可依法收归国有，则继续为地方政府强制征收庙产提供了口实。这样的法规行文含混不清，各地方政府付诸执行时，司法解释又自行其是，引发的僧众诉讼抗议有增无减，重新颁布势在必行。

1915年10月，北洋政府发布《管理寺庙条例》，对1913年暂行规则做出了较大的修改与补充。其一，扩展实施范围，明确界定内涵。将庙产定义为"寺庙所有不动产及其他重要法物"，僧道定义为"僧、尼、道士、女冠"。其二，对庙产的保护措施明显加强，规定"寺庙财产不得藉端侵占"。著名丛林、有关名胜或形胜之寺庙应由地方官特别保护；"凡寺庙在历史上有昌明宗教成绩，或其徒众恪守清规，为人民所宗仰者"，可由地方官经内务部转呈大总统赐予经典、法物、匾额。其三，为地方征收庙产留有余地。"寺庙财产不得抵押或处分之，但为充公益事项必要之需用，禀经该管地方官核准者，不在此限。"其四，允许寺庙自办学校，"但其课程于经典外，必须授以普通教育"（北洋政府，1915）。1921年5月，北洋政府又公布《修正管理寺庙条例》，将1915年条例中"但为充公益事项必要之需用……不在此限"文字删去，同时强调"寺庙不得废止或解散之"，从而在表面上堵住了随意捣毁寺庙和征收庙产的政策漏洞（北洋政府，1921）。此后，内务部、大理院等中央机构又多次对修正条例进行了具体的司法解释，例如，大理院致函江苏第一高等审判分庭，指示庙产除寺庙之宅基、建筑外，还包括其他动产与不动产。"所谓财产，当然指一切财产而言。"（北洋政府大理院，1925）

综上可见，北洋政府的历次法规逐渐明确了对庙产的认可与保护，强制性的毁庙兴学矛盾随之有所缓解。然而，庙观与僧道始终面临着严峻的舆论压力，尤其是文教界的很多知名人士对其拥有大量庙产，而教育经费相形短绌的现象极为不满。例如，章太炎先后发表《告佛子书》《儆告十方佛弟子启》，严词告诫"庙产兴学之殃咎，实由自取"，"僧徒认清时代，要急起直追自办学校"（李明，2009：45-46）。

（二）基本概况

受兴学政策与舆论环境影响，很多庙观及僧道纷纷自发或被动地开办教育事业。其具体形式大致可分为两种：第一种是创办或捐助世俗性质的普通学校；第二种是开办宗教性质的学校，并在其中增加普通教育成分。

早在清末之际，江浙两省的少数寺庙、僧人就已有捐资兴学之举。1906年，浙江乐清县白鹤寺主持华山法师开办僧民小学，"以寺产充作学费，以部分寺屋为学舍"，由本寺僧人担任校长和教师。"学生除相关寺院的青年僧徒外，还招收了一些贫寒农家的子弟，在读学生约有一百来人。"（南星，1984：30）同年，江苏南通"狼山七房"（狼山7座佛教庵堂的合称）之一的川至庵也向地方学校捐款 1000 元。1908 年，江苏如皋的定慧寺、海月寺、伏海寺、大觉庵、崇善庵、菩提社等寺庙僧众集资创办僧立两等小学，"课程与普通小学相同，每年经费九百多银元，由各大寺庙分摊"。1912 年，该校改名为僧侣私立国民学校（周思璋，1992：89）。

民国前期，寺庙、僧人捐资兴办普通学校的事例已较为普遍。1912 年，南通狼山广教寺创办僧立小学，书籍、学费全部由该寺承担，学制 4 年，学生僧俗、男女兼收，多数为狼山周围的农家子弟，"课程亦与普通小学一样"。建校之初，请白衣庵主持愿持法师担任校长，教师为南通师范学校毕业的春江、学权 2 名僧人，"二人能去师范读书，全赖张謇大力提携"。两人在 1919 年还俗并继续任教，春江后来还当上了校长。狼山僧立小学抗日战争全面爆发后曾被迫停顿，抗日战争胜利后又恢复招生，直至新中国建立后才被合并入闸北小学，实际办学历程长达 30 年左右，培养了数以千计的学生。"不但提高了僧众的文化素质，也为普及民众文化教育、开发民智作出了贡献。除学习文化，也教授歌曲、舞蹈、工艺美术等，在社会上产生了良好影响。"狼山僧立小学创办后，南通县佛教协会还在金沙三圣殿开办有金沙僧立小学（余继堂，1992：141-142）。在江苏如皋、浙江松阳、安徽宿县等地，寺庙、僧人开办的普通学校有六桥初等小学、贯一高等小学、城厢佛会初等小学等校。

除自行办校外，各地寺庙、僧人亦不乏捐助本地学校之举，其中因大额捐资而获教育部奖励的事例就有多则。1913 年，辽宁辽阳县永安寺僧人惠海向本县砬子寺村高等小学捐资 5000 元。1912～1914 年，江苏南通狼山僧人向南通中学捐资 2100 元。1914 年，四川华阳县僧人心乾向本县培英小学捐资 1014 元。1916 年，辽宁姚安县通化寺僧人廉真向本县第二国民学校捐资 1000 元。同年，河北宛平县金山寺主持觉祥向通县潞贞女子国民学校捐资 3000 元。1920 年，福建松溪县中峰寺僧人集体向本县某国民学校捐资 1510 元。1924 年，四川三台县僧人隆旺向本县劝学所捐资 5000 元。此外，还有浙江松阳的东琳禅林集体捐资 3000 元，具体捐资时间和对象不详（国民政府教育部教育年鉴编审委员会，1934：戊编303-347）。

至于寺庙、僧人开办的佛教学校，严格来讲并不属于捐资兴学的范畴，也不适用《捐资兴学褒奖条例》，这里仅将其基本概况稍加简单介绍。民国前期，此类学校先后有月霞法师开办于杭州海潮寺的华严大学、谛闲法师开办于宁波观宗寺的观宗学社、仁山法师开办于高邮放生寺的天台学院等 40 多所。课程教学以讲习佛教各宗经义为主，也涉及一些普通教育的内容。1922 年创办于南京的支那内学院，是民国时期办学规模最大、层次最全，涉及佛教宗派最多的佛教教研机构。立学宗旨为"阐扬佛学，育材济世"，下设中学、大学、研究、游学4部，大学部又分预科、本科、特科、补习4种。在中学部的学科设置中，纯粹的佛教内容仅有修身（讲授戒学大意）、内典（讲授佛学大意、各宗要义、佛教史）2科，其余均为国文、英文、数学、历史、地理、博物、理化、音乐、图画、手工、体操等普通教育成分。大学部的课程侧重于研习各宗派的精深经义，同时开设有中外哲学、汉语古文、藏文、印度梵文、日文、英文等（李明，2009：56-72）。

三、国民政府时期

（一）时代背景

国民政府成立后，庙产兴学风波再起，政、学两界人士旧事重提，要求将庙产移为办学之用。1928年5月，大学院召开第一次全国教育会议，多个省市的教育厅局都提交了相关议案，例如，湖南省教育厅"普及全国教育计划案"主张划拨部分寺院款产为教育经费，南京市教育局"全国庙产应由国家立法清理，充作全国教育基金案"更是将矛头对准所有庙产，表示"若以之变作兴学之资，则当今急务之义务教育、民众教育等问题，何虑无法解决？"这些建议最终并未经立法程序成为定案，国民政府及内政部、大学院也没有明确表示支持态度（陈金龙，2006）。此后，大学院曾以第406号"训令"通告各省市政府及教育厅局："查信仰自由，为本党党纲所规定。此次全国教育会议对于处分寺产各议案、决议分送内政部及本院参考，亦仅为建议性质，现在各地僧人如能自动兴学，各该地方教育行政机关自当加以指导，予以维持，不得擅行处分其寺产。"（安徽省教育厅，1929b）

1929年1月，国民政府颁行《寺庙管理条例》。与1915年《管理寺庙条例》相比，有两处较大的变化。首先，将"寺庙自动兴学"正式列入法规条文。"寺庙得按其所有财产之丰绌、地址之广狭，自行办理"至少一种公益事业，具体范围包括文教类（小学、民众补习学校、夜学、图书馆、阅报所、讲演所）、体育类（公共体育场）、慈善类（救济院、残废所、孤儿院、养老所、育婴所、贫民医院）、经济类（贫民工厂、适合地方需要之合作社）。其中文教类事业开设的课程或提供的书报、演说词，必须具备党义、科学常识等内容。其次，采取更为严格的庙产保管办法。承认庙产属于各庙观僧道所有，但是"除修持之生活费外，不得把持或浪费"，并由地方政府、公共团体、该庙观僧道各派若干人组成庙产保管委员会，庙产的处置或变更必须经委员会共同商议决定，"僧道不得超过全体委员人数之半"（国民政府，1929）。随后，北平大学区出台本区《寺庙财产兴学暂行规程》，采取鼓励与强迫的两面手段。对寺庙及僧道的主动捐资，"均准援用《捐资兴学褒奖条例》及本大学（指北平大学区）《捐资兴学褒奖单行规程》之规定发给奖状"。如果，僧道不肯办理各项公益事业，"由该管市县教育局劝导之，劝导无效时，由市县政府督促办理之"（北平大学区，1929）。

1929 年 4 月，教育部公布《宗教团体兴办教育事业办法》，指出"宗教团体兴办教育事业，或为捐资设学以造就人才，或为集合徒众以研究传习其教义，此二者之目的本属不同"。要求宗教团体捐资设立的普通学校应遵照《私立学校规程》办理，设立的各种补习学校、民众学校也分别按照相关法令办理。以传播宗教信仰、研习教义为目的开办的机构，只能按照学术团体的名义办理，"概不得沿用学制系统内各级学校之名称"。该办法还严令"嗣后各宗教团体兴办教育事业，务须认明宗旨，切实办理，免遭驳斥。其以前所兴办之事业有名称不合者，亦即分别改正，是为至要"。1934 年 9 月，教育部又发布《限制宗教团体设立学校令》，再次强调其开设的机构如果以传习教义为目的，"概不得沿用学校名称，并不得仿照学校规制，招收学龄儿童及未满十八岁之青年，授以中小学应有科目，以杜假借而免混淆"（国民政府教育部，1936：385-386）。

1931 年 6 月，国民政府出台《蒙古喇嘛寺庙监督条例》，对其庙产也规定了较为严格的限制与监管措施，同时亦列有"自动兴学"的条款，但教育对象可只涉及本寺僧众。"喇嘛寺庙应按其财产情形筹办学校，以培养喇嘛生活上必要之知识技能。"（国民政府，1931）1935 年，江苏、浙江、山东、安徽、湖北、湖南、河南 7 省教育厅长联名呈文教育部，要求将寺庙开办的公益事业全部限定为短期小学等教育机构，获得了教育部、行政院的认可。

政府持续逼迫的同时，来自文教界的舆论压力也不断加重。1930 年，邰爽秋等发起成立"中华民国庙产兴学促进会"，在成立宣言中列举其主张庙产兴学的五大理由：①可以巩固党国基础。②可以平均教育负担。③可以实现本党主义（主要指"三民主义"之民生主义）。④有永久之历史（指清末乃至古代即有相关事例）。⑤出自全国教育界之公意。宣言还逐条分析与推翻了反对庙产兴学的五点疑虑，认为不会妨碍人民的信仰自由，不会妨碍佛理的研究，不会妨碍人民的财产所有权，不会剥夺僧尼的生计，不会毁灭名山胜迹（邰爽秋，1930）。及至抗日战争全面爆发后，某些人的观点更为激进。熊复苏在梅县《抗战周刊》发表社论《破除神权与移产兴学》，明确表示反对寺庙"自动兴学"，认为此乃"中小学校依附神权而生存者，如以庵庙为校舍，读书声与念经声混于一堂，新教育与迷信齐向学生之脑中灌注"，进而提出"没收庵庙寺观之一切产业，移作各乡保学校产业"，"各庵庙寺观之和尚、道士或斋妇，勒令改业或择配，年老无归者，由政府送残废院或义民工艺所收容之"。持同样观点者，还有广东省参议会副议长黄枯桐、梅县县长梁国材（熊复苏，1940）。随后，抗战周刊社又发起"移产兴学运动"，在全县大造舆论，要求"将各乡保之庵庙、神会产业及收益，或全部，或提成，拨归各该乡保之学校，兴办各该乡保之教育，作育各该乡保之人才，提高各该乡保之文化"（抗战周刊社，1940）。

（二）基本概况

国民政府时期，受制于政府法令与文教舆论的双重逼迫，庙观及僧道的处境更为被动与尴尬。除广泛发起请愿与抗议外，仍试图继续通过多种"自动兴学"的手段来改变自身形象，避免遭到庙产被全部征收的最坏结果。在创办普通学校方面，1927 年江苏如皋定慧寺的绍三法师创办僧立定慧小学，1946 年江苏南通道教协会创办私立崇德初级小学等。以大额现金捐助地方学校的事例则有 1927 年，辽宁营口海云寺主持空宝捐助营口师范学校 3380 元；1943 年，四川江津僧人月宽捐助私立聚奎初中 3 万元，湖北竹溪的莲花寺、独松寺分别捐助本县县立初中 3.5 万余元、3.6 万余元；1944 年，上海某寺主持德浩捐助私立留云小学 7.68 万元；1947 年，江苏无锡僧人道然捐助本县中四镇中心学校 3000 万元等。在开办慈善机构方面，例如，浙江鄞县僧人寂定 1928 年创办佛教孤儿院，"5 历汉水，3 下南洋，日食 1 餐，寒暑 1 衲，修苦行托钵化缘 3 年，得孤儿教养金四、五万元"，1932 年"又捐建五乡佛化惠儿院"（《鄞县教育志》编纂办公室，1993：397）。

庙观及僧道向地方学校捐助田地、房产、粮食等实物的事例亦较为常见，例如，在湖北公安县，1934 年报慈寺主持宗亮捐助县立第三小学房屋 6 间，获得全国五等奖状（湖北省公安县教育委员会，1987：244）。浙江缙云县，1933 年普化寺将田地 6300 把（"把"是当地土地旧制单位，6300 把约合 94.5 亩）划归普化小学为常年基金。1934 年，该县私立仙都中学添办高中，天寿寺捐助田地 1500 余把（约合 22.5 亩）、山林 150 余亩，惠明寺捐助田地 500 把（约合 7.5 亩）（浙江省缙云县教育志编纂组，1988：283）。甘肃平凉县，1948 年崆峒山道士杜宗霭将其多年募化积攒的 7500 斤小麦全部捐赠给县城的西街小学。此举在当地"宗教界影响甚大，更受到市民的颂扬"（郭继泰，1993：79）。安徽凤阳县，1948 年当地群众"因感两淮青年往往于小学毕业后，以经济困难，恒皆辍学"，决定集资创办淮光中学，并向三皇庙僧人醒斋请求资助。醒斋"慨然应允"，当即表示除 50 余亩田地"留作个人生活外"，其余 124 亩田地、瓦屋 23 间、草房 18 间全部捐献，并签订契约声明"绝无强迫捐赠"。安徽省教育厅鉴于其"僧人爱国不甘人后，捐资兴学例在褒奖"，特别以专案呈请教育部给予奖励表彰。①

相对内地佛教各宗派而言，喇嘛寺庙所受的政策与舆论压力要小一些，"自动兴学"的对象可只限于本寺僧众，所办学校以设于甘肃夏河的国立拉卜楞寺青年喇嘛职业学校影响最大。1943 年秋，拉卜楞寺辅国阐化禅师、第五世嘉木样呼图可图（"呼图克图"意为大活佛）丹贝坚赞（汉名黄正光），以及其担任拉卜楞保安司令的大哥黄正清建议国民党中央在当地设立喇嘛学校，"俾青年喇嘛得以接受现代教育，从事建（设）边（疆）大计"。1944 年秋，教育部聘请丹贝坚赞、黄正清、国民党拉卜楞边区直属党部书记绳景信、国立拉卜楞初级实用职业学校校长黄景文等为筹备委员，开始筹备建校。1945 年 5 月，学校正式成立，丹贝坚赞亲任校长，绳景信任教导主任，100 名学生全部为拉卜楞寺青年喇嘛，分甲、乙两班上课，"于普通学科之外，注重纺织、漂染、编物等职业科目"。1946 年春，续招学生 40 余名，另行开设 1 班。1947 年，应师生的要求改办师范，"以培养藏区之国教（指国民教育）师资"，校名沿用未改（国民政府教育部教育年鉴编纂委员会，1948：1234）。该校虽冠以"国"字号头衔，名义上归教育部直属，但校址设于寺庙之内，学生都是寺庙喇嘛，课程教学以普通职业教育、基础教育为主。另据《近代新疆蒙古历史档案》所载，少数喇嘛寺庙僧众也有主动向世俗学校捐资的事例。例如，1937 年新疆伊犁厄鲁特营十苏木达喇嘛②吕捋甫向本地学校捐资，即由新疆省政府给予奖状，并颁发"有功教育"匾额（厉声，2008：160）。

国民政府时期，内地佛教各宗派寺庙及僧人先后开办数十所教育机构。其中较知名者有台源和尚开办于北平柏林寺的柏林教理院、太虚法师开办于重庆缙云寺的汉藏教理院等。包含普通教育成分最多者，则为福建漳州南山寺 1928 年开办的南山佛化小学。该校僧俗兼收，课程和设备亦较为齐全，并且注重与当地普通小学之间的交流。"漳州每次小学生的体育比赛，锦标多半是南山寺得，因此博

---

① 《江西、安徽省政府咨送捐资兴学请奖文件及有关文书》，中国第二历史档案馆馆藏档案，全宗号 5，案卷号 42。

② "苏木"为当地介乎旗与村之间的行政单位，级别类似于乡镇，"苏木达"即为"苏木"之行政长官。由喇嘛兼任，则是政教合一的表现。

得闽南社会上的不少赞美。"（李明，2009：75）

四、分析评价

宗教与教育的联系与纠葛自古早已有之，除少数特殊历史阶段外，大多能够保持和谐共处的状态，所谓"三教归一"即儒、佛、道三种思想体系在相互竞争中相互吸取，共同发展。清末民初，传统儒学教育已逐步转型为新式近代教育，佛、道则相对停滞不前，与社会发展渐有脱节之势。历次庙产兴学运动接踵而来，宗教界面临的政策与舆论压力持续加大，当时的"毁庙兴学"被称为"三武一宗"灭佛事件以来的最大"法难"。在由此引发的僧俗纠纷、政教矛盾中，可以发现一个明显的时代变化，即普通民众在传统宗教、现代教育两者之间，态度越来越倾向于后者，尤其是经过新文化运动后，宗教的社会影响更显式微，因庙产兴学导致的"乡民毁学"事件已罕为发生，庙观及僧道不断退居弱势地位，整体只能在兴学运动中扮演被动角色。造成这种现象的原因较为复杂，宗教界自身的缺陷与问题首先难辞其咎，很多庙观与僧道坐拥大量资产，对社会的发展闭目塞听，在宗教思想理论方面又故步自封，不思进取，难免被视为社会之寄生阶层。客观地说，章太炎"庙产兴学之殃咎，实由自取"的观点确有合理之处。然而，当时文教界很多人的主张又过于偏激狭隘，将宗教与教育完全放到了势如水火、不可共存的对立面。即便是章太炎、邰爽秋等有识之士，也始终没有彻底解决或正面回答这样一个问题：究竟什么才是造成教育经费短缺的主要原因？

不管如何，民国时期的庙产兴学运动已是大势所趋，非宗教界所能回避与扭转的。很多寺庙和僧道能够顺应时势，开展了自我革新与救赎的兴学活动。沿用清末张元济的说法，可谓"用心良苦，亦大可怜"，也取得了可观的实际成效。既促进了宗教思想理论的自我发展，也使宗教界人士能够更多地了解与接受世俗教育成分，其中创办或捐助普通学校的举动则直接促进了地方教育事业的发展。按照当代多元文化理论，宗教与教育两者的关系并非截然对立，自可相互借取，相得益彰。两宋书院就吸纳了佛教讲会制的组织形式，以王阳明为代表的心学理论融合了禅宗的精要，一度引领明代中后期书院发展之潮流。而在民国时期，佛教界又开始借鉴和应用班级制、学年制这样的现代教育制度，梁漱溟、熊十力等更是融会贯通，成为一代大儒。时至今日，仍很难用绝对的定论来评价当时庙产兴学运动的是非功过。在相关的研究成果中，还存在一个颇有意思的现象，宗教学、文化学领域的研究者对此一般持负面评价，历史学、政治学研究者的看法相对中允一些。笔者站在教育史研究的立场来探讨当时的教育经费筹集问题，倾向于从积极的角度加以评价，特别是对于庙观、僧道捐资兴学的主动行为，应予以充分的正面肯定。

第七节　其他捐资群体

一、外籍人士捐资

关于民国时期外籍人士的捐资活动，现有档案史料的记载很不完善，只能通过一些零散的线索来挖掘整理。从管理制度的演变来说，北洋政府时期的历次褒奖条例都未将外籍人士正式纳入褒奖范围。然而在实际办理时，又偶有此类的褒奖事例。1925 年北洋政府教育部制定《外人捐资设立学校之认可办法》，主要是为迫使外国教会学校向中国政府注册立案，在形式上收回教育主权，并未涉及捐资的奖励条款。国民政府 1929 年《捐资兴学褒奖条例》只是笼统地称"凡捐资者，无论用个人名义或用私人团体名义，一律按照其捐资多寡"分别授予各等奖状。直到 1947 年颁行的最后一个褒奖条例，才在文字中正式说明"外国人捐资兴学者，得依本条例给予褒奖"，"给予外国人之褒奖，由教育部会同内政部、外交部核办"。而且整个民国时期，教育部及各省市教育厅局基本都没有对外籍人士的捐资情况进行专项汇总与统计，以致今天很难进行系统性的研究，仅能借助少量的文献记录来窥其一斑。

大致来说，在 20 世纪 20 年代中期的收回教育权运动之前，外国各差会在中国开办的学校均未报请中国政府注册立案，其招生考试、课程教学、毕业文凭等自成体系，是存在于我国教育领域中的"独立王国"，外籍人士向这些学校的捐资行为自然也不被中国政府承认，不在褒奖之列。1923 年，美国人约翰太太（外文名及生卒年不详）为纪念其去世的女儿，向江苏常熟的私立北明慧小学捐资 1 万余元用于修建新校舍，该校因此将英文校名改为"Faith Johnson Primary School"（何沉君，郑耀民，1987：170）。由于这所学校是由美国卫理公会女子教育部开办，当时未向中国政府立案，此项捐资自然也未能报请授奖。

据《第一次中国教育年鉴》所载，北洋政府时期外籍人士大额捐资并获奖的事例有：法国天主教牧师林懋德（Stanislas-François Jarlin，1856—1933）1913～1915 年向北京私立毓英中学捐资 11 095 元，获得金色一等褒章、匾额；美国人林文德（Edgar Pierce Allen，1866—1921）1912～1918 年向河北临榆县刘家庄、草场庄两所国民学校捐资 3095 元，获得金色二等褒章；俄国人斯基结力斯基（外文名及生卒年不详）1919 年向东华学校捐资 1666 元，获得金色三等褒章；法国人司义方（外文名及生卒年不详）捐资 21 200 元在河北文安县设立 40 处贫民学校，获得三等嘉禾勋章、金色一等褒章、匾额；1922 年日本人涩泽荣一（渋沢栄一，1840—1931）1922 年向江西德安郭氏私立沈毅小学捐资 1000 元，获得金色三等褒章。

相对而言，国民政府时期外籍人士捐资获奖的史料记载更为详细。1934 年，私立金陵大学时任校董事、前任校长美国人福开森[①]（J. C. Ferguson，1866—1945）向该校捐赠价值数百万元的文物古董。金陵校董事会决议出资 4 万元修建"福氏纪念馆"，并向国民政府、教育部呈请褒奖。次年 3 月，教育部授予福开森一等奖状，国民政府以专案明令嘉奖。福开森捐赠的文物包括铜器 327 件，石器 7 件，玉器 39 件，缂丝 5 件，书卷、画册、书轴、横幅、楹联、碑帖共 66 件，拓本 173 件，拓本册 22 册，照片 60 件，其他杂器 41 件。"皆属稀世珍品，铜器中如周克鼎，书画中如宋贤手札、王齐瀚之挑耳图，碑帖中如宋拓王右军（王羲之）大观帖、欧阳率更（欧阳询）草书，均为当代至宝。"（《南大百年实录》编辑组，2002：61-62）太平洋战争爆发后福开森被日军软禁于北平家中，1943 年被遣返美国，两年后病逝。金陵大学 1935 年获得捐赠时，将之暂时寄存于北平故宫博物院文华殿，原计划等福氏纪念馆竣工后再运回南京，旋因抗日战争全面爆发而未能实现，直到 1949 年 10 月才正式接收并运回本校。这批文物现保存于南京大学考古与艺术博物馆。

1936 年 9 月，外交部、教育部经行政院转呈国民政府，表示北平私立燕京大学教务长司徒雷登（John Leighton Stuart，1876—1962）"对于该校缔造经营，竭尽心力，先后经募捐款计达二千万元"，符合 1929 年褒奖条例第七条之规定，请求予以明令嘉奖。国民政府随即批准，并在嘉奖通令中称赞"司徒雷登热心教育，先后经募巨款兴办学校，中外人士闻风兴起，劳绩懋著"（国民政府，1936）。1946 年 6 月，正值司徒雷登七十寿诞，国民政府曾再次通令对其褒奖，但这次并不是因为筹资兴学，而是对他抗日战争期间被关押于日军集中营长达 3 年多的一种慰藉。

论及民国时期筹资兴学时间最长、个人精力投入最多的外籍人士，当属美国

[①] 福开森曾于 1888 年在南京创办汇文书院，该书院 1910 年与宏育书院合并为金陵大学，所以金陵大学将其称为"前任校长"。

人毕启（J. Beech，1867—1954）。他具有文学、神学双博士学位，1903 年受美以美会派遣来中国四川传教，先后创办有重庆求精中学、成都华美中学，而对于中国教育事业最大的贡献则是发起创办了华西协合大学。1907 年，经过毕启历时两年的游说与呼吁，美国浸礼会、英国公谊会、加拿大英美会等差会终于同意与美以美会合作，将各自在成都开办的中学合并扩展为高等教育机构，以此抗衡四川自办的高等学堂。1908 年春，华美、华英、广益 3 所教会中学共同迁至成都南门外，组建为高等预备学堂，1910 年正式改制为华西协合大学（1911 年因四川保路运动停办，1913 年恢复），毕启为首任校长，主持管理该校长达 30 多年（1930 年因筹备向中国政府立案，改任教务长），直至 1946 年离任归国。如果从 1905 年筹划建校算起，他为华西协合大学耗费了超过 40 年的心力。在这漫长的岁月里，毕启大部分时间都在为筹款办校而奔忙，他首先获得四川都督胡景伊、省长陈廷杰两人各捐资 3000 元，又通过胡景伊的关系获得面见袁世凯的机会，得到其捐赠 4000 元。还先后 15 次横渡大洋回到美国，为华西募集资金达 400 万美元，其中最大的一笔捐资为美国铝业大王霍尔（C. M. Hal，1863—1914）捐赠的 50 万美元。川渝本地实业家的赞助也是华西协合大学重要的经费来源，例如，民生公司总经理卢作孚，胜家公司总经理刘子如，银行家杨开甲、杨璨三等，都应邀担任华西校董事，并捐助该校大笔资金（张丽萍，郭勇，2013）。毕启数十年如一日的筹资热情得到了中外各界人士的广泛赞誉，袁世凯称其"愿力宏大，至可钦佩"。蔡锷颂之曰："贤哉西哲，有教无类。万里东来，循循善诲。文明古国，中华是推。文明大邦，英美是师。宏维西贤，合炉冶之。"1946 年毕启回国时，国民政府及教育部授予其红蓝镶绶四等彩玉勋章、捐资兴学一等奖状，蒋介石亲笔题赠"热心教育"匾额。正是因为毕启多年的苦心经营，华西协合大学逐渐由默默无闻的预科学校发展为全国知名的综合大学，并在抗日战争全面爆发后陆续接纳了金陵大学、金陵女子文理学院、齐鲁大学、东吴大学生物系、中央大学医学院、燕京大学、协和医学院等西迁高等教育机构，与之联合办学，共谋发展，其所在的成都华西坝也成为战时大后方的文教重镇之一。

　　最后需要说明，上述几个事例中的金陵大学、燕京大学、华西协合大学都属于教会高校，但在 1928～1933 年已先后向中国政府注册立案，福开森、司徒雷登、毕启等因捐资或筹资受奖均在各该校立案之后，与褒奖条例的相关规定并无冲突。

二、沦陷区民众捐资

自鸦片战争以来，列强纷纷以武力侵入或威胁中国，其中尤以日本用心最为险恶，对中国造成的实际危害也最为惨重。1895年，日本占据台湾，在台北设置台湾总督府。"九一八事变"后，日本占领东北全境，1932年扶持建立伪满洲国傀儡政权。此后又蚕食华北部分地区，1935年唆使汉奸殷汝耕等成立伪冀东防共自治政府。抗日战争全面爆发后，日本占领的沦陷区更多，设置的伪政权也更为复杂。大致来说，华北地区有1937年设立的伪中华民国临时政府，华东地区有1938年设立的伪中华民国维新政府，华南地区有1938年设立的伪广东治安维持会。1937年9～10月，日伪还在察南、晋北、绥远分别设立了伪政权，同年11月组成"蒙疆联合委员会"，1939年改称"蒙疆联合自治政府"。1940年，华北、华东、华南、蒙疆各伪政权统一于汪伪国民政府，其中伪中华民国临时政府改称"华北政务委员会"，伪蒙疆政府改称"蒙古自治邦"，仅在形式上从属汪伪政府管辖。

上述各日占区沦陷的时间有早有晚，政权名目不尽相同，但教育体系都带有露骨的殖民奴化教育色彩，为达到使我中华民族亡国灭种的险恶目的，对中国青少年儿童一律施以奴化教育。奴化教育体系的施受双方都抱有某种微妙的矛盾心态，各日伪政权面临严重的教育经费短缺问题，希望中国民众能够主动"奉献"，但又对中国人自行出资办学进行种种限制，制定的捐资兴学政策既不统一，也不系统。中国绝大多数民众对奴化教育极其痛恨反感，但又不愿自己的子弟完全失去受教育的机会，只能试图通过捐资办学的方式争取些许受教育权。

在台湾地区，日本统治者一贯抱有恶毒的愚民教育倾向，据台初期曾长期不允许台湾本土子弟入读中学。从1910年开始，以林献堂为代表的台湾士绅开始谋划突破限制，自建中学。1914年，林献堂借庆祝祖母罗太夫人80寿辰的名义，准备捐资办学，其从兄林纪堂、林烈堂，台中士绅辜显荣、吴德功等纷起响应，共得捐款20余万元。"但总督府对于台人之教育并不热心，何况让台人自办学校，更难同意。然台人自愿捐资兴学，乃名正言顺之事，总督府似亦无法阻止。经过种种曲折，乃决定将所募资金捐献总督府，而由总督府创设公立中等学校一所，专以收纳本省子弟为条件，成立所谓公立台中中学。"1974年，台湾学者编辑出版的《林献堂先生纪念集》曾就此评价道："捐资兴学，在今日乃极普通之事，但在当时实为一件艰巨事业。盖当时台人捐资有自由，但兴学无自由，先生等之请愿创立中等学校，乃系殖民地人向统治者要求教育平等之运动，至少可称之为要求受教育之运动。虽其范围不广，尚未具备民族运动之形态，其领导人物暨参加者之意识如何，现在虽不可得而知，但其运动之性质，显然已具有民族运动之气势。"（林献堂先生纪念集编纂委员会，1974：45-46）日本东京帝国大学教授矢内原忠雄（やないはら　ただお，1893—1961）所著的《帝国主义下的台湾》一书也将此次事件称为"台湾民族运动之先声"。其实，日本统治者之所以允许开办这所学校，主要不是出于对台湾民众的妥协退让，而是有着更为复杂的目的动机，诸如笼络台湾士绅民心，训练更高层次的奴化人才，防止台湾子弟留学日本而带回民主主义、民族主义思想等。以台中中学的办学要素分析，该校学制只有4年，比专为日本殖民者子弟开办的中学少1～2年，教学科目侧重日语、实业类基础学科，学生必须在校内住宿，教学和生活管理全盘照搬日本模式，毕业后不能报考日本的高等教育机构，无一不带有浓厚的奴化教育色彩。

上文所引"捐资有自由，兴学无自由"一语道破了各日据沦陷区捐资兴学政策的实质。在东北伪满洲国，中国民众捐资办学的权利也被严格控制在小学教育领域，例如，黑龙江庄河县李寿山捐资800银元开办大孤山贫儿学校，朱秀珍1940年捐资伪满洲国币2000元开办城山村沙河小学，1941～1945年李斐捐资3680元开办大营村李屯小学。1932～1933年，庄河"卍字会"会长张恒明先后出资开办慈英平民小学、兑明平民小学，则带有宗教界捐资办学的性质（庄河县教育志编纂组，1989：283-284）。1931～1935年，黑龙江巴彦县道德会、慈善会等社会团体先后筹资开办了4所小学。1935年，该县地方乡绅还捐助各校共计田地76.5亩、伪满洲国币1700元，伪县公署分别褒奖各捐资者"乐善好施""造福青年""热心兴学""嘉惠士林"等金字牌匾（巴彦县县志办公室，1990：571-572）。

在华北沦陷区，伪临时政府教育部曾计划修改《捐资兴学褒奖条例》及褒状程式，改称"华北教育总署"后又表示"对于各私人热心兴学、提倡教育、捐助资产功绩卓著者，均经本署分别赠匾，以示褒奖，而资提倡"[①]。但从具体办理来看，华北伪政权对国人自办学校采取严格限制政策，对捐资兴学实际并不重视，也没有制定系统的管理制度，反倒是通过各种手段来压榨学生的财力和人力。其所办各级学校质量极其低劣，设备异常简陋，以实行"节约运动"为名克扣教育经费。北平很多小学规定学生冬季"每天上学的时候，每一个人要带劈柴两块，煤球十个"，用作取暖。学生缴纳伙食费之后，"只能吃到沙子和玉米面掺在一

---

① 《华北教育总署五年以来关于华北文教施政概况之简略报告》，中国第二历史档案馆藏档案，全宗号2021，案卷号441。

起的'兴亚面'及又粗又黑的'兴亚馒头'，喝的是开水泡菜的'和平汤'，就连最粗糙的食品，也还不能吃饱"。除缴纳各种费用，额外还有种种摊派，重重盘剥。"教师添一根教鞭，要学生出钱；课堂里买一把扫把、几张糊窗户纸，也要学生出份子。今天设备费，明天修理费，名目繁多。"抗日战争末期，日伪财力紧张，又提出"勤劳奉仕"等口号，强迫各级学校学生进行义务劳动，甚至从事修建飞机场、搬运军需品等繁重劳役。1945 年寒假，北平全市 2000 余名大学生被迫组成"勤劳服务队"，完成 2 个月的义务劳动后才能返校读书，部分学校还延长假期，组织"学生挺身队"，"主要到矿山去挖煤炭半个月"（彭石，1945）。

　　在华东汪伪政权所辖沦陷区，情况表面上要好一些。例如，1942 年"中国公学"的复办，就和捐资兴学有着直接的联系。1941 年，在汪伪政府任职的部分中国公学校友组织复校委员会，推举陈济成、许逊公等为委员，其中许逊公时任华兴银行副总经理，表示可筹集经费资助复校活动。在日本驻南京特务机关的扶持下，"中国公学"于 1942 年 9 月正式开学，许逊公个人捐资 5000 元，伪第一集团军总司令李长江捐助 2 万元，伪社会部部长丁默邨主持的汉奸组织每月补助 5000 元。此后，又通过丁默邨及该校日本顾问的帮助，以各种方式筹得 100 余万元。这个所谓的中国公学表面虽带有捐资兴学的成分，但从筹备建校到实际办理，全程都在日本特务机关的扶持与监控下进行，本质上不过是较高规格的奴化教育机构而已。比之国统区，汪伪辖区地方学校的教育经费状况更为糟糕，很多学校只能靠捐资勉强维持。例如，浙江鄞县 1943～1944 年先后有杨抚生向横溪栎华小学捐资 36.75 万元，任水阳捐助韩岭义城小学校舍 10 余间，王东园捐助宝林学校等校稻谷 39 万余斤，周福敏捐助时敏初小田地 27.8 亩，鲍和卿向蛾术小学捐资 5 万元，吴舜臣等向曙光小学捐资 120 万元等。宁海县 1945 年有郭学序向长大乡第二中心学校捐资伪储备券 30 万元（宁波市教育委员会，1996：509）。在江苏丹阳县，所有学校"经费奇绌，而来源又十分枯竭"，地方伪政府除强迫民众缴纳税捐外，还"巧立名目，搞小学生献米运动，每生每学期最低献米三升或献金六元，若能献米五斗或献金百元以上者给奖"，并提倡学生家长及地方士绅捐款资助（丹阳市教育局编志办公室，2002：410）。

三、根据地群众捐资

　　中国共产党领导的根据地在不同历史时期的具体名称有所差异，主要包括土地革命战争时期的革命根据地（又称苏区）、全面抗战时期的抗日民主根据地、抗日战争结束之后的解放区。第一次国内革命战争期间，中国共产党由于右倾投降主义的影响，没有重视建立和掌握自己的武装，也无根据地可言。国共合作破裂后，共产党经多次武装起义，逐步创建了以中央苏区为核心的 10 余块革命根据地，这些根据地的政权形式都采用苏维埃代表大会制，通称为苏维埃根据地，或简称苏区。各苏区始终面临着极其恶劣的战争环境，教育方针也全方位地服从战争的需要，实际形成了干部教育尤其是军事干部教育为主、群众教育为次的格局，正规的普通学校教育仅居第三位，而且基本限于小学阶段。从捐资兴学的角度来看，社会教育类型的夜校、识字组、俱乐部，学校教育类型的劳动小学、列宁小学、红色小学等普遍都是依靠群众路线开办，苏区群众也多有物力、人力的实际支持，然而因战争环境所限，并未制定系统的管理制度及奖励条款。

全面抗战时期，各抗日民主根据地的教育政策仍强调"干部教育应该重于群众教育"，而且"在群众教育中，成人教育也应该重于儿童教育"（李桂林，1987：83-84）。但与苏区时代相比，各抗日根据地的学校正规化建设有所加强，部分根据地还制定了专门的教育经费及捐资兴学管理制度。例如，在山东抗日根据地，山东省战时工作推行委员会（简称"战工会"，山东根据地最高行政机构）于 1941 年 6 月发布《关于教育经费的决定》，规定"保持教育经费的经常与固定"。"中等学校及专署（指专员公署）以上所办教育事业的经费，一律由国家（指山东根据地财政）收入中开支；县以下教育事业费开支定为地方教育经费，以县为单位统筹统支，专署负责调剂。地方教育经费的基本来源是地方教育款产的收入，收入不足时由国家收入中拨付一部分，再不足时按需要在田赋中适当附加。地方教育款产除原有的学田基金外，凡属公产、庙地及没收处分的汉奸财产，70%归教育款产。所有教育款产的全部收入，均为地方教育经费的专款。"（山东省档案馆，山东省社会科学院历史研究所，1983a：47-50）

就上述规定来看，教育经费主要由根据地及所属各县政府承担，尚未明确提及捐资兴学事项。但因"大部分县份无法充裕教育经费，使教育工作受到莫大损失"，山东省战工会又于 1942 年 4 月 10 日发布《关于整理与扩充教育款产的指示》，表示"没有钱就办不了事，教育经费无法解决，教育事业就不能顺利发展。要减轻人民负担，同时还要发展教育事业……那么仅仅整理原有款产是不可能的，因此必须提倡捐资兴学"，宣传"拿钱办教育是光荣的事情"。该指示进而布置了开展相关工作的几点具体措施：其一，"召开各级参议会、士绅名流座谈会、文化教育座谈会，以及文教委员会或校董会，进行深入的动员工作，说明教育经费的困难与办教育是地方的事，要地方人想办法"。其二，"邀请地方绅商名流及热心教育人士组织县、区、村各级教育款产募集委员会，并首先推动他们以身作则，号召别人捐助"。其三，"通过学生组织基金募集委员会，向学生家长及热心教育社会人士募集基金，以求能够自给自足"。其四，"对捐资兴学的人士，应切实按捐资兴学褒奖条例予以褒奖之"。最后，要求执行过程中严格禁止"强迫乐捐""变相罚款""没收土地"，以及贪污敲诈行为（山东省档案馆，山东省社会科学院历史研究所，1983b：253-254）。

　　上述指示发布 4 天之后，即 1942 年 4 月 14 日，战工会公布《山东省捐资兴学褒奖暂行办法》。实施要项为：①褒奖范围。"凡捐资兴办文化教育事业者，不分中外籍贯、个人或团体。"②奖励形式与标准。捐资 500 元以下者，登报表扬；捐资 500～1000 元者（不含 1000 元），除登报表扬外，增加奖励子弟入学免费；捐资 1000～5000 元者（不含 5000 元），增加专员公署发给的奖状；捐资 5000～10 000 元者（不含 10000 元），奖状由省战工会发给；捐资 10000 元及以上者，增加颁给匾额。"凡已受奖励者如续行捐资，得并计先后数目，按等或超等给予奖励。"③附加说明。例如，资金系募捐所得按照 1/5 折算后再比照上述标准分别授奖。"所捐助之财产，不分动产与不动产或用具、图书等，应以时价折合法币计算之。"（山东省档案馆，山东省社会科学院历史研究所，1983b：264-265）

　　显而易见，这个暂行办法是以国民政府 1929 年褒奖条例为蓝本修改而成，沿用了后者的基本框架，又进行了有效的简化。由于当时国共正处于合作时期，各抗日根据地在名义上从属于国民政府管辖，该暂行办法也可视为 1929 年条例的地方性单行规程，在某些方面甚至比后者更为完善。例如，关于捐资者"不分中外籍贯"都可获奖的规定，国民政府的褒奖条例直到 1947 年版本才予以正式确认。山东根据地的捐资兴学政策取得了不错的实际成效，很多学校都得到了地方士绅群众的大力支持。例如，文登县士绅于渐海捐献家祠祭田 1200 余亩、办学基金 2500 元，经文登县政府批准创办私立滨海中学，并担任代理校长。1944 年 7 月，东海专署指示滨海中学与文登中学、荣威中学 3 校合并，组成文荣滨联合中学，于渐海又被任命为副校长（文登市教育委员会，1995：317）。海阳县发动捐资兴学，全县民众半年多共计捐地 65 亩（《海阳市教育志》编纂委员会，1998：227）。当然，某些捐资者的动机也存在复杂性，乳山县地主在减租减息运动中"害怕斗争，向外赠送土地"。该县崖子区 15 户地主"以捐资兴学名义赠地 193.03 亩，占该区地主赠地总数的 84.13%"（陈国庆，2013：250）。

　　在陕甘宁边区，边区政府 1939 年 8 月颁布《陕甘宁边区各县教育经费筹措暂行办法》，表示各县教育经费常规收入如果不够支出，可向民众"在自愿原则下募捐，但募捐每年以一次为限，数额不得超过常年支出所短之数"（陕西省地方志编纂委员会，2009：1246）。边区的小学教育和社会教育普遍采取群众路线，实行"民办公助"，办学方式灵活，教学内容实用，深受群众的欢迎与支持。例如，延川县 1940 年群众集资共计约 1.18 亿边区币，其中约 1.14 亿用于小学教育。1942 年，县政府又召开教育助理员与教师联席会，动员筹资 40 万元法币（延川县志编纂委员会，1999：563-564）。

在其他抗日根据地，虽然没有制定专门的捐资兴学奖励制度，但群众的办学热情不断高涨，小学教育和社会教育都主要由群众筹资办理。以晋察冀根据地为例，边区政府曾发布《晋察冀边区开展冬学运动的指示》，提出除教材款项由各县政府供给外，其余经费用募捐的方法解决，号召开明士绅和殷实之家捐资兴学（河北省地方志编纂委员会，1995：694）。灵寿县南任河的某位群众捐出母羊 1 只帮助冬学，还在学习动员大会上说："在抗战前（指抗日战争全面爆发前）国民党专政的时候，咱们想成立学校，北任河有官人家不让，打官司倒罚了咱五元钱，说咱们是造反。现在公家帮助咱们办校，咱们可得干啦！"阜平县色岭背群众一起动手，盖了 1 所学堂，康家峪、土岭群众积极向民校捐助资金与田地。以各种方式向教育事业奉献物力、人力，已成为边区的普遍现象（孙晓忠，高明，2012：443）。在晋绥根据地的兴县，士绅兴学带有典型的家族捐资色彩。例如，牛友兰、牛友棣先后捐献耕地 286 垧、房舍若干间，作为当地学校的学田基金；康氏宗祠将祠堂财产 5000 元捐为教育基金。在苏北根据地的盐阜专区（今盐城市），"士绅捐资兴学也蔚然成风"。1943 年，仅阜宁县的捐资事例就有 40 余起，捐资总额达 10 余万元，用于开办小学 56 所（李庆刚，2002）。

抗日战争结束后，各解放区进一步加强了学校教育的正规化建设，教育经费管理制度日渐系统完善，其中捐资兴学仍发挥着重要作用。1946 年 5 月，晋察冀边区首府张家口市召开参议会，讨论通过了"进一步贯彻民办公助的教育方针案"，号召本市"热心教育事业的士绅及工商业家，踊跃起来协助政府举办各种教育事业"，同时承诺"政府对于民办学校，将尽力帮助解决其困难"（中共河北省委党史研究室，1996：405）。

在长期的革命斗争中，捐资兴学往往还是共产党人或革命群众开展革命活动的方式或掩护。1923 年，湖南蓝山县社门村的李盖凡捐献水田 10 亩，在本村开办育贤小学，自任教员，免费招收贫苦儿童入学。次年，他考入黄埔军校并加入共产党。1926 年，受党组织派遣回到家乡开展农民运动，在育贤小学增设夜校，一边教成人识字，一边宣传反封建剥削压迫的革命道理，"全县第一个农民协会就在这里诞生，燃起农民运动的熊熊烈火"（蓝山县教育委员会，1996：351）。
1936 年春，在黑龙江庄河县教育局局长宋良忱、庄河县女子师范学校校长林贵家
的组织号召下，该县中小学教师 500 余人发起成立庄河抗日救国会，对外宣称庄
河县教育会，并决定以捐资兴学的名义发动各界民众捐款，用于支持当地抗日武
装。参加救国会的中小学教师共计捐款 7000 余元，加上庄河县商会捐助的 3000
余元，共计筹款 10 580 元，全部"以补助教育经费不足的名义支援抗日军"。1936
年 12 月，庄河救国会的活动被日本宪兵队侦破，宋良忱等 13 名骨干遭到逮捕，
被关押于奉天日本陆军监狱。他们面对惨无人道的刑讯逼供，始终没有泄露救国
会的秘密与其他成员。1937 年 2 月，宋良忱等 6 人被日寇判处死刑，其余 7 人被
处以长期徒刑。次月，宋良忱、杨维幡、姜雅婷、孙孝先、孙俊卿、徐成章 6 人
被枪杀于奉天南门外浑河岸边，史称"庄河六君子事件"（刘功成，2011：409-410）。

　　1945 年 7 月，共产党员王朴受党组织委派返回家乡重庆江北县，动员母亲金
永华捐资兴学，在复兴乡李家祠堂创办莲华小学。此后，中共中央南方局组织部、
四川省委青年组、川东特委等上级机关先后派员来到该校领导工作，江北特支、
江北工委、重庆北区工委等地方党组织更是常驻该校，对江北及附近地区的地下
斗争发挥了重大作用（中共江北县委党史办公室，1986：135-136）。

第五章 民国时期的教育捐税制度

教育捐税，名称虽带有"捐"字，实质却是强制摊派征收的教育税种。在清末朝廷颁布的各项全国性教育政策法规中，并未明确指示地方开征教育捐税。大致来说，朝廷先后指令地方的筹款渠道有如下五项：整理原有基金学田，实施庙产兴学，鼓励捐资兴学，酌令学生缴纳学费，清查民间用于迎神、赛会、演戏等活动的经费。其中，仅最后一项带有模糊的税收性质。然而从地方实际办理来看，各地官府竟"创造性"地发明和征收了名目繁多的教育捐税，并由此酿成蔓延全国的"乡民毁学"事件。尽管朝廷对之有所察觉与表面禁止，但苦于地方教育经费无着，中央又无力统筹补助，只能采取默许甚至纵容态度，教育捐税实际成为普遍存在于各地的"潜规则"。至民国时期，更是演化为明文的制度法令。

第一节　制　度　演　变

一、北洋政府时期

1912 年 5 月，蔡元培以民国首任教育总长的身份向参议院发表施政演说，表示"普通教育经费，取给于地方税，或以地方公有财产为基本金"。同年 7 月，他在全国临时教育会议的开幕词中又声称："中等以下（学校教育经费）取给于地方税，或用地方产业作基本金，亦只能为假定之方法。"（中国第二历史档案馆，1991：629）由此可见，蔡元培当时对此的态度是较为矛盾与犹豫的。在 1912 年 9 月至 1913 年 8 月颁行的《学制系统案》及各项单行规程或法令中，只是再次确定了"分级办学，就地筹款"的基本原则，并没有明确指示地方可征收教育捐税。在中央既未允许，也未禁止的状态下，教育税捐仍作为一种"潜规则"而继续存在。

1914 年 12 月教育部制定《整理教育方案（草案）》，其中规定"各县小学，均令就地筹款开办，以养成人民之自觉力"。具体而言，"凡在地方学区内居住流寓，有不动产或营业收入足以维持生活而有余者，对于该地方全县或本区公用之学校及其他教育事业，均负设立及维持之义务"。划定地方税目时，应开征"学务特别捐"，以此保障"学款不至漫无着落"（宋恩荣，章咸，1990：7-8）。1915 年 2 月，袁世凯发布《特定教育纲要》，要求"旧有学款属于地方税范围者，应即保存，不得移作他项行政经费之用"。同年 8 月，教育部制定《地方学事通则》，表示"自治区（乡镇）内教育经费，因追加或不足时，依照《地方自治试行条例》第二十七条第二项之规定，得增收公益捐"。[①]

通过上述法令，教育捐税正式获得了中央政府的认可与提倡，由地方性的"潜规则"变为全国性的明文制度。地方税收取之于民，用之于民，征收并用于办理教育等公共事业本是理所当然的，但当时这些所谓"特别捐"或"公益捐"都是在各项正税之外另行设置，而且中央政府没有明确划定征收的具体范围和标准，各地方政府完全可以自行其是，巧立名目，予取予求。当局频繁挤占、克扣教育经费，反而以发挥地方自治力，保障教育经费为名，将财政负担转嫁于基层民众，

---

① 《地方自治试行条例》颁行于 1914 年 12 月，共五章三十八条。其中第二十七条第二项规定："地方公益捐，指附加税及各项杂捐而言，其从前已办自治地方业经征收者，由县知事详请该管长官核准酌量发给；未办自治地方或未经征收者，得依地方情况由会议议决，并详具理由，由县知事详请该管长官核准，由官征收。"

使之对整个教育事业产生反感与抵触心理，教育税捐亦被其视为苛捐杂税。

1915 年 11～12 月，各省民政长官以信函的方式向教育部汇报了本省发展教育的措施与成效。就其中相关情况来看，教育捐税已成为各省筹集教育经费的主要渠道，而且实施用途远超过了乡镇小学教育的范畴。例如，吉林巡按使王揖唐表示：本省部分中学与师范学校"经费以各县粮捐抵充，其未收粮捐各县，另筹备解"。小学教育经费"则以晌捐、营业附加税、学田租、公款生息等项抵充"。黑龙江督军兼巡按使朱庆澜称：该省"改建民国以后，因经费支绌，原有学款多被挪用"，各县教育经费"率多就地征收之晌捐及他各项杂捐"。他还建议应划清国家、地方税目，"使开支用途界限分明，然后地方绅民晓然于地方学款系办地方学务，即或随时筹集，亦自踊跃输助，不至再有乐捐于前，复恐侵夺于后之虞"。朱庆澜的言下之意透露，当时很多地方征收的教育捐税不仅内涵不清，用途不明，而且与捐资兴学制度形成对立冲突，部分民众主动捐资之后，又被强制征收教育捐税，难免心生怨愤，再也不愿捐助教育事业。时任教育总长张一麟还复函劝勉奉天督军兼巡按使段芝贵："公所处地位，能多办一分教育，即多收一分人心。人心者，国权之元素也。"（中国第二历史档案馆，1991：633-639）正是这些身兼地方民政要职的军阀巨头任意侵夺教育经费，又大肆强征教育捐税，民众早已怨声载道。

此外，中央政府又借口改革税制，将田赋、关税、印花税、厘金、盐税、矿税等 10 多项大额税种全部划为国家税，地方税除田赋附加税外，只能征收商税、畜牲税、粮米捐、油捐、酱油捐、船捐、杂货捐、店捐、戏捐、车捐、房捐、乐户捐、茶馆捐、饭馆捐、鱼捐、屠捐、肉捐、夫行捐，看似种类颇多，但都是一些零散税目。如此一来，恰如釜底抽薪，各省各县的教育经费大受影响。1916 年教育部召开全国教育行政会议时，江苏省代表即称本省 1914 年度"教育计划渐完备，预算占额较多，卒以原列之地方特税划入国家范围，收入锐减，预算不克成立，而历年经费余额又以兵事取给无遗"，该年度教育经费实际支出还不到原定预算的一半。1915、1916 两年度的教育预算因为"国家（税）、地方（税）名为混合支配，实则限制綦严"，根本无法满足教育事业的实际需要。江西省代表汇报说本省各县教育经费主要来自田赋附加，"漕米每石得征四百文以内之附加税，地丁每两得征三百文以内之附加税"。原本规定上述两项附加税总额的 70%留作各县教育经费，但税制变更后，"中央提取五成，省公署扩充警备队费一成，省立中学费一成，留县者仅有三成"，而且"三成之数尚不能归教育使用，此为阻碍教育进行之一大原因"。湖北省教育经费原本"以盐款为大宗，年拨五十余万，自盐款提归中央后，学款遂有支绌之感"。其余各省也都不同程度地存在类似问题，部分地方的教育捐税还因某些特殊原因而难于征收，例如，北京附近 20 县的很多田地都为前清贵族所有，"非某王府之管业，即某贝勒之私产"，田赋附加"兴办为难"。在此次教育行政会议中，甘肃省代表曾提议中央扩充地方教育税种，保障教育经费稳定，但该项提案仅被"留会备考"，最终不了了之（中国第二历史档案馆，1991：641-690）。

北洋政府由袁世凯当政时期，对地方各省尤其是北洋各系军阀盘踞地域尚具有较大的控制力，其主导的税制改革虽明显削弱地方财源，总体还是能够得到推行。袁世凯死后，北洋派系内斗频繁，经过两次"府院之争"，中央政府的威信已大不如前，各省军阀乘机要求扩大自治权，开始截留应上交中央的税款。1920年，中央政府被迫同意将田赋、家屋税、地价税、营业税等大额税种划为各省地税，并允许地方开征各项杂税与附加税。此后，"国家政局散乱，地方各省渐成分化之局面，在税收制度方面也呈现出崩溃之势，不仅地方对中央的税收解款停顿，而且中央的主要税种，如常关税、印花税、烟酒税、盐税也遭到普遍截留。北京政府的没落颓败，税收不支亦属主要原因"（章启辉，付志宇，2009）。按理说，地方税款的增加应该相对有利于基层教育事业的进步。然而，各割据军阀只顾穷兵黩武，教育经费频遭挤占挪用，整个教育事业发展的经济环境更为恶劣。1923 年 10 月，第九届全国教育会联合会通过的《促进全国义务教育案》即表明，各省教育经费本系"各项税收自定附加税率，以作专款"，但因"间由划归军事范围，实无从筹集"（李桂林等，2007：527）。

二、国民政府时期

国民政府成立后，大学院院长蔡元培为推进教育经费独立，也试图在教育捐税制度方面有所改革。1927 年 12 月，他和财政部长孙科联合递交《提议教育经费独立案》，表示"全国教育经费种类繁多，数目复杂，若任其散漫无稽，不加清理，于独立精神相去甚远"，因此建议"筹备教育银行，指拨各项附税充作基金，为增高教育经费之预备"，此后"所有各省学校专款及各种教育附税，暨一切收入，永远悉数拨归教育机关保管，实行教育会计独立制度，不准丝毫拖欠，亦不准擅自截留挪用"。蔡元培认为如此可使"教育经费与军政各费完全划分，经济公开，金融巩固，全国教育永无废弛停顿之虞。即奖励整顿扩充，亦得随时通盘筹划，不致徒托空言，束手无策"（蔡元培，孙科，1928）。

蔡元培的上述设想看似完美，并且也经国民政府明令批准施行，事态的实际发展却与他的计划大相径庭。1928 年 1 月，宋子文继任财政部长，于该年 7 月主持召开第一次全国财政会议，会议通过《划分国家收入、地方收入标准案》《划分国家支出、地方支出标准案》，比较明确地划分了国家和地方征收的各种税目，同时规定国家教育文化费支出用于"教育部、中央研究院、各国立学校、各国立图书馆及博物院等，以及其他中央文化机关、文化设施"，各省、特别市教育文化费支出用于"省市立学校以及其他省市地方文化机关、文化设施"，从而进一步强化了"分级办学、分级拨付"的教育财政体制。但对于国家、地方文教经费的具体来源，完全没有指明相应的固定税目，仍是笼统地规定由国家、地方各自在税收总额中划拨（国民政府财政部，1928）。

　　1931 年 5 月，教育部拟定的《地方教育经费保障办法》经行政院批准施行，其中直接涉及教育捐税的条款有：第二条，从该年度起，"各项新增地方捐税，由省市政府酌定提留若干成，作为地方教育经费"；第五条，"在某项统征之捐税中，地方教育定案所占成数永远不得减少。统征额数增多时，教育经费成数应按照比例数同时增加"；第七条，"教育捐税因特种关系，主管政府拟行变更时，如因捐率或办法变更而收入减少者，应由主管政府预先制定确实相当之款项抵充"（国民政府教育部，1936：36-37）。该项办法颁行后，各省市的具体实施情况各不相同。江苏、江西、福建、浙江、河南、云南、南京等 6 省 1 市还算执行得较为切实，例如，浙江省将箔类营业税、烟酒特税、屠宰税 3 项划为省教育专款，每年总计可得约 200 万元；江西省指定以盐税附捐作为教育专款，每年也可得约 200 万元；福建省指定盐税附捐为专款，每月由本省盐务稽核所划拨 12 万元。其他省市的情况则比较糟糕甚至相当恶劣，例如，察哈尔省根本没有划定任何税项，理由竟然是"省政府整理方针唯在统一计划"，而且"全省教育财源收入稳定者有限，无法指拨"。即便是划定有专项税种的江苏、福建等省市，也存在不少问题。其一，盐税等大额税种被中央调拨，各省只能以"附捐"或"特税"的形式征收教育专款，但这些附加税往往超过了正税，加重了地方民众的经济负担。其二，教育捐税时常被中央或地方政府截留挪用，例如，福建省每月 12 万元的盐税附捐，"实领仅八万元"，其余 4 万被财政部征用，"经省府与财政部力争，始定为每月十一万元"（中国第二历史档案馆，1994：106-112）。其三，各省市征收的教育捐税基本用于省立中等教育事业，下属各县乃至乡镇办学经费主要靠"就地筹款"，各县自行开征的教育捐税漫无限制，名目繁多。

　　1935 年 5～6 月，行政院先后颁行《实施义务教育暂行办法大纲》及其施行细则，规定"义务教育经费以地方负担为原则"，各县可"指定特种捐税收入充之"，从而正式确认了县政府征收教育捐税的权利。抗日战争时期实行国民教育制度后，教育财政负担及捐税来源的重心下移至乡镇乃至最基层的保。1940年3月，教育部发布《国民教育实施纲领》，要求乡镇中心学校"办公费及设备扩充等费，应由所在地方自筹之"，保国民学校经费以"保自行筹集为原则"。同年6月，教育部又公布《保国民学校及乡（镇）中心学校基金筹集办法》，提出筹集基金的9项办法，其中除3项原则上属自愿捐献外，余下6项都带有捐税性质：①经营公有生产事业（包括修建并出租摊贩市场、磨坊，栽植果木，造林，烧窑等）。②公耕田地。③分工生产（包括养鸡、育蚕等）。④搜集出售天然物品（包括野生药材、野生食用动植物等）。⑤征集买卖双方共同认捐之手续费。⑥征集劳动服务者捐助其所得之酬金或奖金。具体而言，前四项无偿征用的是学生、家长乃至当地全体民众的劳力。后两项则直接征收基层民众的现金。"征集买卖双方共同认捐之手续费"又主要包括两类：一是"田地房屋买卖佣费之提成"，主观地臆断"凡是项买卖，必有佣费，可规定提取若干成充作基金"；二是乡镇公所借款购置数套公秤、公斛等度量器具，放于市集，专门"指派政警执管，买卖双方如欲假手此项公秤等物衡量物品，应各认捐手续费若干，除归还置备费外，其收入均作学校基金"。且不论这种利用"公平秤"收费的方法是否合理，仅实际成效就很值得怀疑，即或有少数买卖双方愿意使用和缴纳，收取的些许费用肯定还不够支付执管政警的薪水，与其如此开源，不如将该政警的岗位裁撤来节流。至于"征集劳动服务者捐助其所得之酬金或奖金"，则更为蛮横无理。"本保人民如遇有机关团体征工筑路、筑地、开河、平坡等所得之奖金或酬金，得征集其若干成或全部充作学校基金。"（中国第二历史档案馆，1997a：430-435）可见，当时地方基层民众负担的教育捐税已不能简单地用"苛捐杂税"来形容，除缴纳各项正税、附捐，还必须承担无偿的徭役。

1947年，教育部取消了以往中央拨付各省的国民教育补助费，通令地方各县全部自筹，基层财政负担进一步加重。1948年5月，行政院颁行《地方国民教育经费整理及增筹办法》。"国民学校经常费如县级财政不敷开支，应举办'学谷捐'，学谷捐之税率及其实施办法应视地方国民学校经常费之需要，由县政府依照人民财富及其负担能力分别规定，呈准省政府核定施行，并报财政、教育两部备查。"该办法还规定"以前所有之一切摊派及学校征收之各费均一律禁止"（国民政府行政院，1948）。这就使基层教育经费的征集面临两难状态，时人曾对此评论道："虽然政府颁布了筹集的办法，但事实上地方财力确也有限得很，几乎有织细不遗，罗掘俱穷之感。"曾任湖南省教育厅厅长的朱经农不由苦叹："从事生产事业吗？远水救不得近火；募捐吗？为数太微；加税吗？法令不许，确实左右维艰。何况，负责的人有时因为早知棘手，索性搁着不办，因此基金筹集更无指望了。"（李邵耘，1948）

第二节 具 体 构 成

民国时期，教育财政体制实行"分级办学、分级拨付""就地筹款"等原则。大致而言，各公立教育机构按照行政归属分为国立、省（院辖市）立、县（省辖市）立、乡（镇）立等层次类型（在不同历史时期，具体名目有所差异），经费基本由相应的财政层级对口承担。1940年实施国民教育制度，通令地方开办保国民学校后，实际又将保列为相对独立的办学及拨付层级。国家、省（院辖市）、县（省辖市）三级的教育经费，主要在本级财政预算中统一拨付，还分别开征教育捐税作为补充。乡（镇）、保两级没有独立的财政预算，办学经费更依赖于捐税乃至不成文的摊派。

一、国家层级

国家层级的教育经费主要用于中央直接开办和管理的文教机构，少部分用于补助地方教育事业。经费除中央财政统筹拨付外，还通过调用"庚款"退款、鼓励捐资兴学、收取学费、开征捐税等方式弥补不足。教育捐税中既有较为固定的正税，也有临时性的附捐。

固定正税如1920年10月财政部、教育部联合转发大总统令，表示"经国之谟，制用为要；利民之政，保育为先，现在民治日益发展，支出逐见繁多，而振兴教育、提倡实业需款尤亟，自应启发税源"，准备于次年1月试行《所得税条例》，要求中央各相关部门"切实协作，各省区军民长官尤应通力合作，督属推行之，取之于民，用之于民。一俟收有成数，尽先拨作振兴教育、提成实业之用"（北洋政府教育部，1920）。同年12月，国务会议决定"所得税全数，除照章应提征收奖励费外，以七成拨作教育经费，三成拨作实业经费"。教育部又自行出台《所得税拨充教育经费酌定分成办法》，规定将所得的七成经费"划定五成专充办理国家教育之用，二成专充补助地方教育之用"，乐观地估计"此项新税既经确定用途，并且国家与地方双方兼顾，实于教育前途大有裨益"，希望"凡我国民，自应销（消）除疑阻，交相劝导，俾易推行"（商务印书馆编译所，1924：

1017）。然而，《所得税条例》于 1921 年元旦试行后，遭到工商界、金融界的普遍反对与抵制，仅有部分政府官员缴纳，实际收入微乎其微。1924 年财政部相关文件显示，"所得税之征收，自章程公布以后，迄今试办已久，而收入者仅官薪一项，可谓残缺不全"（北洋政府财政部，1924）。教育部从所得税中抽取经费的计划随之化为泡影。

所得税补充教育经费的计划落空后，教育界人士又寄希望于遗产税。1923 年 10 月，浙江省教育会就提议征收遗产税用以普及教育。1929 年 5 月，第一次全国教育会议通过张默君、程时煃、孟宪承、沈履等提交的"确定遗产税为教育专税案"。1931 年，朱有瓛发表《遗产税兴学问题》一文，在说明征收遗产税的合理性与必要性之后，重点分析并回答了"为什么要拿遗产税来兴学"这个问题。他提出的具体理由有六点：有利于实现民生主义，有利于教育经费负担的合理分配，有利于保障教育经费独立，有利于教育的民主普及，国外已有成例，国内教育界一致认同。作者在文章结尾大声疾呼："年来因为政治的混乱，教育已经到了破产的地位，教育者手无寸铁，整千万儿童和教师的呼冤总是弱者的呼声，哪里敌得上一颗子弹从枪孔里钻出时那样响亮……只要我们的心地是洁白的，是为民众而奋斗的，那么遗产税兴学决不是一种空想。"（朱有瓛，1931）1932 年，江苏召开全省教育会议，下属各县教育局纷纷提议征收遗产税，作为"地方教育经费开源之良法"，该省教育厅于是转呈省政府核议，省政府又交由财政厅商讨，最后又不了了之（佚名，1933）。

1938 年 10 月，国民政府立法院通过《遗产税暂行条例》，其中并没有关于动用遗产税兴学的直接规定，仅说明"捐赠教育文化之慈善公益事业之财产"达到一定数额者，可减免遗产税，只能算是对捐资兴学的一种变相鼓励（国民政府立法院，1938）。而且，即便是当时明文规定以遗产税补助教育经费，实际效果也相当有限。遗产税于 1940 年 7 月开征，该年度全国收入总计仅有 1900 元，此后历年度征收的数额虽有所增长，但在财政总收入中所占比例几乎可忽略不计。1946 年，国民政府正式颁行《遗产税法》，试图加以整理扩充，又因恶性通货膨胀影响，该法成为一纸空文（漆亮亮，2016）。

临时附捐一般按照特定协议的方式办理，例如，1926 年 1 月，教育总长易培基向国务会议申请每月由交通部拨付特别协款，当即获得批准。交通总长龚心湛却表示"近来交部财政维艰，实已无可筹报，而交通界人员因自身薪水尚属无着，对此颇表反对"。然而，"此项协款既经国议通过，又不得不设法筹措，龚进退维谷，甚为困难"。次月，交通部被迫发布《代征教育特别协款附捐规则》，规定京奉、京绥、京汉、津浦等铁路头等客票每 100 公里加收 0.2 元，二等加收 0.1 元，三等加收 0.05 元（不足 100 公里者按 100 公里计算，三等客票 50 公里以内免收），北京、天津、汉口、南京、苏州等地每部电话机每月加收 0.5 元，"附捐以一年为期，所收捐款尽数拨交教育部"（佚名，1926）。

国民政府成立后，大学院"职司全国教育，因教育经费之困难，无日不在焦思筹划中"，请求将锡箔、注册两项税收暂时增收教育附捐，获得行政院批准。在实际办理时，浙江省政府却称"锡箔非必需之品，加捐过重，势必产销日减"，而且本省"箔工不下数十万人，打箔者专恃膂力，素称强悍；摹箔者率多老弱，依此为生"。如果强行加捐，必然会导致民愤，影响地方治安。大学院与浙江省政府多次协商，并请财政部从中斡旋，该省政府才同意改为在煤油税中开征教育附捐，每 5 加仑增收 0.2 元（国民政府大学院，1928d）。

总的来看，国家层级的教育捐税种类不多，实际涉及的面不大，征收的数额也相对有限，在本层级教育经费总开支中仅占较小比例，能够用于补助地方教育事业的更是微乎其微。

二、省市层级

省市（院辖市）层级的教育经费主要用于本省市直接开办和管理的文教机构，部分用于补助下属各县市（省辖市）的教育事业。经费少数来自国家财政补助，多数为本省市财政统筹拨付，并通过直属的学田产业基金、捐资兴学、收取学费、开征捐税等方式补充不足。较之国家层级，各省市自行开征的教育捐税名目更为繁杂，其中除田赋附加较为固定外，其余各项可统称为杂税杂捐。

长期以来，国家与地方政府一直将田赋作为财政收入的主要来源，并且时常通过征收附加税的方式来弥补财政不足。因其"首为征收方便，随正带征，不必另起炉灶；其次易于估计，因田赋有应征额等数字之存在，一定税率即可决定征收数额；而最重要者则为我国以农立国，除土地外，实无其他主要财产足资为课税之目的物"（陈东原，1936：239）。民国初期实施税制改革，将盐税等大额税种划为国家税之后，田赋附加对于地方教育经费的筹集更为重要。例如，黑龙江"以大租动拨"，江西"在各县附加税内提取"，察哈尔出自"亩捐、斗捐收入等项"。1923 年，山东省规定在地丁税中每 1 元加征 5 分教育附加税，这种税目仍属于田赋附加。

除田赋附加之外，民国前期各省教育经费还依靠其他多种捐税筹集。1912 年，四川省临时议会决定将契底、肉厘、酒厘、油厘、船捐等"专备学务之用"。1914年，该省政府规定抽收中资捐为学款，并将其中的10%固定用作省立小学日常经费。1915年，又将该项捐税转拨给省立中学和师范学校（四川省地方志编纂委员会，2000：480-481）。陕西省的"教育专款来源于商税、畜牲税、屠宰税、斗税、棉花包捐、田税附加，辅之以学田、庙产收入等"，后来还加征了烟卷特税（陕西省地方志编纂委员会，2009：1240-1241）。河北省"省立高等学校经费来源确定为税收，一是全省卷烟吸户捐，二是卢盐食户捐一部，三是其他各种税捐的一部分"（河北省地方志编纂委员会，1995：692）。甘肃"省教育经费主要来源于地方税捐"，1924年以磨课（磨坊捐）、畜牲税为教育专款，总额约29万元（甘肃省地方史志编纂委员会，1991：90）。江苏省1925年将屠宰税、牙贴税、卷烟特税、漕米省附税列为省教育专款。

国民政府成立后的"黄金十年"，各地商业经济贸易有所发展。据1933年前后部分省份的相关调查报告反映，省级教育经费对田赋附加的依赖明显减弱，更多地来自烟酒税等与商贸直接相关的杂税杂捐，见表5-1。

表 5-1　1933 年前后部分省份省级教育捐税情况简表

省份	教育捐税构成
江苏	由卷烟税项下拨用，不足时由田赋抵充（1933 年总额为 445 万元）
浙江	每年指定箔类营业税 120 万元、烟酒税 20 万元、屠宰营业税 60 万元，共 200 万元
江西	每年指定盐税附捐 200 万元
福建	每年指定盐税附捐 144 万元
河南	指定全省契税收入为教育专款
云南	指定全省卷烟特捐为教育专款
安徽	每年由卷烟税划拨 120 万元，另指定宣城等 7 县田赋、安庆精盐附税为教育专款，共计约 200 万元
湖南	每年由湘岸榷运局代征盐税附加约 112 万元
甘肃	指定榷运税、西凤镇特税局税款、陇东各县卷烟查验税为教育专款
山东	指定全省漕米附税为教育专款，每年约 222 万元
广东	指定九龙、拱北、西关之关税结余，全省筵席捐、花捐附加为教育专款

資料来源：中国第二历史档案馆：《中华民国史档案资料汇编》（第五辑第一编教育），南京：江苏古籍出版社，1994年，第106～112页。

需要说明，这些被列为教育专款的捐税看似名目繁多，但实际在税收总额中所占比例并不显著。甘肃省1935年省级财政的各项税收总计约656万元，"其中教育税捐 147 498 元，占税收总额的 2.25%"。此外，教育捐税不能完全专款专用，时常被挤占、截留。福建省每年由盐税附捐划拨的 144 万元教育专款，一度只能领到 96 万元。

三、县市层级

县市（指省辖市）层级的教育经费主要用于本县市直接开办和管理的文教机构，部分用于补助下属各乡镇的教育事业。其来源少数出自国家、省级补助，绝大部分靠"就地筹款"，筹款的具体方式仍不外乎本地财政统筹拨付、学田基金、捐资兴学、收取学费、开征捐税等。教育捐税大致又可分为两类：一类由全省统一规定种类，由各县分别征收；一类由各县自行决定税种，独立征收，其种类尤为繁杂，带有明显的地方特色。

部分省份在某些时段曾统一规定有县级教育捐税的主要名目。1915 年前后，吉林"县教育费向以晌捐、营业税为大宗，粮捐及杂捐次之"，黑龙江"率多就地征收之晌捐及其他各项杂捐"。江西规定漕米、地丁两项附加税之 30% 留充各县教育经费，此外另有部分杂物捐。辽宁"出自亩捐、车捐、杂捐等收入项下"，广西"大都取自庙产附加捐税、宗祠蒸尝费"。

福建省于 1927 年秋制定本省《教育义务捐办法》，宣称："筹划教育为社会公（共）同事业，现在政府固有维持扩充之职责，而人们亦应负有自治之义务。现在闽省尚处军政时期，各县教育若一时尽量扩充，恐政府无力顾及，不妨由人民直接负担。"要求各县教育局会同学董切实调查本县人口及收入情况，作为征收教育义务捐的依据，"以便积少成多，教育前途胥有展拓之希望"。具体征收标准为：年收入 200 元以上者，缴纳收入的 1%；年收入 500 元以上者，缴纳 2%；年收入 1000 元以上者，缴纳 3%；年收入 5000 元以上者，缴纳 5%。该项义务捐由国民党地方党部协助县教育局调查与征收，收取后由县教育局召开学务会议统一分配（福建省政务委员会，1927）。就其实施要项来看，这种义务捐不过是个人所得税的变种，北洋政府早在 1921 年就曾试图在全国推行，最终效果却非常糟糕，福建省的此番规定后来也是形同空文。1929 年，福建重新划定本省各县教育捐税标准，"丁粮每石附加 2 成，契税附加 1 成，屠宰税附加 3 成"。1931 年，又将丁粮每石加征 1 成。1933 年，再次"整理地方教育经费来源，增筹方面以教育捐为大宗"，具体名目包括：①各地主要产品教育捐。②收益教育捐。③消费教育捐。④行为教育捐。⑤使用教育捐。⑥迷信教育捐。⑦其他各项附加

（福建省地方志编纂委员会，1998：709）。上述税种名目都颇为含混笼统，所有关乎百姓之日用民生都可附征，苛捐杂税的特征不言自明。

浙江省先后统一划定的县级教育捐税有：①田赋特捐（又称“县税四成”），各县每亩地丁征收0.45～0.7元，以总额之40%为本县教育经费。②田赋附税，“随地丁及抵补金带征附捐，捐率由各县拟定，呈请省政府核定征收”。③亩谷捐，每亩征谷2斤，业主与佃农各缴纳1斤。④营业附税，“就营业税带征”。⑤屠宰附税，“就屠宰税带征”。⑥印花税，总额之30%为县教育经费。⑦迷信捐，“如经忏捐、关牒捐、香火捐等”。⑧验契附捐，“验契纸每张附收教育费0.2元（契约价不满30元免收）”。⑨置产捐，“新置不动产带征附税，税率为所售产价的1%”。⑩店住屋捐、筵席捐，各县“附征二成至五成不等”。⑪遗产税，以总额之10%为县教育经费（浙江省教育志编纂委员会，2004：806）。除了印花税与实际效果不彰的遗产税，其余9项都是“特捐”“附税”或“附捐”，皆在正税的基础上另行征收，无疑是施加于民众头上的额外经济负担。

至于地方各县具体开征的教育捐税，名目更为繁杂多样，甚至给人眼花缭乱之感。以浙江省下属各县为例，绍兴自1912年开征田赋特捐，1921年加征田赋附税，1923年前后“开征的教育费项目有水陆道场捐、戏台捐、渔捐、船捐、自治户捐、置产捐”。1927年，加征农副手工业特捐、教育亩捐、彩轿教育捐、验契教育捐。1929年，加征牙贴教育附捐。1930年，加倍征收自治户捐。1932年，该县教育经费共计约11.25万元，其中约5.95万元由本县通过教育捐税直接征收，省政府补助的3.2万元也是以当地箔税抵充。

1934年，绍兴加征乡镇自治捐、车照教育费，并规定各乡镇“因地制宜征收学谷捐、寺庙香火捐、鱼荡捐、石宕捐、米行捐、灰行捐、茶捐、竹捐、茧捐、干菜捐等名目繁多的教育附捐”，其中“以学谷捐、戏捐、香火捐为主，各种杂捐为辅”。1935年，加征屠宰教育附税。1936年，再将自治户捐加征二成。在这些五花八门的捐税中，田赋特捐、田赋附税、亩捐、置产捐、迷信捐（包括水路道场捐、香火捐）、验契附捐等项系按照浙江省统一规定征收，其余近20个项目都由该县自行开征。1941年，绍兴实行田赋征实，一度停收各项教育捐税，但县境大部旋即被日军占领。抗日战争胜利后，该县多种教育捐税重新开征，并规定捐献学谷，“每亩田8斤，沙地6斤”。1947年10月，征收乡镇自治暨教育费，“田每亩征谷12斤，沙地减半；凡营业者按营业额征千分之七”。由于通货膨胀的影响，“教育费虽数倍增长，实则年年减少”（《绍兴县教育志》编纂委员会，2002：431-434）。

又如浙江德清县，1928 年该县政府的相关报告表示："德邑教育经费，除税赋带征外，又有茶碗、酒碗、鱼行、班船运业、螺丝附捐、叶行捐、硝皮捐、肉捐、茧捐、菱行捐等十余种。"（《德清县教育志》编纂委员会，2009：65）平阳县 1929 年的教育捐税有地丁特捐、米折特捐、地丁盐课公益捐、抵补金教育费、验契附捐、茶捐、演戏捐、碾米厂营业捐等项，总计收入 13 666 元，占该年度教育经费总额的 56.3%。1930～1932 年，该县又先后增设了屠宰附捐、田亩学谷捐、轮船票附捐（《平阳县教育志》编纂组，1997：222）。更有甚者，永嘉县 1932 年教育捐税的名目竟多达 32 项，"但征收亦甚困难，受到有关行业的抵制"，其中有 4 项分文未收。该年度全年预算应收入 64 459 元，实际仅收入 20 557.69 元，"可见当时教育经费来源项目虽多，但征收时困难重重"。该县肉业同业公会曾向省政府申诉，要求制止县教育局加征的屠宰税附捐，出口茶叶等同业公会也曾迫使县政府撤销出口货物水脚教育捐（温州市教育志编纂委员会，1997：500）。浙江云和县 1936 年的教育附捐也有 27 项之多（丽水地区教育志编纂委员会，2000：437）。

在全国其他各县，教育捐税均是支撑地方教育事业的经济命脉，政府开办的公立学校经费主要依靠各类附捐维持。山东胶县（今胶州市）1918 年教育经费共计 16 489 元，其中 9950 元出自各项教育附捐。1926 年，该县政府大幅提高教育捐税的增收额度，"每赋银 1 元附征 0.34 元"，当年教育附捐总收入增长为 16 482 元（胶州志编纂委员会，1992：858）。湖北宣恩 1931 年教育经费仅 4680 元，其中即有 2700 元来自教育捐税，包括契税附加 1200 元、屠宰税附加 700 元、其他杂捐 800 元（宣恩县县志编纂委员会，1995：345）。湖北罗田 1933 年教育经费共 9843 元，其中 8003 元来自教育捐税，包括地丁附加 2602 元、漕米附加 1293 元、契税附加 2040 元、屠宰附加 1200 元、牙贴附加 580 元、券票附加 288 元（罗田县教育委员会教育志编纂办公室，1990：272）。与罗田相比，湖北随县的教育经费较为宽裕。1933 年共有 39 370 元，其中 34 377 元为捐税收入，包括田赋附捐 10 378 元、契税牙贴 9345 元、屠宰附捐 3000 元、中代捐 11 654 元（随州市教育委员会，1996：53-54）。

湖南省"以田赋附加为各县捐税之大宗，一般占县有教育经费的 25%以上"。茶陵县 1935 年教育经费共 18 913 元，其中田赋附加 10 000 元，其他各项捐税 2750 元。酃县的林业较为发达，"竹木杂捐收入更多于田赋附加"。1930 年该县教育经费共 11 080 元，其中田赋附加 2540 元，竹木杂捐 3150 元（株洲市教育委员会，1995：325-326）。1948 年，贵州松桃县政府增收 4 项教育特别捐，分别为契税附加 10%（即在交易金额的基础上增收 10%为教育捐，下同）、房捐附加 20%、畜牲出境捐 5%、桐油和茶籽交易捐 5%（松桃苗族自治县志编纂委员会，1996：760）。云南昭通地区下属各县先后开征的教育捐税有耕地附加捐、普及教育捐、牲捐、肉捐、盐捐、茶捐、丝绢、虫捐、场捐、秤捐、渡捐、升斗捐、鬃毛捐、山货捐、禾行捐、春贴捐、纸厂捐、碳厂捐、铁厂捐、杜典捐、烟酒捐、油榨捐、娱乐捐等。当地的所有经济产业乃至百姓日用物品，都被附加了捐税。1939 年前后，彝良、鲁甸两县的捐税收入都超过了本县教育财政支出的 90%（昭通市教育局，2002：400-401）。至于其他各地的相关情况，均是大同小异，就不再一一列举。仅在地方各项教育捐税中，选取较有特色的"迷信捐"和"养鸡捐"两项加以说明。

迷信捐，泛指向传统迷信活动从业者征收的教育捐税，各地的具体名目不尽相同，大致包括经忏捐、关牒捐、香火捐、道场捐等，有的县份甚至将秧歌戏列入征收范围等，部分地方还制定了专门的征收制度。例如，在江西省贵溪县，县教育局"感于本县教育经费开支不敷，教育事业难以发展，兼之县内迷信风气盛行"，遂于 1929 年报请本省教育厅核准后，正式颁行《征收迷信捐规程》。具体征收项目包括两种：①登记费。"凡全县僧道降褉师，每年须向教育局登记一次，每次缴纳登记费大洋 1 元。"未经登记而私自营业者，可处以 10 倍罚款。②营业费。凡僧道、斋公、天师等开展功德道场等法事活动，每次按照时间长短，缴纳 1～20 元不等；售卖符箓者，全年缴费 100 元。如不按期缴费，均处以 5 倍罚款。该县 1928 年度教育经费为 2.23 万元（包括丁漕附税 0.77 万元、其他各类附捐和特捐 1.153 万元、学田基金收入 0.307 万元），1929 年开征迷信捐后，年度教育经费增长为 2.77 万元（贵溪县教育志编纂办公室，1990：205）。传播文化科学的教育机构的经费竟然要依靠封建迷信来提供，看似完全相悖的两种活动以如此奇特的形式产生交集，不由使人感叹当时地方教育事业发展的不易与无奈。

养鸡捐，又称"鸡卵捐"，官方正式的称呼为"分工养鸡"或"养鸡造产"，是国民政府后期各地筹集小学教育经费的一种普遍方式。其制度来源为 1940 年教育部发布的《保国民学校及乡（镇）中心学校基金筹集办法》。该办法规定各户家庭每年春季到保公所认领 1～3 只小鸡，"代为饲养，至冬季收回之，变价充作学校基金"。而在具体实施时，各地的办法却往往超出了政策的统一规定。例如，四川北川县 1940 年颁行《分工养鸡购置学田办法》13 条，要求全县每户养鸡 1 只，年底以每只鸡 4 斤计算，按市价折现款 11 元缴纳"鸡捐"。该县共有 7000 余户家庭，1940～1942 年共收"鸡捐"约 24 万元。县政府用这笔钱在邻近的江油县购置学田 52 亩，"年收租谷 234 石，补充教育经费"（北川县教育志编写小组，1991：399）。湖北宣恩县从 1943 年开始，规定"年初由百姓每户领取鸡蛋一个，年底交肥鸡一只"。绥远武川县则是在 1948 年发起"一卵运动"，还成立了"一卵运动委员会"，规定"每户为学校捐一颗鸡蛋并孵成小鸡，饲养成活后由一卵运动委员会收受卖出，充为学校经费"（《武川县志》编纂委员会，2010：483）。凡此种种，都是对地方民众人力、物力或财力的无偿征用，当时各地教育经费之极度困窘，于此可见一斑！

第六章　民国捐资兴学制度的历史评析

　　民国时期，捐资兴学制度对于教育事业的整体发展具有不可或缺的推动作用。历次捐资兴学褒奖规程的颁行、实施与修订，有效地激发了广大民众的捐资热情，补充了各级政府教育财政投入的不足，并进而改变了教育机构的成分比重，拓展了办学主体的形式，促进了学校教育的整体发展与社会各项事业的全面进步。时至今日，仍有其可资借鉴与吸取之处。同时亦应看到，当时的捐资兴学制度并未完美无缺，政策的制定与实施环节都存在着某些缺陷与不足，影响了最终的实际成效，乃至造成了某些严重的消极后果。

第一节　补充教育经费的不足

一、全国整体概况

民国成立后，由于教育财政体制的先天不足、战乱的直接与间接损害等因素的影响，教育经费长期处于匮乏状态。在此历史背景下，捐资兴学制度发挥了明显的积极作用，有效地激发了社会各界的捐资热情，很大程度上弥补了各级政府教育财政投入的不足。民国时期先后出现过四次捐资兴学的高潮，捐资所得在教育文化经费中均占有重要比例，如表 6-1 所示。

表 6-1　民国时期部分年度全国教育文化经费预算、捐资兴学所得金额比较简表　单位：元

年份	1912	1913	1914	1915	1916	1922	1925	1928
教育文化经费预算	29 667 803	35 151 355	39 032 045	37 406 312	35 406 310	45 474 143	31 115 321	46 144 636
捐资兴学所得金额	2 253 712	784 622	413 343	590 210	294 109	93 478	110 126	211 218

年份	1929	1930	1931	1932	1933	1934	1935	1936
教育文化经费预算	14 247 252	14 404 067	19 163 011	21 902 357	23 294 556	45 479 486	49 133 599	55 406 050
捐资兴学所得金额	439 545	1 287 647	2 145 409	1 447 313	1 635 160	1 112 200	1 847 130	20 971 705

年份	1937	1938	1939	1940	1941	1942	1943	1944
教育文化经费预算	45 884 096	18 915 519	55 857 004	67 851 232	146 533 285	374 929 640	667 572 538	3 490 165 863
捐资兴学所得金额	1 431 726	511 438	400 474	4 669 183	3 882 211	3 180 357	13 920 118	40 330 967

资料来源：根据中国第二历史档案馆：《中华民国史档案资料汇编》（第五辑第一编教育），南京：江苏古籍出版社，1994 年，第 104～105 页，第 118 页；《中华民国史档案资料汇编》（第五辑第二编教育一），南京：江苏古籍出版社，1997 年，第 349 页；国民政府教育部教育年鉴审委员会：《第一次中国教育年鉴》，上海：开明书店，1934 年，戊编第 358～362 页；国民政府教育部教育年鉴编纂委员会：《第二次中国教育年鉴》，上海：商务印书馆，1948 年，第 1605 页表格数据整理。

民国时期出现的第一次捐资兴学高潮为 1912 年，全国教育文化经费预算总额约为 2966.8 万元，捐资所得金额约为 225.3 万元。换言之，该年度通过捐资所得的额外收入，教育文化经费在原预算的基础上增加了约 7.6%。第二次为 1931 年，全国教育文化预算总额约为 1916.3 万元，捐资所得金额约为 214.5 万元，在原预算的基础上增加了约 11.2%。第三次为 1936 年，全国教育文化预算总额约为 5540.6 万元，捐资所得金额竟高达约 2097.2 万元，在原预算的基础上增加了约 37.9%。第四次为 1940 年，全国教育文化支出总额约为 6785.1 万元，捐资所得金

额约为 466.9 万元，在原预算的基础上增加了约 6.9%。必须说明的是，表 6-1 中所列各年度捐资所得金额的统计范围很不完整，大部分时段仅包括获得教育部奖励的捐资事例，1912～1928 年为捐资 1000 元及以上，1929～1943 年主要为捐资 3000 元及以上。至于各省市自行褒奖的捐资事例及金额，基本未能计算在内。如果再加上未达到奖励标准的零散捐资，以及达到奖励标准而未申报受奖的事例，总体数额应当更为可观。其实，1946 年还曾出现过第五次捐资高潮，全年捐资总额约为 12.6 亿元，但由于通货急剧膨胀的关系，计算其比例已失去了统计意义。

关于捐资兴学所得资金的具体用途，教育部曾在 1929～1937 年段有过较为准确的统计，见表 6-2。除 1936 年捐资集中于高等教育阶段外，其余各年度的分布尚称均衡，基本符合各类教育事业发展的实际需求。至于各省市自行褒奖或未经褒奖的捐资事例，大多投入基础教育尤其是小学教育阶段，对于维系与促进地方教育事业也有不可或缺的作用。

表 6-2　　1929～1937 年捐资兴学资金用途分项简表　　　　单位：元

年份	总计	高等教育	中等教育	初等教育	社会教育	教育基金	奖学基金	其他
1929	439 545	110 000	28 355	215 340	55 000	24 850		6 000
1930	1 287 647	156 160	384 199	475 153	215 895	53 240		3 000
1931	2 145 409	9 000	713 055	943 054	69 700	130 600		280 000
1932	1 447 223	35 000	839 238	557 985	10 000	5 000		
1933	1 635 160	18 000	809 783	690 977	64 000	42 400		10 000
1934	1 112 100	20 000	91 220	386 350	579 530	35 000		
1935	1 847 130	1 016 000	249 740	448 390	3 000	120 000	10 000	
1936	20 971 705	20 262 240	457 660	190 085	10 300	40 000	11 420	
1937	1 431 726	44 500	997 067	206 744	183 415			
合计	32 317 645	21 670 900	4 570 317	4 114 078	1 190 840	451 090	21 420	299 000

资料来源：根据中国第二历史档案馆：《中华民国史档案资料汇编》（第五辑第一编教育），南京：江苏古籍出版社，1994 年，第 104～105 页表格数据整理。其中对部分数据进行了修正，合计总额中另有 9900 元用于贫寒学生补助金。

二、地方示例分析

在地方各省市教育经费的构成中，捐资兴学均占有相当重要的分量。仅以 1941 年的陕西省为例，该年度全省教育经费总计约 572.6 万元，捐资所得金额为

223 635 元，占比为 3.9%。其中 4669 元用于中等教育，10 000 元用于奖学基金，400 元用于其他事项。81 466 元直接用于小学教育日常开支，127 100 元用于教育基金，受益对象主要也是小学教育（陕西教育志编纂办公室，1988：365）。当时正处于抗日战争最艰难的阶段，陕西虽位于西部后方，但地方经济并不发达，捐资兴学能取得这样的成绩实属不易。

江苏、浙江、上海等沿海各省市商业经济较为发达，捐资以现款为主，所得资金有时甚至超过了当地政府的教育财政投入。例如，1931 年江苏无锡县"全年公办学校以及县图书馆、体育场、民众教育馆"等经费支出总共约 42.6 万元，而该县当年度的 4 起巨额捐资合计就达到了约 50.2 万元，分别为匡启墉捐资 247 337 元创办匡村初级中学，胡氏义庄捐资 182 300 元创办胡氏初级中学，唐宗愈向唐氏小学捐资 36 627 元，严氏义庄向经正小学捐资 35 830 元，均获得国民政府的专案或集中嘉奖。1932 年，该县超过 3000 元的大额捐资有 15 例，捐资总额约 18.6 万元。此外，这两年度还有 26 例捐资 1000～3000 元，获得全国四、五等奖状，55 例获得江苏省各等奖状，108 例获得县教育局的表彰（无锡县教育局，1992：260，278～279）。浙江庆元县 1934 年教育经费共计 14 968 元，其中政府财政投入仅 614 元，其余为捐资所得 1100 元、教育捐税 3955 元、基金产息 9059 元、学费收入 240 元（丽水地区教育志编纂委员会，2000：441）。浙江乐清县 1941 年教育财政投入为 12.8 万元，而该年度通过捐资兴学筹集的教育基金就有 39.4 万元，另有学田 723 亩（乐清县教育委员会教育志编纂组，1993：184，188）。上海川沙县，1914～1929 年捐资 100 元以上者共 127 例，筹款共计 9.8 万余元，"而民国元年至二十年（1912～1931 年），市、县、乡行政建校拨款尚不足 3 万元"。民国时期编修的《川沙县志》就称："我川（沙）教育之盛，大半得力于私人之热心捐资兴学。"（上海市川沙县县志编纂委员会，1990：773）

内陆各省民国时期的主要产业仍是传统农业，捐助学田即成为捐资兴学的重要形式。先以湖南沅江为例，该县 1922～1946 年捐助较多学田的事例先后有 14 起：1922 年，王俊向县立女子小学、私立民智小学分别捐助 200 亩、65 亩；1925 年，刘衡捐助私立国定小学 399 亩；1927 年，江西同乡会捐助私立维新小学 30 亩，渔业同业公会捐助私立育才小学 72 亩；1939 年，熊宗廉捐助私立沅英小学 240 亩；1940 年，皮氏家族捐助私立鹿门小学 160 亩，贾氏家族捐助私立琳琅小学 54 亩；1941 年，皮金固等 3 人捐助私立新生小学 200 多亩，祝氏家族捐助私立华封小学 300 亩；1943 年，李尚荣、毛松园分别捐助县立中学 500 亩、100 亩；1946 年，周维寅捐助县立初中等校 697 亩，龙奉先、龙三保共同捐助私立龙亭小学 106 亩，王恢先、王一华共同捐助私立蓉秋小学 405 亩。1946 年，该县学田总共为 6118 亩，而上述 14 例捐助合计就有 3528 亩，占比为 58%（沅江县教育志编纂组，1990：220-222）。又如四川梓潼，清末民初的兴学潮中"县民捐赠给学校的田产累计达 32 处之多，其租金收入约占教育经费的 25.62%"。至 1947 年，该县学田总计达到 1300 多亩，年收谷租 4000 石以上（梓潼县志编纂委员会，1999：1124）。学校受赠田地后，通常以出租的方式获取租金或学谷，用于补充日常办学经费的不足，尤其在民国后期通货急剧膨胀的时代背景下，不失为一种相对稳定的来源渠道。

第二节　促进学校数量的增长

民国时期，各级各类学校依据办学主体的不同，均可分为公立和私立两大类型。其中公立学校在不同的历史分期，具体分类有较大的差异，私立学校的内涵较为简单，历次学制章程均将之明确界定为"私人或私法人筹集经费"开办。私立学校的经费除部分来自政府补助、收取学费外，主要依靠创办者自行筹集和社会各界的捐助。这两种形式可分别称为捐资办学、捐资助学，都统属于捐资兴学的范畴。一般说来，私立学校是对政府办学的有益补充，可拓展办学主体的形式，丰富教育结构的层次内涵。而在民国时期，政府办学资金始终短缺匮乏，私立学校发挥的作用更为明显，甚至成为教育事业不可或缺的组成部分。因此，考察各类私立学校的数量变化与办学成绩，也是分析评价当时捐资兴学实效的重要方式。

一、高等教育

我国私立高等教育机构在 20 世纪上半叶先后出现过五次明显的增长，如表 6-3 所示。第一次为清末民初之际，1913 年一度达到 37 所，但其中 33 所都是专门学校，属于高等职业教育范畴，办学条件大多因陋就简，缺乏长期稳定的经费、师资、设备保障，培养质量自然也不容乐观，加之教育部对私立高校逐步采取了较为严格的限制与审核制度，不少私立专门学校无力为继，只能关闭停办，至 1920 年私立高校总数已缩减至 25 所。第二次为 1925 年前后，该年度私立高校总数回升至 40 所，而且其中 24 所为大学或独立学院，专门学校只有 16 所。整体的办学层次得到明显提升，办学条件有所改善。此后随着原有私立专门学校的持续停办，1928 年私立高校总数再度缩减为 26 所。第三次为 1931 年，私立高校在 1 年内激增 14 所，总数达到 47 所，其中 37 所为大学或独立学院。此后 5 年间，基本保持稳定并渐有增长。抗日战争全面爆发后，华北、华东等文化教育发达地区相继沦陷，当地部分私立高校被迫停办，但战时又有一些学校新设于西部后方，使得私立高校的总数在1944年已略微超过战前的最高水平。其中1940年增加6所，可称为第四次增长期。第五次为1946年，私立高校增至64所，达到民国成立以来的最高点，包括22所大学、26所独立学院、16所专科学校。在上述五次增长期，除第二次外，其余四次都大致对应着捐资兴学的高潮时段。

表6-3　民国时期全国公私立高等教育机构分类简表　　　单位：所

年份	1912	1913	1914	1915	1916	1918	1920	1925	1928	1929	1930	1931	1932	1933
公立	79	79	74	70	58	61	62	68	48	50	53	56	57	57
私立	35	37	28	34	28	28	25	40	26	26	33	47	46	51
合计	114	116	102	104	86	89	87	108	74	76	86	103	103	108

年份	1934	1935	1936	1937	1938	1939	1940	1941	1942	1943	1944	1945	1946
公立	59	55	55	44	50	56	62	77	81	83	91	87	121
私立	51	53	53	47	47	45	51	52	51	50	54	54	64
合计	110	108	108	91	97	101	113	129	132	133	145	141	185

资料来源：根据国民政府教育部教育年鉴编审委员会：《第一次中国教育年鉴》，上海：开明书店，1934年，丁编第31页；国民政府教育部教育年鉴编纂委员会：《第二次中国教育年鉴》，上海：商务印书馆，1948年，第1406页；蒋致远：《第三次中国教育年鉴》，台北：宗青图书公司，1991年，第1217页表格数据整理。高等教育机构包括大学、独立学院、专科学校（北洋政府时期称为专门学校）。

　　捐资兴学既是私立高校得以创办的先决条件，也是维持其后续发展的经济动力。尤其是国人自办的高校，没有教会高校那样充足的经费来源，创办或捐助者的奉献精神更加值得赞许，这可用国民政府时期的几个案例加以具体说明。冯庸大学的创办者冯庸，为奉系军阀冯德麟的长子，生于1901年，曾任东北军中校参谋处长、少将航空司令，并创办大冶铁厂及其附属工科学校。1926年，他辞去军职，清理变卖个人资产，开始筹办私立大学。次年10月，冯庸大学宣告正式成立，创办经费约200万元，全部由冯庸独自承担，他还将冯家的绝大部分产业捐为校产，包括铁厂、丝厂、粮油栈、苇塘、滑石矿等，尤其是位于通辽县的大片土地，"占全县耕地总面积百分之八十以上"。这些基金产业由校产监理处统一管理，每年所需办学经费约20万元，均由基金内开支。冯庸筹办大学之始，曾有人劝说他不必倾尽家财，可用募捐的方式更为合算。他却回答道："我不是富于教育经验者，因为社会混乱，欲挽狂澜于既倒，所以破产兴学，以造就有作为的新青年。

若到社会上去募捐，集款虽易，倘若成绩微渺，我怎能对得起社会呢？终不如自我彻底牺牲，功罪咸归一人，心中尚觉安适。"冯庸大学建校后，秉承冯庸"工业救国"之理想，侧重于培养工科类实业人才，并极为注重教学质量、军事训练和爱国主义教育，甚至将东北的日本驻军作为假想敌进行军事演练，自然也被日方特务机关视为眼中钉。"九一八事变"发生后的第二天，冯庸即被日本宪兵逮捕，后经人舍命相救，才得以逃脱虎口。冯庸又组织冯庸大学迁往北平复课，还全力支持该校师生参与义勇军，直接上前线与日军对抗。1933年，冯庸大学因经费来源完全断绝，并入东北大学（朱虹，1996）。此后，冯庸重归军界，抗日战争全面爆发后曾在多个战略要地担任警备司令，国民党政权败退台湾后更是高升至台北市长、高雄港口司令等要职。他在1926～1933年办理冯庸大学期间，其实也兼具官僚资本家的身份，并得到了好友张学良的支持。对于这种情况，很难单纯地将其归入商人、军政要员捐资兴学中的某一类，所以在此稍加交代，以作补充。

西部各省经济较为落后，高教事业基础薄弱，创设私立高校的意义更为重要。以云南省为例，昆明儒商于乃仁、于乃义兄弟先后捐资创办五华小学、五华中学，又在抗日战争结束前夕积极筹办私立高校，从所经营的香港国际贸易机构抽回大部资金，并在众多志同道合者的支持与援助下，于1946年正式创建私立五华文理学院。该校设有中文、外语、历史、地理、地质等系，以及研究班与先修班，先后招生2000余人，1951年裁撤并入云南大学等校（云南省档案馆，2009：609-610）。抗日战争结束后，云南中医师公会理事长吴佩衡联合昆明多位知名中医，共同筹办中医专科学校。他率先捐出自己的大部分积蓄，又多方奔走，争取捐资援助，终于在1949年正式创办云南中医专科学校。1953年，该校改制为昆明市中医进修学校，1960年再升格为云南中医学院，吴佩衡为首任院长（张希禹，2009：3274-3275）。云南这两所私立高校都开办于民国末期，延续的时间并不长，却是云南当代高等教育事业重要的历史渊源，影响不可谓不深远。

在当时某些文化和教育基础薄弱的地区，私立高校的创设则使当地高等教育事业取得了空前的突破。海南的高等教育长期处于缺失状态，1946年华侨陈策在广州邀集海南同乡，发起创办私立海南大学。1947年1月，该校在海口椰子园正式成立，设有农学、医学、文理3个学院。至1948年5月组建董事会时，已先后收到来自泰国、马来西亚、新加坡、越南等地近百名海南籍华侨的捐资，共计国币1045亿元、美金和港币各4万余元。海口地方各界人士也给予了该校很多实际的支持，如商人周成梅将私人开办的海南医院供医学院学生实习之用（冯子平，2003：136-137）。可惜私立海南大学在 1950 年 4 月被迫解散，直至 1958 年在儋州设立华南热带作物学院后，海南的高等教育才重新得以起步。

与上述几所私立高校相比，陈嘉庚主持创办的厦门大学更具知名度与影响力。关于陈嘉庚创办厦门大学的具体过程，相关研究成果已多有详尽论述，这里不再赘笔，仅简略介绍第二任校长林文庆的重要作用。厦门大学 1921 年建校后，林文庆执掌校务长达 16 年之久（首任校长邓萃英任期不到 3 月，旋即辞职）。厦门大学前期的办学经费主要由陈嘉庚、陈敬贤兄弟二人捐献，此后的运作与维持则更多地倚赖于林文庆的苦心经营。尤其是陈嘉庚开办的企业因世界经济危机而陷于困境时，林文庆通过各种渠道募集的巨额资金便成了厦门大学的主要经济来源。1937 年，厦门大学改为国立，林文庆也辞去校长职务。1938 年 6 月，国民政府通令嘉奖陈嘉庚、陈敬贤、林文庆 3 人"十余年同心协力，惨淡经营，故能成就多才，规模大备……艰辛创业，愿力宏毅，嘉惠士林，足资矜式"（厦门大学校史编委会，1988：8-9）。

高校所需费用甚为巨大，长期办学的各项经费往往不是创办者个人所能承担。与厦门大学类似，每所国人自办的私立高校若想求得生存与发展，均离不开各界捐资的扶持。例如，1930 年私立民国大学面向社会发出募捐启事，称本校"教室、浴室、宿舍、各种体操场所等皆须补充添设，惟工程较巨，需款无着"，因此将修建计划和基址照片印订成册，希望"热心教育诸公，睹颓废而兴思，解义囊以为助"。该校在启事中还提出了具体的奖励办法：独捐巨款修建某一处所者，完工后即以捐助者称号冠名，"并悬挂捐款者大方玉照于董事厅，以崇公报德"；捐款 500 元以上者，由本校按照褒奖条例呈请颁给奖状；捐款 50 元以上者，"一律将芳名勒石，悬挂相片，以留纪念"（黑广菊，刘茜，2010：463-464）。1933年，上海美术专科学校准备在徐家汇购地建筑新校舍，计划筹款 20 万元，成立了专门的筹建委员会，推举蔡元培、孙科、吴铁城等 5 人为主席，同时聘请林森、戴季陶、李石曾、张人杰、褚民谊等 40 人为募捐队长，而且充分发挥自身的专业优势，承诺对捐献巨资者分别由知名雕塑家、画家为其铸像或画像，树立校内或悬挂于纪念堂，"以垂久远"，并赠送本校制作的精致纪念品（刘海粟美术馆，上海市档案馆：2013：222-224）。广东省的私立高校则更多地依赖于海外华侨捐资，例如，1928～1945 年，国民大学校长吴鼎新、副校长张音谱、教务长张景耀等先后前往美洲、南洋等地筹款，共计募得美金 15 万余元、港币 20 万元。广州大学、光华医学院等校都曾获得过海外华侨的热心捐助（广州市地方志编纂委员会，1999：336）。

公立高校包括国立、省（市）立两类，办学经费主要由政府拨付，但经常遭到挪用拖欠，无法保证稳定与充足，所以即便是"国"字号的高校，时常也只能放低身段，争取来自社会的捐资援助。1933年，国立广东法科学院"募捐筹款建筑学生宿舍及扩充图书馆"，梁介庵捐助该校现款1000元和价值700元的图书，获得全国四等奖状（广东省政府，1933c）。中山大学作为民国时期著名的国立大学之一，也曾频繁地接受各界捐资。1933~1935年，该校先后获得来自两广地区的3起大额捐资，黄旭初、李宗仁、白崇禧共同捐资粤币6万元（折合国币4.8万元），霍芝庭捐资粤币6万元，胡文虎、胡文豹兄弟捐资广东市立银行纸币5万元（折合国币3.64万元）（中国第二历史档案馆，1994：101-103）。

国民政府末期，政府财政体系陷于崩溃，无论是国立、省（市）立，还是私立的国人自办或教会高校，办学经费均以捐资兴学为重要来源。例如，1948年京剧名旦程砚秋捐资国立沈阳医学院7亿元，获得国民政府奖给的匾额一方。同年，四川仁寿县高利民兄妹向华西协合大学捐赠田地302亩，时值国币约18亿元，获得国民政府"励学育才"匾额（佚名，1948b）。浙江金华的方葆生捐助国立英士大学校舍基地，获得金质奖章（佚名，1948c）。

二、中等教育

（一）整体概况

民国时期的中等学校可分为普通中学、师范学校、职业学校3大类。如表6-4所示，私立中等学校总数经过民国初期的徘徊后，1925~1936年进入持续增长阶段，抗日战争全面爆发后曾急剧减少，此后又逐渐得以恢复，1942年即超过了此前的最高水平，1945年又在1942年的基础上增加了约71%。尤其是在1930年、1945年先后出现过两次迅猛增长，大致分别对应着捐资兴学活动中的两次高潮。1930年，私立中等学校总数为856所，占公私立中等学校总数的45.7%；私立中等学校学生总数约为17.3万人，占公私立中等学校学生总数的43.7%。1936年，私立中等学校学生总数约为27.5万人，占公私立中等学校学生总数的43.8%。1946年，私立中等学校学生总数约为61.2万人，占公私立中等学校学生总数的39.1%。在某些时段，私立中等教育机构的学校数、学生数几乎可与公立类等量齐观。考虑到很多公立中等学校创设与办学过程中实际也接受了大量的捐资，可以得知捐资兴学活动对于整个中等教育事业的促进作用当更为巨大。例如，山东单县 1932 年筹办县立中学，因建校经费不足，县教育局便印发《告全县诸父老兄弟姑伯姊书》，向社会各界开展劝募，县长召集全县富裕人家举行募捐会议，"很快募集大洋一万余元，妥善解决了学校的经费问题"（《单县教育六十志》编纂委员会，2009：422）。

表 6-4　民国时期全国公私立中等学校分类简表　　　　单位：所

年份	1912	1913	1914	1915	1916	1925	1928	1929	1930	1931	1932
公立	319	360	388	385	299	404	591	795	1018	2058	2059
私立	54	46	64	59	51	283	363	430	856	968	984
合计	373	406	452	444	350	687	954	1225	1874	3026	3043
年份	1933	1934	1936	1938	1939	1940	1941	1942	1943	1944	1945
公立	2095	2061	2064	1196	1374	1607	1771	1926	2087	2274	2921
私立	1030	1079	1200	618	904	999	1041	1261	1368	1471	2152
合计	3125	3140	3264	1814	2278	2606	2812	3187	3455	3745	5073

资料来源：根据国民政府教育部教育年鉴编纂委员会：《第二次中国教育年鉴》，上海：商务印书馆，1948 年，第 150～152 页表格数据整理。

（二）中学教育

　　民国时期的中学按所属性质可分为国立、省（院辖市）立、县（省辖市）立、私立，按办学层次包括完全中学、初级中学、高级中学。如表 6-5 所示，经过清末民初的兴学潮后，全国私立中学至 1914 年为 57 所，占中学总数的 12.2%。1929 年为 361 所，占比增为 33.4%。1930 年私立中学激增为 689 所，占比达到 43.4%。1934 年为 929 所，占比为 48.6%，已与公立中学相差无几。1936 年为 981 所，占比为 50.2%。抗日战争初期，数量曾一度巨减，自 1939 年开始又逐渐恢复，至 1942 年达到 1116 所，超过了此前的最高水平。1945 年为 1937 所，占比为 52%。整体来看，私立中学的数量先后出现过三次快速增长，即 1929～1931 年、1939～1941 年、1944～1946 年，与捐资兴学的三次高潮分别对应。国民政府时期各年度，私立中学均在中学总数内均占有重要比例，有时甚至超过了公立中学。在某些地区的部分时段，私立中学竟占有压倒性的优势。例如，1946 年广州市共有中学 80 所，其中私立中学就有 72 所（广州市地方志编纂委员会，1999：69）。

表 6-5 民国时期全国公私立中学分类简表　　　　单位：所

年份	1912	1913	1914	1915	1916	1929	1930	1931	1932	1933	1934	1935
公立	315	353	384	382	295	719	899	1038	1046	1025	983	—
私立	44	42	57	53	47	361	689	855	868	895	929	—
合计	359	395	441	435	342	1080	1588	1893	1914	1920	1912	1894

年份	1936	1937	1938	1939	1940	1941	1942	1943	1944	1945	1946
公立	975	—	723	864	1025	1144	1257	1358	1446	1790	—
私立	981	—	523	788	875	916	1116	1215	1304	1937	—
合计	1956	1240	1246	1652	1900	2060	2373	2573	2750	3727	4266

　　资料来源：根据国民政府教育部教育年鉴编审委员会：《第一次中国教育年鉴》，上海：开明书店，1934 年，丙编第 193 页；国民政府教育部教育年鉴编纂委员会：《第二次中国教育年鉴》，上海：商务印书馆，1948 年，第 1429～1430 页；蒋致远：《第三次中国教育年鉴》，台北：宗青图书公司，1991 年，第 1222 页表格数据整理。
　　注：表中"—"表示不详。

　　再就办学成效而论，很多知名的私立中学因经费来源较为充裕，具有较好的师资、生源和设施条件，培养质量和社会声誉都颇为可观。浙江绍兴商人陈春澜1922 年捐献巨资 20 万元，在当地创办春晖中学。该校建有众多瑞典式风格的校舍，首批新生多数来自宁波、绍兴，也有部分来自江苏各地，还有从江西、湖南、贵州慕名而来的远地学子。陈春澜亡故后，其亲属又于 1929 年续捐 15 万元，添置了大量校舍与设备。"春晖中学以其学习环境优雅，校舍设施完备，教师学识渊博，教学质量较高而闻名遐迩。"后来为纪念陈春澜的捐资义举，特别在校门左侧建造了"春社"纪念堂，由绍兴同乡蔡元培亲笔题写门牌匾额（王克昌，姜虎臣，陈志康，1996：551-552）。另据文献所载，该校先后由经亨颐、夏丏尊等主持经办，朱自清、丰子恺等著名学者曾在此执教，并在当地率先实行教育改革，实行男女同学，"影响颇大"（国家文物事业管理局，1981：398）。

　　又如天津商人卢木斋捐资创办的木斋中学，"学生学习成绩在全市各中学中趋于上游，历届毕业生考入北大、清华、北洋、南开等知名的高等院校为数不少"。该校注重学生素质的全面发展，广泛开展文艺、体育等项活动，培养了不少的专业人才，"到 1946 年已拥有学生八百多人，成为天津当时颇有声望的一所学校"（钟和高，1990：70-71）。1925 年，湖南湘乡人蒋显曾以当地蒋氏家族、成氏家族分别创办的长春小学、元英小学为基础，将两校合并改办为私立春元初中，仍附设小学部，两姓家族又向该校加捐田产 500 石为基金。此后 10 余年，蒋显曾"不遗余力扩充学校设施，共耗资 10 万多元，除由各方捐助的 4000 元外，均由他个人擘划和破产支付，400 亩家产先后卖出 300 亩"，获湖南省教育厅授予的"毁家兴学"匾额。1939 年，该校又增设高中部，"为湘乡及邻近各县办完全中学之始"。1940 年，春元中学获教育部嘉奖，并奖给银币 200 元。1943 年，湖南全省举行高中毕业会考，该校有 13 名学生因成绩优异而免试升入大学（毛金玉，2005：140）。

私立中学不依赖于政府拨款，经费来源相对灵活。抗日战争后期通货膨胀严重，很多公立学校的教师薪水都不足以维持基本生活。孙震捐资创办的成都私立树德中学即改为每月向教师发放大米，"使教师生活得到保障，均尽心尽力教育学生"，从而促成该校"教学质量不断提高，人才辈出"（李有为，1997：112-113）。

（三）师范教育

相对来说，师范教育是捐资兴学成效较为薄弱的环节。如表 6-6 所示，1930 年全国共有各类师范学校（包括师范学校、简易师范学校、乡村师范学校、乡村简易师范学校）812 所，其中私立的仅 34 所。1932 年 12 月颁行的《师范学校法》对私立师范学校采取了较为严格的限制政策，致使其数量持续缩减。至 1938 年，只剩下 10 所。1939～1944 年态势起伏不定，整体曾有略微增长，却远不如同时段私立中学的发展成效，而且在 1945 年又下降至最低谷。

表 6-6　民国后期全国公私立师范学校分类简表　　　单位：所

年份	1930	1931	1932	1933	1934	1935	1936	1937	1938	1939	1940	1941	1942	1943	1944	1945	1946
公立	812	831	828	861	844	—	787	—	302	325	359	397	438	482	546	760	—
私立	34	36	36	32	32	—	27	—	10	14	15	11	17	16	16	10	—
合计	846	867	864	893	876	862	814	364	312	339	374	408	455	498	562	770	902

资料来源：根据国民政府教育部教育年鉴编审委员会：《第一次中国教育年鉴》，上海：开明书店，1934 年，丁编第 94 页；国民政府教育部教育年鉴编纂委员会：《第二次中国教育年鉴》，上海：商务印书馆，1948 年，第 1429～1430 页；蒋致远：《第三次中国教育年鉴》，台北：宗青图书公司，1991 年，第 1222 页表格数据整理。
注：表中"—"表示不详。

通观整个民国时期，较为突出的案例仅有 1918～1927 年陈嘉庚创办的集美师范、集美女子师范、集美幼稚师范，1918 年黄溯初创办的温州师范，1941 年颜镇奎创办的喜洲师范等校。其实在 1931 年前后的捐资高潮中，私立师范学校也曾出现过一次难得的发展机遇。较之 1930 年，学校数量虽然仅增加 2 所，但学生总数由 4970 人扩充至 6261 人，每校平均学生数由 146 人增加为 174 人，整体的办学规模和生源吸引力都有明显的进步。可惜因政策所限，此次转机并未得到延续，而是遭到了压制。在私立师范学校最为集中的闽南地区，1917～1931 年华侨创办或捐助的学校就有 11 所之多。但福建省当局 1936 年以"统制"管理为由，强迫全省私立师范学校限期停办。1945 年，全国仅有 10 所私立师范学校，学生总数共 736 人，可见各校办学规模亦相当有限。

（四）职业教育

与师范学校相比，捐资兴学对职业学校的促进作用要明显得多，无论是学校数量还是所占比例、办学成效都更为可观。如表 6-7 所示，1930 年全国共有职业学校（包括初级、高级、两级合设）272 所，其中私立的为 80 所，约占总数的 29.4%。1935～1936 年快速增长为 192 所，占比达到 38.9%。抗日战争全面爆发后曾有大幅缩减，但从 1939 年开始又持续增长，至 1945 年已有 205 所，超过了此前的最高水平。这 205 所学校共有学生 29 328 人，每校平均约为 143 人，也远远超过了当时的私立师范学校。

表 6-7　民国后期全国公私立职业学校分类简表　　　　单位：所

年份	1930	1931	1932	1933	1934	1935	1936	1937	1938	1939	1940	1941	1942	1943	1944	1945	1946
公立	192	189	185	209	234	—	302	—	171	185	225	230	231	247	273	372	—
私立	80	77	80	103	118	—	192	—	85	102	107	114	128	137	151	205	—
合计	272	266	265	312	352	408	494	292	256	287	332	334	359	384	424	576	724

资料来源：根据国民政府教育部教育年鉴编审委员会：《第一次中国教育年鉴》，上海：开明书店，1934 年，丁编第 94 页；国民政府教育部教育年鉴编纂委员会：《第二次中国教育年鉴》，上海：商务印书馆，1948 年，第 1429～1430 页；蒋致远：《第三次中国教育年鉴》，台北：宗青图书公司，1991 年，第 1222 页表格数据整理。

注：表中"—"表示不详。

民国时期的私立职业学校不仅数量较多，而且办学条件和成效普遍较好。尤其是作为重要捐资群体的本土商人或海外侨商，往往抱有"实业救国"的捐资目的，开办或捐助学校时更倾向于选择自己更为熟悉，对经营事业更有长远助益的职业教育领域，这就使得很多私立职业学校具有相当充足的办学资源。1917 年，黄炎培联络蔡元培、张謇、严修、穆藕初等 40 多人发起成立中华职业教育社，又于次年在上海陆家浜创办私立中华职业学校。1918 年，中华职业教育社及中华职业学校获得了来自各界的大笔捐款。该社公开刊登的《本社第一年度经费表》表明，1918 年度共收入 30 071.26 元，其中教育部与江苏省补助合计仅 3800 元，其余几乎都出自民间捐资，包括陈嘉庚捐资 1 万元、菲律宾华侨捐资共 1 万元、本社社员集资 4326 元、其他捐资 1780 元。同年度，中华职业教育社用于本社日常运作的支出约为 4855 元，用于中华职业学校的开办费为 2 万元，经常费为 1 万元，筹集的资金基本已能应付所需各项开支。

1919～1920 年，中华职业教育社及中华职业学校获得的捐资更为频繁。其中依照 1918 年 7 月颁行的《重修捐资兴学褒奖条例》，获奖者共有 73 例。捐资 3000～5000 元的个人有陈迎来、蔡膺成等 6 例，获得金色二等褒章、匾额；捐资 2000～3000 元的个人有穆湘玥、林为亨等 6 例，获得金色三等褒章、匾额；捐资 1000～2000 元的个人有张謇、梁士诒等 23 例，获得金色三等褒章；捐资 500～1000 元的个人有蒋梦麟、陈光纯等 17 例，获得银色一等褒章；捐资 400～500 元的个人有黄炎培、黄少岩等 13 例，获得银色二等褒章。捐资 1000～2000 元的团体有南洋兄弟烟草公司、慎昌洋行、思恭堂、德慎堂 4 例，获得三等褒状；捐资 500～1000 元的团体有上海招商局、北京中国银行、公和来号 3 例，获得四等褒状。此外，另有 1 例个人捐资，因捐助者顾泳铨在申请授奖之前便已身故，按例追授四等褒状。（朱有瓛等，2007：461～464）依照上述数据，可以推断这 73 例捐资总额应在 7.27 万～12.95 万元。即便是取最低值，在当时也算一笔不菲的资金。1921 年，中华职业学校获得的大额捐资有 13 例，包括黄奕住、戴春荣、杨森等 11 例个人捐资，上海慈善救济会、上海保安队 2 例团体捐资，捐资总额为 26 466 元（国民政府教育部教育年鉴编审委员会，1934：戊编 337～338）。综上可知，中华职业教育社及中华职业学校 1918～1921 年获得的捐资至少约 12.9 万元，年均至少为 3.2 万元，大大超过了当时很多公立职业学校的办学经费。

三、初等教育

（一）小学教育

关于民国前期私立小学的基本概况，缺乏详细的全国性统计，但从某些地方的具体情况来看，私立学校已占有较大的比例。例如，浙江温岭县 1912～1917 年新办的小学有 68 所，其中 32 所为私立。舟山县 1912～1919 年新办小学 48 所，

"有将近一半的学校为民办"（张彬，2006：432）。从 1930 年开始，全国公私立小学有了明确的分类统计，见表 6-8。

表 6-8　民国后期全国公私立小学分类简表　　　　单位：所

年份	1930	1931	1932	1933	1934	1935	1936	1937	1938
公立	187 426	198 992	198 004	213 504	214 047	246 204	274 530	190 346	183 988
私立	56 127	60 871	65 429	45 591	46 648	45 248	45 550	39 565	33 406
合计	243 553	259 863	264 433	259 095	260 665	291 452	320 980	229 911	217 394

年份	1939	1940	1941	1942	1943	1944	1945	1946
公立	185 051	196 845	206 172	241 010	265 991	241 987	254 640	273 944
私立	33 697	23 368	18 537	14 270	7 452	12 390	15 297	16 673
合计	218 758	220 213	224 709	258 280	273 443	254 377	269 937	290 617

资料来源：根据国民政府教育部教育年鉴编审委员会：《第一次中国教育年鉴》，上海：开明书店，1934 年，丁编第 161 页；国民政府教育部教育年鉴编纂委员会：《第二次中国教育年鉴》，上海：商务印书馆，1948 年，第 154 页；蒋致远：《第三次中国教育年鉴》，台北：宗青图书公司，1991 年，第 1224 页表格数据整理。

　　就表 6-8 中数据而言，私立小学所占比例算不上突出。占比最高的年份应为 1932 年，私立小学数量为 65 429 所，也只占公私立小学总数的 24.7%。自 1940 年实施国民教育制度后，大批私立小学陆续停办或改为公立，所占比例持续降低。至 1946 年，仅占总数的 5.7%。然而不能因此否定捐资兴学在小学教育领域的关键作用，结合大量的史料档案可知，民间捐资始终是公立小学重要的经费来源。再者，1940 年之后私立小学的发展成效更多地体现为质的提高而非量的增长。1939 年，私立小学为 33 697 所，学生约 186.6 万人，每校平均只有 55 名学生；1945 年，私立小学为 15 297 所，学生约 159.5 万人，每校平均学生数增长为 104 人。

　　民国时期大多数公私立小学的经费都不宽裕，很多只能勉强维持，但也有部分学校获得的捐资较为充足，办学条件和培养成效都颇为理想。例如，浙江海盐商人朱斐章 1921 年捐资创办私立城南小学，先后自捐并募集 2.5 万元，学校所设班级由最初的 1 个增加为 1927 年的 6 个，办学条件也随之不断改善。该校"重视全面发展，文娱体育活跃，教育设备齐全。设有实验室、图书室、音乐室、乒乓室、道具化装（妆）室、医务室、活动器具室等"。首届高小毕业生参加全县会考，团体和个人成绩均名列榜首，前 4 届毕业生全部考入省立二中，"获得省、县褒奖，城南小学声誉由是鹊起"。该校毕业生有曾任上海市副市长的顾善训，原子能科研专家周世章、袁水金，国内外著名医师宋冠英、周厚德等，"城南小学的办学成绩，由此可见一斑"（宋立宏，1991：42-46）。1928 年，江苏武进商人刘文浩捐资创办高田村初级小学，1931 年又捐助经费 6190 元，获得全国二等奖状。1941 年，他再次资助该校新建校舍 26 间，扩展操场 10 余亩，并购置标本、模型、挂图和运动器械，还向成绩优异的学生发放补助金。正是他的长期捐助，使这村办初小"以校舍宽敞、设备完善、师资配备齐全而闻名全县"（武进县教育志编写组，1987：263-264）。

（二）幼儿教育

民国时期，公私立幼儿教育机构的分类统计数据极不完善，只有少数的时间节点可供分析。1930 年，全国共有幼稚园 630 所（儿童 26 675 人），其中公立 417 所（19 380 人），私立 183 所（7295 人）（国民政府教育部教育年鉴编审委员会，1934：丁编 161）。1937 年，共 839 所，其中公立 702 所，私立 137 所（中国第二历史档案馆，1994：584）。1946 年，共 1301 所（约 13 万人），其中公立 947 所（约 10 万人），私立 354 所（约 3 万人）（国民政府教育部教育年鉴编纂委员会，1948：1464-1465）。与 1930 年相比，1946 年全国私立幼稚园的数量不仅增加了近一倍，而且整体办学规模有了很大的改进，每园平均儿童数由不足 40 名增长到了超过 85 名。

在地处偏远的西部地区，幼儿教育事业基础极为薄弱，当地通过捐资设立的幼稚园更具有开创性的意义。仅以云南省的某些县份为例，玉溪县的幼儿教育机构长期处于缺失状态，直到 1943 年郭新民捐资创办新民幼稚园，该县的幼儿教育才得以起步。该园拥有园舍 10 余间，游戏场 2 处，可容纳学生 4 班，郭新民共计捐资 246 万余元，后被授予全国一等奖状（王子寿，1949：158-159）。会泽县在 1941 年之前同样也没有幼稚园，全县各界遂于该年元旦举办了大规模的"捐资兴学运动新春游艺大会"，中小学师生"走上街头，或发表讲演，或演出节目，广泛宣传和发动群众"。他们的热情深深地感动了群众，"儿童们将刚得到的压岁钱，小贩们把当日收入纷纷投入捐款箱，许多公司、单位也都积极捐赠"。此次募捐所得经费作为幼儿教育基金，创办了会泽历史上第一所幼稚园（李世沛，1990：106）。昭通县女子龙登凤 1923 年捐资创办的昭通幼稚园，亦开创了该县正规幼儿教育之先河。1939 年，昭通又有妇女马黄氏以遗嘱捐献本人所有积蓄及衣物首饰，在当地中心学校增设幼稚园。丽江县束河镇各商号 1941 年集体捐资创办的黄山幼稚园，建筑精美，设备齐全，被誉为"滇西北高原教育园地中的一颗明珠"。

四、其他教育领域

除上述各级各类学校之外，捐资兴学还在很多教育领域，如女子教育、社会教育、特殊教育、留学教育中具有重要意义。较之政府办学，捐资兴学的去向自由，形式灵活，不仅有效补充了教育经费的不足，而且拓展了教育的类型，起到了开地方文教新风的作用。

在封建传统教育体制中，女子历来没有接受正规学校教育的机会。直至清末1907年颁行《女子小学堂章程》《女子师范学堂章程》，才逐步开放女禁。进入民国时期后，随着女性社会地位的提高，男女平权的教育观念日渐普及，特别是女性群体在捐资兴学活动中开始扮演重要角色，很多地方的女子正规教育得以创设与发展。在山东福山县（现为青岛市福山区），谢樾亭1912年捐资创办的端华女校是该县最早的女子小学，"学生多为城关女青少年，分高、初两级"。谢本人自任校长，其女谢东英则充当义务教师（青岛市福山区教育志编写组，1989：3）。同年，山东单县士绅孙朝英捐资创办淑媛女校，也开创了该县女子学校教育之先河。四川省南江县地处大巴山区，经济生产和文教观念较为落后，女子教育的起步更晚。1925年，沙溪场胡氏家族的族长胡昆山发起创办了本县历史上第一所女子学校，聘请县参议员徐子涵等为教师，以胡氏宗祠每年公共田产的一半收入为办学经费，并由胡明寅每年另行捐助300背[①]稻谷，胡昆山还带头将自己的孙女送入学校。学校初设时，仅有1个班级，学生不足20人，2年后便发展为3个班，"在社会上影响很大"。1931年，当地驻军军长田颂尧为该校题字"乐育英才"，并向胡明寅题赠"捐资兴学"匾额。后来，学校也兼收男生，规模得到了进一步的扩充（杨荣春，2004：25-26）。

民国时期，民众学校、民众教育馆、图书馆等社会教育机构亦颇受捐资兴学的助益。例如，1941年湖北汉阳人余耀廷"鉴于城乡女子教育之落后，尤其农村里面女子只知勤耕苦种，对于文学造就及社会常识，均付阙如"，所以主动捐资并募集经费开办女子义务学校3所，"使每个乡村女子将来能够写信、阅报、记账，出阁能帮助夫婿或自主生活"（汉阳县志编委会，1984：53）。同年，湖南平江女子陈鹤贞捐资创办私立海涛民众教育馆，被当地报纸称赞为"女界的好模范"（刘苏华，李长林，2013：1022）。

在中国特殊教育制度化的早期进程中，外国传教士开办的学校具有先导效应，

---

① "背"是民间俗称，难以准确换算为法定单位。

但这些学校大多接受中方人士的捐资。民国伊始,国人即以捐资兴学的手段正式开启了特殊教育的本土化进程。1913 年,长老会教徒、杭州人周耀先创办的杭州哑童学校是"中国人自办的第一所哑校",该校得到了 20 位本地教会人士的全力支持,"在资金上他们完全自立,没有依靠外国资助"。民国时期,中国基督徒先后出资开办的特殊教育机构还有北京私立盲哑学校(1919 年)、云南滇光瞽目学校(1922 年)、福建古田盲哑学校(1929 年)、云南义光盲哑学校(1937 年)、四川资阳盲哑学校(1943 年)、南昌启明盲童学校(1946 年)等。另外,中国特殊教育开始摆脱教会色彩,创办了更多的世俗化学校。1916 年 1 月,刘先骥在长沙开办的湖南导盲学校被研究者称为"中国近代史上中国人自己创办的首间规模较大的非基督教会的特殊学校",该校经费主要通过刘先骥"多方筹募",部分由湖南省教育厅补助。同年 11 月,张謇也在江苏南通捐资创办了南通私立盲哑学校。至 1949 年,国人自办的非教会背景的特殊教育机构先后有 60 多所,其中绝大多数都属于私立性质,由个人或民间团体自发创办,并以社会捐资为主要经费来源(郭卫东,2012:343-352)。

在留学教育领域,捐款资助学子的事例也偶有发生。上海富商穆藕初 1920 年以 5 万两白银资助北京大学学生赴欧美留学,1921 年又捐献 1 万银元供 4 名河南学子出国深造。即便是在偏远的贵州,仍有相关的捐资事例。1940 年,安龙县人蒋德安"捐助该县教育经费六千余元,作为大学生留学补助费基金",获得全国二等奖状(佚名,1940c)。民国时期留学教育所得最多的一次捐资来自国外,即 1944 年英美两国民间团体、学校、企业赠予中国学子的留学奖金,包括研究生、实习生两项,合计 209 名学额。该年 12 月,教育部举办了全国首届公费留学统考,又称英美奖学金生考试,共 1824 人报考,最终实际录取 193 名。

总而言之,民国时期的捐资兴学活动对于教育事业发挥了全方位、多角度的促进作用,并由此带动形成了社会各界重视教育的良好氛围,上至达官显贵,下至普通百姓,捐资兴学之风可谓深入人心。时人提及教育时,便会自然而然地联想到捐资兴学,许多文教界知名人士都与捐资兴学有着或多或少的交集。沈从文仅小学毕业,10 多岁即参加军旅,他后来在自传中回忆:"我常常看到报纸上普通新闻栏说的卖报童子读书、补锅匠捐款兴学等记载,便想自己读书既毫无机会,捐款兴学倒必须做到。有一次得了十天的薪饷,就全部封进一个信封里,另外又写了一张信笺,说明自己捐款兴学的意思,末尾署名'隐名兵士'。"他将信寄出之后,心中颇感欣慰:"我正在为国家服务,却已把服务所得做了一次捐资兴学的伟大事业。"(沈从文,2013:96)晚清末代状元刘春霖民国初期在家乡河北肃宁捐资 5000 银元，创办小学 1 所，并亲笔题写"铸才炉"匾额悬挂于学校门首。后来，河北地方人士筹办燕冀中学，他又欣然捐资和赠书，出任该校董事会董事（刘宗唐，2012：245）。

1946 年冬，在北平居住的钟文堦回到家乡广西蒙山县，向蒙山中学图书馆捐赠图书 600 余册，还在本村发起创办小学，将年收租谷 7500 公斤的田地捐为校产。村里的群众也纷纷捐资捐谷，商定以钟文堦先祖父的名字为学校定名，称为"定荣纪念学校"。学校开办后，钟文堦想请一位名人题写校名，回到北平之后便抱着试试看的心情，找到素不相识的北京大学校长胡适。胡适得知其来意后，先是婉辞说："我不善书法，难免贻笑大方。"钟文堦向胡适介绍了地方乡亲的捐资热忱，胡适即愉快地答应道"捐资兴学，很好。我写，我写"，为该校题写了巨幅的校名（钟文堦，2012：123-124）。陶行知的教育实践更是与捐资兴学有着深厚的不解之缘，他先后创设与办理的晓庄学校、山海工学团、育才学校、社会大学等教育机构，都接受过社会各界的大量经济资助。他的很多教育活动也与捐资兴学具有紧密的直接联系。1924 年，他为纪念清代著名学者戴东原 200 周年诞辰，联络熊希龄、范源濂、梁启超、严修、胡适、江朝宗等政学两界知名人士 17 人，发起创办东原图书馆，并主笔拟定募捐章程办法，承诺对捐资者依照褒奖条例转请政府授奖，还按照捐资金额，分别给予为建筑物定名、悬挂相片、刻碑镌名、登报鸣谢等表彰（陶行知，1924：621-622）。1943 年 11 月，他以生活教育社理事长的名义向政府提交建议，希望弘扬武训捐资兴学的精神，将每年 12 月定为兴学月，12 月 1～7 日定为兴学周，12 月 5 日定为兴学节（当天为武训诞辰），在兴学月广泛发动社会各界，实施教育献金运动（陶行知，1943：554-555）。

捐资兴学的积极意义全面且深远，绝不仅限于维系学校教育一时的发展，而是以之为基点，带动了社会各项事业的整体进步。民国初期，河北大名县人李佩典捐资创办本县公立第一完全小学，亲自担任校长。该校虽名为公立，但县政府仅给予少量经费，其余一切费用均由李佩典负担，一些贫困学生的书籍、文具、伙食等也由其资助。通过李佩典的无私捐献与严谨办学，这所乡村小学拥有良好的教学条件与培养质量，被公认为"校规严、成绩好、花钱少"，周围几十里的家长都愿意送自己的孩子来求学。李佩典尤为重视对学生的思想品德教育，利用五四运动等时事热点培养学生的爱国观念。学校"在宣传爱国思想，宣传新文化、新思想，对人民群众进行启蒙教育和反迷信、反吸毒、反赌博等方面，在社会上起了移风易俗的作用"，多次受到省、县教育行政部门的表扬与嘉奖，大名县县

长还向李佩典赠以"文明促进"匾额。该校师生也颇具民主进步精神，先后有 9
人被发展为中共地下党员，后来都成为当地革命斗争的骨干（政协魏县委员会文
史资料委员会，1989：102-107）。

新中国成立以后，民国时期通过捐资创办的学校经过接管与改造，均转化为
社会主义教育事业的有机组成部分。1949 年，全国共有高等学校 205 所，其中私
立 81 所（教会高校 21 所，国人自办 60 所），在院系调整运动中全部改为或并入
公立高校。至 1952 年 11 月，全国尚有私立中等学校 1412 所，教职员工 3.4 万余
人，学生 53.3 万余人；私立小学 8925 所，教职员工 5.5 万余人，学生 160 余万人。
1952 年 11 月，教育部发布《关于接办私立中等学校和小学的计划》，决定将这
两类学校全部交由政府接办，改为公立。"这项工作实际到 1956 年才基本结束。"
（苏渭昌等，2013：260-261）

第三节　制度体系的既有缺陷

前文分析清末捐资兴学制度的历史效应时，曾论及其中存在的某些消极缺
陷。主要表现为如下两点：一是捐资投入带有不均衡性，客观加剧了教育发展
的落差状态；二是某些政策措施不够合理，遭到了部分基层民众的反感与抵制。
民国时期，这两大缺陷并未得到实质性的改善，反而显得更为严重。一般来说，
经济越发达的地区，政府能够筹集与社会能够捐助的教育经费越多，公私立学
校的数量和质量越好，捐资的地区间差异显然在客观上助长了教育结构的整体
失衡。再者，捐资兴学的具体成效取决于民众主动捐资的热情与客观的捐资能
力，并受经济、政治、战争乃至自然气候等因素的综合影响，加之当时的捐资
兴学制度本身存在某些政策漏洞，使得捐资兴学的实际收效起伏不定，难以保
持长期的持续稳定。

一、加剧教育发展的失衡

必须再次说明，捐资兴学制度本身并非造成这一缺陷的主要原因，其根源乃
是当时教育财政体制重心的过度下移，中央政府又欠缺统筹兼顾的有效措施，使
得教育发展中的地区失衡无法弥补，并经捐资兴学的作用而更显放大。国民政府
教育部曾统计有 1912～1932 年各省市和华侨捐资千元及以上获奖者的捐资总额，
见表 6-9。

表 6-9　1912～1932 年各省市/华侨捐资总额简表（千元以下者未计入）　　单位：元

省市/华侨	江苏	浙江	安徽	江西	湖北	湖南	四川	福建	云南	贵州	广东
捐资总额	2 381 161	1 953 826	558 133	311 143	308 782	444 568	59 045	341 972	53 024	3 608	481 931

省市/华侨	广西	陕西	山西	河南	河北	山东	甘肃	宁夏	青海	新疆	辽宁
捐资总额	30 945	31 449	95 841	305 214	788 027	630 573	67 798	0	0	4 440	442 762

省市/华侨	吉林	黑龙江	绥远	热河	察哈尔	西康	上海	北平	威海	蒙古	华侨
捐资总额	321 592	41 993	0	24 450	0	0	334 361	28 479	19 455	10 733	246 196

资料来源：根据国民政府教育部教育年鉴编审委员会：《第一次中国教育年鉴》，上海：开明书店，1934 年，戊编第 360～362 页表格数据整理。

注：①当时热河、绥远为省级建制的特别区，威海尚未成为中央直辖市，但表格单独列出。
②海外华侨经驻外领事渠道报奖者，也为单列。
③1928 年 6 月 20 日设立北平特别市。

各省市捐资总额以江苏最多（约 238 万元），浙江紧随其次（约 195 万元），其余均未达到 100 万元。超过 10 万元的有河北、山东、安徽、广东、湖南、辽宁、福建、上海、吉林、江西、湖北、河南等省市。而宁夏、青海、绥远、察哈尔、西康 5 省则完全没有。当然，这仅是教育部所掌握的大额捐资并获奖的事例，不能完全反映各地捐资的详情，但仍有一定的参考作用，也基本符合当时各省市经济发展的实际状况。

以 1930 年度全国各省市的中学数为例，见表 6-10，除部分特殊情况外，整体可见在捐资总额较多的省市，私立中学不仅数量较多，而且在公私立中学总数中所占的比例较大。江苏省私立中学占总数的 34%，广东、河北、河南、江西等省在 40%～50%，浙江、湖北、湖南、上海等省市则超过了 50%。反观捐资总额短少的贵州、新疆、宁夏、青海、热河、绥远、察哈尔等省，私立中学数量亦较为稀缺，有的还完全处于空白。再则，沿海经济发达地区开办的私立中学在办学规模、师资水平、经费设备等方面一般优于中西部的同类学校，无形中也造成了培养质量的失衡状态。

与私立中学的状况相仿，1930 年浙江、广东、江西、湖北、湖南、福建、上海、北平等省市私立小学占公私立小学总数之比均超过了 1/3，尤其是广东一省的私立小学多达 13 181 所，占全省小学总数的 73%。宁夏、西康两省的私立小学分别仅有 1 所，青海、热河、绥远、察哈尔等省的数量也极为稀少甚至没有，而这些省份正是全国小学教育最为落后的地带（国民政府教育部教育年鉴编纂委员会，1948：153）。

表 6-10 1930 年全国各省市公私立中学分类简表   单位：所

省市名	江苏	浙江	安徽	江西	湖北	湖南	四川	福建	云南	贵州	广东
公立中学数	64	38	40	28	21	42	170	50	44	23	105
私立中学数	33	40	11	25	34	47	60	73	—	3	83
中学数合计	97	78	51	53	55	89	230	123	—	26	188

省市名	广西	陕西	山西	河南	河北	山东	甘肃	宁夏	青海	新疆	辽宁
公立中学数	48	13	31	30	31	34	9	1	1	1	94
私立中学数	3	3	17	22	27	7	1	0	0	0	18
中学数合计	51	16	48	52	58	41	10	1	1	1	112

省市名	吉林	黑龙江	绥远	热河	察哈尔	西康	上海	北平	威海	青岛	南京
公立中学数	23	7	无	4	2	无	9	9	1	3	4
私立中学数	11	无	无	1	1	无	88	62	1	3	12
中学数合计	34	7	无	5	3	无	97	71	2	6	16

资料来源：根据国民政府教育部教育年鉴编审委员会：《第一次中国教育年鉴》，上海：开明书店，1934 年，丙编第 195～304 页数据整理。其中湖北为 1931 年数据，吉林为 1929 年数据。

注：表中"一"表示不详。

除教育结构的地区间失衡外，捐资兴学还客观造成了地区内同类学校发展态势的失衡。许多实例都表明，很多捐资者的动机带有明显的倾向性，从而使部分学校获得了更多的创办或发展经费，自然能够吸引更优质的师资和更充足的生源，在与本地同类学校的竞争中长期保持优势。这固然体现了示范与带动效应，但从长远来看，却不利于当地教育资源的合理配置。早在民国时期，择校就已成为较普遍的教育现象。归根到底，此种局面仍源于教育资源在数量与质量上的双重缺失，经济的落后与政府的失职应负主要责任。

二、制度自身面临的困境

民国时期，各级政府将教育财政负担过度地施加于社会，捐资兴学、教育捐税即成为筹集教育经费的两条重要渠道。两者一为主动捐献，一为被动缴纳，都是社会力量集资办学的表现方式，如能处理得当，自可相得益彰。但当时的各类捐税过于繁苛，严重损害了基层民众主动捐资的能力与热情，甚而时常使捐资兴学面临相当尴尬的困境。

在清末的兴学潮中，教育捐税、捐资兴学已成为各地筹集教育经费的重要方式。以浙江省 1908 年的相关情况为例，嵊县、海宁、鄞县、奉化、镇海、象山、余姚、天台、新昌等多数县份的乐捐所得金额均多于派捐，见表 6-11。

表 6-11 1908 年浙江部分县级教育经费数额简表　　　　单位：元

县名	嵊县	海宁	鄞县	慈溪	奉化	镇海	象山	余姚	天台	新昌	平阳	宁海	崇德	桐乡
经费总额	28 549	20 918	60 251	23 490	21 887	49 676	6 120	20 419	7 042	5 473	20 276	8 895	6 302	10 914
乐捐金额	4 340	8 122	12 856	8 855	4 751	18 591	1 613	3 288	1 220	388	3 523	100	1 966	3 692
派捐金额	1 261	6 315	5 610	773	3 150	1 967	725	1 721	976	109	4 851	1 806	2 370	4 140

资料来源：根据浙江省嵊县教育局：《嵊县教育志》，1991 年，第 292 页；海宁市教育志编纂委员会：《海宁市教育志》，杭州：浙江教育出版社，1995 年，第 324 页；宁波市教育委员会：《宁波市教育志》，杭州：浙江教育出版社，1996 年，第 343 页；天台县教育委员会：《天台县教育志》，上海：华东师范大学出版社，1998年，第 244 页；浙江省新昌县教育志编纂组：《新昌县教育志》，1991 年，第 296 页；《平阳县教育志》编纂组：《平阳县教育志》，上海：上海社会科学院出版社，1997 年，第 222 页；桐乡县教育志编纂委员会：《桐乡县教育志》，杭州：浙江教育出版社，1997 年，第 244 页数据整理。

　　进入民国时期以后，浙江历年的捐资总额也长期在全国居于领先水平。而在民国末期，该省各县的捐资兴学活动却呈现出全面的疲软状态。例如，武义县 1947年发起儿童福利基金劝募活动，决定劝募资金 100 万元用于发展幼儿教育，最终筹得的经费仅 4.74 万元，尚未达到原定计划的 5%。其主要原因在于当地民众不仅要缴纳繁苛的教育捐税，而且还得应付其他各类五花八门的捐款，"如救国月捐、慈善捐、慰劳捐、寒衣捐、雨衣捐、一元还债、义卖、献金等，不胜枚举，故儿童福利基金劝募效果甚微"（《武义县教育志》编纂委员会，2009：125）。崇德县 1946 年发起扩大筹集学校基金运动，并成立了专门的运动委员会，制定了相关的组织规程，提出了"好学生，天天到，先生教书我记牢，回家又劝爸和妈，捐钱不能少"，"家有千亩田，家有千万金，儿女不读书，永为人奴隶，捐出田地兴学校，救了子孙又救人"等劝捐口号，但"物价飞涨，民不聊生，筹募基金成效甚微"。天台县 1947 年教育经费投入总计为 580.48 亿元，其中 4.97 亿元来自县级财政，575.51 亿元来自乡镇和保甲征收的教育捐税，民众主动的捐资竟完全没有。

　　全国其他省市捐资兴学的实际收效亦时起时落，尤其是田产捐资占重要比例的湖南等内陆省份，教育经费包括捐资所得更多地依赖于租谷收成，时常要"靠天吃饭"。该省沅江县 20 世纪 30 年代水灾频繁，县立初中的学田严重歉收，被迫停办达 10 年之久，各乡村小学"更是风雨飘摇，随时都可能产生停办的危险"。茶陵、沅陵、辰溪、益阳、安化等县也存在类似的情况，例如，辰溪县 1946 年以后因农业生产萎缩，学田基金只能用"劣质谷和糙米变价充抵，收入有限。新中国成立前夕，县内学校因发不出薪饷而停课停学者时有发生"（辰溪县志编纂委员会，1994：632）。

在捐资的筹集和使用环节，也存在某些监管漏洞，少数地方官绅相互勾结，借捐资为名，侵吞兴学资产的现象屡见不鲜。民国初期，四川省彰明县（今属江油市）双河乡郝氏家族集体创办了1所小学，招收本族及乡邻子弟，以祠产60余亩为基金学田。抗日战争全面爆发前夕，此项田产遭县财务委员会强制接收，当时"该会表示继续办学，地方人士遂权聆之"，但这一承诺并未得到履行，该所小学即因经费断绝而停顿，在校儿童亦被迫失学。郝氏家族及乡邻多次向县政府请求返还祠产或恢复学校，都被"均批候查"驳回，"未获要领"。地方人士于1941年直接联名呈文教育部长陈立夫，申明此项"产业可由地方政府接收，但仍当遵从民意，积极整顿学校"，希望教育部"转令彰明县府拨还郝氏祠产，以便恪遵部颁章程，订期恢复学校"。同样是在四川省，安岳县护龙乡于清末创办有完全小学1所，办学经费多为地方民众捐资筹集。1936年县教育局以统筹经费为名，将该校1万余元学款征用，学校出租基金房产每年可得资金2000余元，也被地方哥老会劣绅强占，政府发放的补助款又遭县督学蒋璧光冒领。该校顿时陷入困境，高小只能停办，初小仅靠临时捐资而勉强维持，校董事于1940年11月联名向教育部痛陈"捐款兴学苦衷"，请求其转饬四川省政府派员彻底清查，发还遭强占的学款和学产。[①]

基于捐资兴学的成效与缺陷，民国末期的文教界已有较为深刻的反思与争议。例如，针对当时青年学子多因经济困难而被迫走上街头募捐的现象，《社会评论》于1948年发表社论《助学运动》，一针见血地指出："教育原是政府的事，治本之道还在减少军事费用，增加教育经费的预算，充实学校的设备，加多公费生名额，减少对学生的收费，让应该入学者没有钱也能入学校之门。"该社论还建议"可以县市为单位，联合有关机关团体，发动各种方式，统筹一笔清寒学生助学基金，分配于所在地各学校，择最贫寒缴不起费的给予资助"，并且"不可令学生出外募捐，致影响学业学风与社会秩序，不可强迫人家重复捐款，承捐了一校不再承捐第二校"（佚名，1948d）。与之相反，有人发表文章《助学运动侧影》，极力反对以政府机关名义统一"官办"，认为阻挠学生自发开展的募捐活动"是

---

① 《四川省政府咨送捐资兴学请奖文件及有关文书》，中国第二历史档案馆藏档案，全宗号5，案卷号46。

一种吃醋，助学运动的展开使指导教育的机关成了更形无聊的空虚的架子，为了粉饰架子起见，于是又打起官腔来。但是，官腔终究是无人理睬的"（钟子芒，1946）。这两种观点其实均未否认社会捐资兴学的重要意义，而且都从某种角度揭露了既往教育财政体制的弊端，主要分歧在于是否支持兴学运动以政府机构为主导，实质也反映了捐资兴学制度所引发的两面效应。正如前文所述，国民党政权败亡前夕，民众对政府当局转嫁教育财政负担的行为愈加愤懑，对其发起与主导的捐资兴学运动也失去了信心与热情，整个捐资兴学制度体系已陷入空疏失效的穷途末路。

结　　语

　　新中国成立后，办学体制与教育财政体制经历了多次重大调整与改革，但社会力量的捐资兴学活动始终未曾停顿。总的来说，建国初期较为注重吸引与鼓励海外华侨的捐资活动。20世纪六七十年代，则以"民办公助"为主要表现形式。改革开放以后，社会力量兴办教育事业的形式逐渐扩展，然而捐资兴学的制度建设尚有待改进与完善。

　　新中国成立初期，海外华侨是捐资兴学政策争取的主要对象。1957年8月，经第一届全国人民代表大会常务委员会第七十八次会议批准通过，国务院正式发布《华侨捐资兴办学校办法》，首先指出"国外侨胞热爱祖国，热爱家乡，一向有捐资在祖国兴办学校的优良传统"，并表示要"进一步鼓励华侨在国内兴办学校，发展文教事业，满足广大华侨子女求学的要求"。关于侨办学校的办学体制，定位为地方"公共事业"，接受地方教育行政部门的领导，教职员"由教育行政部门同意调配，政治待遇与公立学校相同"，可征收学杂费，"以补经费的不足"。捐资办校者的权利包括学校的命名权、校长任命时的提名权或知情权、教职员的推荐权，以及通过校董事会与学校保持联系等。在激励措施方面，规定"华侨捐资兴办学校卓有成绩的，各级人民委员会应该给予表扬和奖励"（全国人民代表大会常务委员会法制工作委员会，2004：34）。福建、广东两大侨省也在此前后制定了相关的地方性制度。例如，福建省侨办、教育厅发布《关于大力鼓励华侨办学的联合指示》，积极肯定了华侨捐资办学的历史影响与现实意义，提出要尽量争取华侨的后续捐资，支持与引导侨办学校的发展。上述全国及地方性政策催生了又一轮华侨捐资办学的高潮，福建省侨办小学由1958年的295所迅速增加至1959年的355所；侨办中学也由1957年的24所增加至1959年的62所（福建省地方志编纂委员会，1998：588-591）。

　　"文化大革命"开始后，侨办教育事业受到极"左"路线的冲击与破坏，学校全部改为公办，校名被更改，董事会被解散，经费、校产被挪用侵占，甚至很多原有的捐资纪念碑记遭到毁弃。1969年3月，中央政府颁布《关于严禁向华侨、港澳同胞发动捐献问题的通知》，严格禁止以各种名目、任何形式向华侨华人、港澳同胞发动捐献，而且规定对捐献"一般要婉言谢绝，说服不了的，必须逐级审查上报，经批准方可接受"（张赛群，2010）。这严重挫伤了海外华侨的捐资热情，致使其办学活动陷入低谷，鼓励华侨捐资兴学的各项法规亦失去了效力。"文化大革命"期间，捐资兴学的主要表现形式为"民办公助"，即以地方群众为办学主体，集资兴办基层学校，政府给予一定的资金扶持。当时的教育秩序并不稳定，依靠地方群众提供的财力、物力、人力支持，才使大量中小学校在困境中得以维持，教育事业免于完全停顿。

改革开放以后的近 40 年来，鼓励社会力量办学逐渐成为教育体制改革的重要内容，捐资兴学的制度建设也有所恢复与重振。整体而言，大致呈现出如下三个特征。

其一，党和国家高层多次颁布政策法规，持续鼓励社会力量以各种形式办学，但在捐资兴学领域，尚无专门的褒奖制度。1982 年 12 月，第五届全国人民代表大会第五次会议审议通过《中华人民共和国宪法》，其中第 19 条表示"国家鼓励集体经济组织、国家企业事业单位和其他社会力量依照法律规定举办各种教育事业"，将鼓励社会力量办学列入国家的根本大法。1985 年 5 月，中共中央发布《中共中央关于教育体制改革的决定》，要求"地方要鼓励和指导国营企业、社会团体和个人办学，并在自愿的基础上，鼓励单位、集体和个人捐资助学，但不得强迫摊派"。1986 年 4 月，第六届全国人民代表大会第四次会议通过《中华人民共和国义务教育法》，提出"国家鼓励企业、事业单位和其他社会力量，在当地人民政府统一管理下，按照国家规定的基本要求，举办本法规定的各类学校"。1993 年 2 月，中共中央、国务院联合发布《中国教育改革和发展纲要》，第 16 条表示"国家对社会团体和公民个人依法办学，采取积极鼓励、大力支持、正确引导、加强管理的方针。国家欢迎港、澳、台同胞，海外侨胞和外国友好人士捐资助学"。1995 年 3 月第八届全国人民代表大会第三次会议通过《中华人民共和国教育法》，1997 年 7 月国务院发布《社会力量办学条例》等法规，都再次强调了鼓励社会力量办学的重要性。

自 1998 年以后，颁行的相关政策法规出现了一个明显的变化，即更为突出对社会力量办学的实际激励。例如，该年 12 月出台的《面向 21 世纪教育振兴行动计划》提出"要制定有利于吸纳社会资金办教育和民办学校发展的优惠政策"，2004 年 2 月公布的《2003—2007 年教育振兴行动计划》要求"拓宽经费筹措渠道，建立社会投资、出资和捐资办学的有效激励机制"，同时"要完善企业及公民个人向教育捐赠的税收优惠政策"，"明确国家对于民办学校的扶持措施，落实相关优惠政策，加强政策引导"，"表彰奖励成绩突出的民办学校和教育机构"。较之以往同类法规，2004 年公布的行动计划对社会力量办学的激励导向更加明确，而且行文表述首次出现了"投资、出资"办学的字样，但并未将之与"捐资办学"混为一谈，这也说明两者在法理与制度上都有明显的区别。

作为我国鼓励与引导社会力量办学的专门性法规，《中华人民共和国民办教育促进法》对于真正意义上的捐资兴学重视和激励程度还有待改善。该项法规 2002 年 12 月经第九届全国人民代表大会常务委员会第三十一次会议通过，2003 年 9 月正式施行，第一章"总则"指出"民办教育事业属于公益性事业"，并且"国家鼓励捐资办学，国家对为发展民办教育事业做出突出贡献的组织和个人，给予奖励和表彰"。在第七章"扶持与奖励"部分，却允许民办学校的出资人"可以从办学结余中取得合理回报"，这与其属于公益性事业的规定显然自相矛盾，也与现行《中华人民共和国教育法》第二十六条"以财政性经费、捐赠资产举办或者参与举办的学校及其他教育机构不得设立为营利性组织"相抵触。而且民办学校还可获得政府的专项资金资助、出租或转让闲置的国有资产，并在金融信贷、建设用地等方面享受优惠政策。在捐资兴学层面，《中华人民共和国民办教育促进法》虽列有"国家对向民办学校捐赠财产的公民、法人或者其他组织按照有关规定给予税收优惠，并予以表彰"的条款，而此项规定在根本上仍然是有利于民办学校的出资者。再则，关于"合理回报"的程度，捐资者获得"国家表彰"对应的捐资额度、等级标准等，都未作出明确的指导性说明，在实践中不易于界定或执行。

可喜的是，2010 年 7 月发布的《国家中长期教育改革和发展规划纲要（2010—2020 年）》中已经提出"积极鼓励行业、企业等社会力量参与公办学校办学"。关于企业、个人捐资教育的税收优惠，也在 2007 年前后修正通过的《中华人民共和国企业所得税法》《中华人民共和国个人所得税法》得到落实。如依照《中华人民共和国个人所得税法实施条例》的规定，"个人将其所得对教育事业和其他公益事业的捐赠"，捐赠额可从其应纳税额中适当扣除。

其二，争取和鼓励华侨捐资兴学再次得到重视。1981 年第五届全国人民代表大会第四次会议期间，部分代表提交了"建议尽快颁布奖励华侨捐献条例案"，要求明确区分华侨的投资与捐赠行为，保障和奖励其"捐款兴办学校或其他福利事业"（第五届全国人民代表大会第四次会议秘书处，1981：2176-2177）。此后中央陆续颁布了一系列政策法令，包括 1982 年的《关于严格制止向华侨、外籍华人和港澳同胞伸手要钱要物的紧急通知》、1987 年的《关于报道华人捐资兴办公益事业应注意的问题的通知》、1989 年的《关于加强华侨、港澳台同胞捐赠进口物资管理的若干规定》、2001 年的《扶贫、慈善性捐赠物资免征进口税的暂行办法》、2003 年的《关于海外侨胞捐赠公益事业资金服务管理办法》等。整体的导向渐趋积极开放，但尚未针对华侨捐资兴学出台专项的管理法规或激励制度。相对而言，部分地方政府制定的相关政策更为具体与明确。

1992 年 6 月，深圳市政府率先发布《深圳经济特区鼓励华侨、港澳台同胞捐资办学的若干规定》。其对于"捐资办学"的界定为"出资兴办学校，捐资建校，捐赠教学仪器设备和图书资料，捐设奖教、奖学金"。奖励的标准为：捐资人民币 200 万元及以上者，授予"深圳市荣誉市民"称号，并颁发金质奖章；捐资 100 万～200 万元（不含 200 万元）者，发给荣誉奖状和金质奖章；捐资 50 万～100 万元（不含 100 万元）者，发给荣誉奖状和银质奖章；捐资 10 万～50 万元（不含 50 万元）者，发给荣誉奖状。此外，捐资者对其捐建的校舍等建筑物，或捐设的奖教、奖学金享有命名权。此项地方性法规具有较强的可操作性，但对"捐资办学"的界定不够准确，实际将之与"投资办学"混为一谈。

其三，少数地方政府开始围绕捐资兴学活动出台整体性的专项制度，政策概念逐渐明晰，激励措施更为丰富。例如，1993 年 7 月厦门市政府颁布《厦门市捐资兴学奖励办法》，将"捐资兴学"界定为"凡捐资创办或资助厦门市管辖范围内的各级各类学校和与学校教育有关的其它设施，以及各种为教育事业服务的教育基金；凡由厦门市人民政府和市教育基金会组织发动的尊师重教的捐款"。1995 年 6 月，厦门市政府将该项办法修订后重新发布，表示"本办法所称捐资兴学，系指为厦门市教育事业捐建校舍、捐献教育基金和其它教育教学设施，以及为教育事业提供其它各种资助"。两相比较，后者更为强调捐赠的公益色彩，实际已将教育投资行为排除在外，政策概念更为准确。具体的奖励办法则是传统的荣誉表彰与实际的优惠措施并重。荣誉表彰的额度标准为：国内机关、企事业单位、社会团体捐资（或捐物，下同）15 万～20 万元，由市政府授予"捐资兴学尊师重教先进单位"称号，并颁发荣誉证书；国内个人捐资 5 万～10 万元，授予"捐资兴学尊师重教积极分子"，并颁发荣誉证书；境内外单位、团体捐资累计 20 万元以上，或个人捐资累计 10 万元以上，授予"捐资兴学尊师重教模范"称号，并颁发荣誉证书与匾额，另在集美嘉庚公园"尊师重教荣誉碑"上刻载捐助者名称及捐资金额；境内外单位团体捐资累计 20 万～100 万元，或个人捐资累计 10 万～50 万元，由市政府颁发铜质奖章；境内外单位团体捐资累计 100 万～200 万元，或个人捐资累计 50 万～100 万元，颁发银质奖章；境内外单位团体捐资累计 200 万元以上，或个人捐资累计 100 万元以上，颁发金质奖章。此外，捐资者可由受赠单位聘请担任荣誉职务；捐资兴建校舍或设置基金者，经县级以上政府批准可享有校舍或基金的命名权；对捐资兴学做出重大贡献的境外人士，可按规定授予"厦门市荣誉市民"称号。实际的优惠措施则包括适度减免税费，"减缴幅度不超过其捐资额的 40%"；捐赠人亲属如为本市民办教师，可按福建省有关规定优先转为公办；海外侨胞、港澳台同胞、外籍人士捐资累计 40 万元以上，可指定 1 名学生在本市中小学、幼儿园就学。整套奖励办法标准明确，合理有度，既汲取了捐资兴学褒奖制度的历史经验，也考虑到了新时期的现实需求，尤其是最后一项优惠措施将受益者限定为海外侨胞、港澳台同胞、外籍人士，有效地避免了以捐资兴学为名，收取高额择校赞助费的现象，可称是一套较为成功的专项制度。该办法自 1995 年实施后，又进行了多次修改，整体构架沿用至今。至 2016 年 8 月，厦门市先后已举行了 16 批次的表彰活动，本年度获得金奖、银奖、铜奖的团体或个人分别为 53 例、34 例、133 例。

继厦门市之后，个别市、县（区）政府也陆续出台了类似的专项制度。例如，福建省莆田市下属的仙游县于 2014 年发布本县《捐资兴学奖励办法》，侧重于对捐助者给予荣誉表彰，根据捐资金额分别授予捐资团体或个人相应的荣誉称号和奖章。该年度，共有 17 个团体、76 名个人获得首批的表彰。这些奖励制度对于当地教育经费的增筹与教育事业的发展，都起到了积极的推动作用。但总的来看，现已颁行此类专项制度的地方政府还为数甚少。

参 考 文 献

安徽省教育厅. 1929a. 休宁孀妇胡玉之捐资兴学. 安徽教育行政周刊，（9）：26-27.

安徽省教育厅. 1929b. 令提倡各地僧人自动兴学. 安徽教育行政周刊，（13）：2-7.

安徽省教育厅. 1931. 安徽省捐资兴学褒奖规程. 安徽教育行政周刊，（4）：5-6.

安吉县教育局教育志编纂组. 1993. 浙江省安吉县教育志. 杭州：浙江大学出版社.

巴彦县县志办公室. 1990. 巴彦县志. 哈尔滨：黑龙江人民出版社.

灞桥区教育志编纂办公室. 1997. 西安市灞桥区教育志. 西安：陕西人民出版社.

保山市教育局. 1994. 保山市教育志（内部发行）.

北川县教育志编写小组. 1991. 北川县教育志（内部发行）.

北平大学区. 1929. 本大学区寺庙财产兴学暂行规程. 北平大学区教育旬刊，（9）：50-52.

北洋政府. 1915. 管理寺庙条例. 司法公报，45：42-46.

北洋政府. 1921. 修正管理寺庙条例. 司法公报，141：13-14.

北洋政府财政部. 1924. 财部征收所得税之进行. 银行月刊，（2）：12-13.

北洋政府大理院. 1925. 解释管理寺庙条例函. 司法公报，193：6-7.

北洋政府教育部. 1913. 咨各省民政长捐资兴学请奖应造具事实表册报部. 政府公报，530：15-16.

北洋政府教育部. 1920. 训令第四百六十六号. 教育公报，（12）：10-11.

北洋政府教育部. 1922. 第七百七十号令. 教育公报，（6）：3-4.

北洋政府内务部. 1913. 寺庙管理暂行规则. 政府公报，403：1-2.

北洋政府内务部. 1918. 咨教育部查故商叶成忠捐资兴学. 政府公报，813：4.

蔡树勋. 1985. 蔡忠恕捐资兴学//中国人民政治协商会议陕西省蓝田县委员会文史资料委员会. 蓝田文史资料（第5辑）（内部发行）.

蔡元培. 1912. 莅参议院宣示政见之演说. 教育杂志，（3）：63-65.

蔡元培，孙科. 1928. 提议教育经费独立案. 大学院公报，（2）：4-5.

察哈尔省政府. 1934. 省政府训令教字第一二八六号. 察哈尔省政府公报日刊，504：1-2.

茶陵县江口乡志编纂领导小组. 1989. 茶陵县江口乡志（内部发行）.

钞晓鸿. 2011. 政策与实施：清末废止捐纳实官考实//陈支平. 相聚休休亭——傅衣凌教授诞辰100周年纪念文集. 厦门：厦门大学出版社.

辰溪县志编纂委员会. 1994. 辰溪县志. 北京：生活·读书·新知三联书店.

陈东原. 1936. 中国田赋史. 上海：商务印书馆.

陈国庆. 2013. 胶东抗日根据地减租减息研究. 合肥：合肥工业大学出版社.

陈金龙. 2006. 从庙产兴学风波看民国时期的政教关系——以 1927 至 1937 年为中心的考察. 广东社会科学，（1）：114-121.

陈金玉. 1989. 理明亚捐资兴学//中国人民政治协商会议河南省密县委员会文史资料研究委员会. 密县文史资料（第 2 辑）（内部发行）.

陈学恂. 1986. 中国近代教育史教学参考资料（上册）. 北京：人民教育出版社.

陈学恂. 1987a. 中国近代教育史教学参考资料（下册）. 北京：人民教育出版社.

陈学恂. 1987b. 中国近代教育史教学参考资料（中册）. 北京：人民教育出版社.

陈英如. 1913-1-12. 福建陈英如女士呼吁保全中国医药业电. 申报，第 2 版.

重庆市教育委员会. 2002. 重庆教育志. 重庆：重庆出版社.

滁县地区教育志编纂委员会. 1997. 滁县地区教育志. 北京：方志出版社.

《楚雄彝族自治州教育志》编纂委员会. 1998. 楚雄彝族自治州教育志. 昆明：云南民族出版社.

大理市教育局教育志编纂委员会. 1994. 大理市教育志. 昆明：云南教育出版社.

丹阳市教育局编志办公室. 2002. 丹阳市教育志. 南京：江苏古籍出版社.

德尔基彭错，郭嵩明. 2001. 中国南方回族文化教育资料选编. 成都：四川民族出版社.

《德清县教育志》编纂委员会. 2009. 德清县教育志. 杭州：浙江古籍出版社.

第五届全国人民代表大会第四次会议秘书处. 1981. 中华人民共和国第五届全国人民代表大会第四次会议提案及审查意见（内部发行）.

丁辉，陈兴荣. 2012. 嘉兴历代进士研究. 合肥：黄山书社.

敦煌市地方志编纂委员会. 2007. 敦煌志（上册）. 北京：中华书局.

方城县教育志编纂领导小组. 1991. 方城县教育志. 郑州：中州古籍出版社.

费正清. 1991. 剑桥中国民国史. 上海：上海人民出版社.

冯子平. 2003. 海南侨乡. 香港：天马图书有限公司.

冯子平. 2004. 华侨华人史话. 香港：天马图书有限公司.

福建省档案馆. 1990. 福建华侨档案史料（下）. 北京：档案出版社.

福建省地方志编纂委员会. 1998. 福建省志（教育志）. 北京：方志出版社.

福建省教育厅. 1934. 福建省捐资兴学褒奖暂行规程. 福建教育周刊，215：18-19.

福建省政务委员会. 1927. 闽省教育义务捐之办法. 中华教育界，（10）：10.

甘肃省地方史志编纂委员会. 1991. 甘肃省志（教育志）. 兰州：甘肃人民出版社.

关晓红. 2013. 科举停废与近代中国社会. 北京：社会科学文献出版社.

广东国民政府秘书处. 1926. 捐资兴学褒奖一览表. 广东省政府特刊，（1）：157-158.

广东省地方史志编纂委员会. 1995. 广东省志（教育志）. 广州：广东人民出版社.

广东省政府. 1929. 捐资兴学褒奖规程. 广东省政府公报, (19): 31-32.

广东省政府. 1933a. 褒奖旅美芝城赤坎同乡会捐资兴学. 广东省政府公报, 223: 76-77.

广东省政府. 1933b. 褒奖巴拿马花县团体捐资兴学. 广东省政府公报, 214: 64-65.

广东省政府. 1933c. 褒奖梁介庵捐资兴学. 广东省政府公报, 223.

广元市教育志编纂委员会. 2005. 广元市教育志. 西安: 西安地图出版社.

广州市地方志编纂委员会. 1999. 广州市志 (卷十四). 广州: 广州出版社.

贵溪县教育志编纂办公室. 1990. 贵溪县教育志 (内部发行).

郭华清. 2005. 北洋政府的寺庙管理政策评析. 广州大学学报 (社会科学版), (1): 23-27.

郭继泰. 1993. 解放前平凉几种捐资兴学的事例//政协甘肃省平凉市委员会文史资料编辑委员会编. 平凉文史资料 (第 3 辑) (内部发行).

郭卫东. 2012. 中国近代特殊教育史研究. 北京: 高等教育出版社.

郭锡龙. 1995. 图书馆暨有关书刊管理法规汇览. 北京: 中国政法大学出版社.

郭轶平. 1985. "女武训" 刘英士事略//巴彦淖尔盟行政公署地方志编修办公室. 巴彦淖尔史料 (第 5 辑) (内部发行).

国家文物事业管理局. 1981. 中国名胜词典. 上海: 上海辞书出版社.

国民党中央统计处. 1934a. 兴学奖励办法之会订. 政治成绩统计, (6): 35.

国民党中央统计处. 1934b. 商号捐资兴学之褒奖. 政治成绩统计, (6): 215.

国民政府. 1929. 寺庙管理条例. 司法公报, (4): 1-3.

国民政府. 1931. 蒙古喇嘛寺庙监督条例. 立法专刊, (6): 4-5.

国民政府. 1936. 国民政府令. 国民政府公报, 2150: 1.

国民政府财政部. 1928. 划分国家收入、地方收入标准，划分国家支出、地方支出标准. 财政部财政公报, 32: 9-21.

国民政府大学院. 1928a. 江苏大学校长张乃燕来呈. 大学院公报, (5): 43-44.

国民政府大学院. 1928b. 全国教育会议报告 (丙编). 上海: 商务印书馆.

国民政府大学院. 1928c. 湖南省褒奖捐资兴学暂行条例. 大学院公报, (5): 98-101.

国民政府大学院. 1928d. 与财政部往来公函. 大学院公报, (2): 18-24.

国民政府教育部. 1936. 教育法令汇编 (第 1 辑). 上海: 商务印书馆.

国民政府教育部. 1939. 抗战以来我国各省市暨海外捐资兴学人数及款数统计. 江西统计月刊, (12): 65.

国民政府教育部. 1944. 修正捐资兴学褒奖条例. 国民政府公报, 667: 4-5.

国民政府教育部. 1947. 国民学校筹集基金一律适用捐资兴学褒奖条例. 教育通讯 (复刊), (6): 24.

国民政府教育部国民教育司. 1941. 国民教育法规汇编 (第一辑). 南京: 正中书局.

国民政府教育部教育年鉴编审委员会. 1934. 第一次中国教育年鉴. 上海: 开明书店.

国民政府教育部教育年鉴编纂委员会. 1948. 第二次中国教育年鉴. 上海: 商务印书馆.

国民政府立法院. 1938. 遗产税暂行条例. 立法院公报，98：70-74.

国民政府内政部. 1948. 礼字第二八七七号公函. 上海市政府公报，（5）：99-100.

国民政府行政院. 1948. 地方国民教育经费整理及增筹办法. 教育部公报，（6）：2-3.

海宁市教育志编纂委员会. 1995. 海宁市教育志. 杭州：浙江教育出版社.

《海阳市教育志》编纂委员会. 1998. 海阳市教育志. 青岛：青岛海洋大学出版社.

汉川县地方志编纂委员会. 1992. 汉川县志. 北京：中国城市出版社.

汉阳县志编委会. 1984. 汉阳县志资料选编（第1辑）（内部发行）.

汉中市地方志办公室. 2005. 汉中地区志（第3册）. 西安：三秦出版社.

郝锦花. 2013. 20世纪前期基层新学所面临的一个困境——以山西省为中心的考察//刘正伟. 规训与书写——开放的教育史学. 杭州：浙江大学出版社.

何沅君，郑耀民. 1987. 常熟的教会办学//中国人民政治协商会议江苏省常熟市委员会文史资料研究委员会. 常熟文史资料辑存（第14辑）（内部发行）.

河北省地方志编纂委员会. 1995. 河北省志（教育卷）. 北京：中华书局.

河北省教育厅. 1930. 捐资兴学褒奖单行规程. 河北省政府公报，561：11-12.

河北省教育厅. 1934. 河北省捐资兴学褒奖一览表. 河北教育公报，（23～24）：40-45.

河南省教育志编辑室. 1984. 河南教育资料汇编（民国部分）. 开封：河南大学出版社.

贺水金. 1999. 论国民党政府恶性通货膨胀的特征与成因. 上海经济研究，（6）：67-71.

黑广菊，刘茜. 2010. 大陆银行档案史料选编. 天津：天津人民出版社.

黑龙江省地方志编纂委员会. 1996. 黑龙江省志（教育志）. 哈尔滨：黑龙江人民出版社.

湖北红安县教育委员会. 1987. 红安县教育志（内部发行）.

湖北省公安县教育委员会. 1987. 公安县教育志（内部发行）.

胡克夫，陈旭霞. 2013. 晚清燕赵社会大变局——以张之洞的改革观和文化观为考察主线. 石家庄：河北教育出版社.

胡占琼. 1990. 广源兴商号捐资兴学点滴//中国人民政治协商会议金秀瑶族自治县委员会文史资料委员会. 金秀文史资料（第5辑）（内部发行）.

湖北省政府. 1934. 捐资兴学褒奖暂行章程. 湖北省政府公报，（38）：39-40.

湖南省教育厅. 1937. 训令省立高级农业职业学校. 湖南省政府公报，818：3-4.

黄旭初. 1936. 咨教育部咨送本省廿五年份捐资兴学姓名事实. 广西省政府公报，167：47.

《棘洪滩镇志》编纂委员会. 2009. 棘洪滩镇志. 济南：黄河出版社.

《绩溪县教育志》编委会. 2005. 绩溪县教育志. 北京：方志出版社.

冀州市志编纂委员会. 2012. 冀州市志（下册）. 北京：中国方志出版社.

建水县教育局. 2007. 建水县教育志. 昆明：云南民族出版社.

江苏省教育厅. 1932. 捐资兴学褒奖规程. 江苏省现行教育法令汇编（内部发行）.

江苏省武进县县志编纂委员会. 1988. 武进县志. 上海：上海人民出版社.

江西省政府. 1940. 修正江西省捐资兴学褒奖规程. 江西省政府公报，1193：14-15.

姜朝晖. 2014. 民国时期乡村教育经费短缺的原因分析——以1930年代为核心. 德州学院学报，(1)：68-74.

蒋明宏. 2013. 明清江南家族教育. 北京：知识产权出版社.

蒋致远. 1991. 第三次中国教育年鉴. 台北：宗青图书公司.

胶州志编纂委员会. 1992. 胶州市志. 北京：新华出版社.

金华. 1925. 教育经费独立原来如此. 战士，(2)：6.

景东彝族自治县教育委员会. 2001. 景东彝族自治县教育志. 昆明：云南民族出版社.

抗战周刊社. 1940. 发起移产兴学问题. 抗战周刊，50.

科尔沁左翼中旗教育志编写办公室. 1988. 科尔沁左翼中旗教育志（内部发行）.

蓝山县教育委员会. 1996. 蓝山县志（教育志）（内部发行）.

乐清县教育委员会教育志编纂组. 1993. 乐清县教育志. 北京：中国人事出版社.

黎全恩，丁果，贾葆蘅. 2013. 加拿大华侨移民史. 北京：人民出版社.

李恩华. 1990. 私立云亭中学创建始末//宁夏区政协委员会文史资料委员会. 宁夏文史资料（第19辑）. 银川：宁夏人民出版社.

李桂林. 1987. 中国现代教育史教学参考资料. 北京：人民教育出版社.

李桂林，戚名琇，钱曼倩. 2007. 中国近代教育史资料汇编（普通教育）. 上海：上海教育出版社.

李鸿章. 2008. 李鸿章全集（奏议十五）. 合肥：安徽教育出版社.

李明. 2009. 民国时期僧教育研究. 济南：山东师范大学.

李庆刚. 2002. 简论抗日根据地开明士绅的教育贡献. 许昌师专学报，(1)：95-97.

李邵耘. 1948. 国民教育经费问题. 教育通讯（复刊），(10)：14-18.

李世沛. 1990. 会泽历史上的捐资助学//中国人民政治协商会议云南省会泽县委员会文史资料委员会编. 会泽文史资料（第2辑）（内部发行）.

李双龙. 2002. 民国四川教育经费探析. 成都：四川大学.

李文祥，吴时辉. 2009. 鄂伦春族社会福利制度的历史转型. 史学集刊，(3)：105-110.

李彦福. 1990. 广西教育史料. 南宁：广西人民出版社.

李永. 2015. 旧金山华人教育的历史考察. 武汉：华中科技大学出版社.

李有为. 1997. 捐资兴学嘉惠士林的孙德操先生//政协成都市青羊区委员会学习文史委员会. 少城文史资料（第10辑）（内部发行）.

厉声. 2008. 近代新疆蒙古历史档案. 乌鲁木齐：新疆人民出版社.

丽江纳西族自治县教委. 2001. 丽江纳西族自治县教育志（内部发行）.

丽水地区教育志编纂委员会. 2000. 丽水地区教育志（内部发行）.

林绍年. 1908. 奏孀妇高刘氏捐款助学请奖片. 政治官报，(196)：34.

林献堂先生纪念集编纂委员会. 1974. 林献堂先生纪念集. 台北：文海出版社.

林友华. 2012. 林森年谱. 北京：中国文史出版社.

临海县志编纂委员会. 1989. 临海县志. 杭州：浙江人民出版社.

临清市地方史志编纂委员会. 1997. 临清市志. 济南：山东美术出版社.

刘功成. 2011. 中国工人运动史研究 30 年文选. 沈阳：辽宁人民出版社.

刘海粟美术馆，上海市档案馆. 2013. 上海美术专科学校档案史料丛编（第 6 卷）. 上海：中西书局.

刘苏华，李长林. 2013. 湖南近现代社会事件史料选编. 长沙：湖南师范大学出版社.

刘宗唐. 2012. 刘春霖传略//柴汝新. 莲池书院研究. 保定：河北大学出版社.

罗田县教育委员会教育志编纂办公室. 1990. 罗田县教育志（内部发行）.

洛南县地方志编纂委员会. 1999. 洛南县志. 北京：作家出版社.

吕伟俊. 1989. 张宗昌. 济南：山东人民出版社.

吕一燃. 2013. 中国近代边界史（上卷）. 北京：人民出版社.

马镛. 2013. 中国教育通史（清代卷中）. 北京：北京师范大学出版社.

毛金玉. 2005. 湘乡人物志. 香港：天马图书有限公司.

毛饮石. 1988. 高桥乡志（内部发行）.

《南大百年实录》编辑组. 2002. 中央大学史料（中卷）. 南京：南京大学出版社.

南星. 1984. 清末浙江一大文字狱//政协浙江省乐清县委员会文史资料工作组. 乐清文史资料（第 1 辑）（内部发行）.

湖北省南漳县教育志编写组. 1987. 南漳县教育志（内部发行）.

内黄县地方史志编纂委员会. 1986. 内黄县古今人物选（史志资料选编第 2 辑）（内部发行）.

内蒙古教育志编委会. 1995. 内蒙古教育史志资料（第二辑）. 呼和浩特：内蒙古大学出版社.

宁波市档案馆. 2013. 《申报》宁波史料集. 宁波：宁波出版社.

宁波市教育委员会. 1996. 宁波市教育志. 杭州：浙江教育出版社.

彭石. 1945-7-9. 北平的"学府". 新华日报，第 3 版.

平南县教育志编辑委员会. 1994. 平南县教育志（内部发行）.

《平阳县教育志》编纂组. 1997. 平阳县教育志. 上海：上海社会科学院出版社.

平邑县教育志编纂委员会. 1987. 平邑县教育志（内部发行）.

莆田市教育委员会. 2000. 莆田市教育志. 北京：方志出版社.

漆亮亮. 2016. 民国遗产税征收始末. 中国税务，(3)：39-41.

青岛市福山区教育志编写组. 1989. 福山教育志补（内部发行）.

屈永信. 1987. 任氏办学功泽千秋——介绍官庄私立两等小学//政协南乐县委员会文史资料委员会. 南乐文史资料（第 2 辑）（内部发行）.

璩鑫圭. 2007. 中国近代教育史资料汇编（鸦片战争时期教育）. 上海：上海教育出版社.

璩鑫圭，唐良炎. 2007. 中国近代教育史资料汇编（学制演变）. 上海：上海教育出版社.

璩鑫圭，童富勇. 2007. 中国近代教育史资料汇编（教育思想）. 上海：上海教育出版社.

全国人民代表大会常务委员会法制工作委员会. 2004. 中华人民共和国法律汇编（1954～2004）. 北京：人民出版社.

泉州市档案馆. 2006. 民国时期泉州华侨档案史料. 哈尔滨：北方文艺出版社.

瑞安市教育委员会教育志编纂组. 1992. 瑞安市教育志. 南昌：江西人民出版社.

山东省档案馆，山东省社会科学院历史研究所. 1983a. 山东革命历史档案资料选编（第七辑）. 济南：山东人民出版社.

山东省档案馆，山东省社会科学院历史研究所. 1983b. 山东革命历史档案资料选编（第八辑）. 济南：山东人民出版社.

山东省教育厅. 1932. 办理捐资兴学褒奖事项纪要. 山东省政府教育厅第二次工作报告：91-94.

山东省政府. 1930. 确定各县教育经费独立办法. 山东省政府十九年度六月份行政报告：11-12.

陕西省教育厅《陕西教育志》编纂办公室. 1988. 陕西教育志资料选编（下卷）. 西安：陕西人民出版社.

陕西省地方志编纂委员会. 2009. 陕西省志（教育志下册）. 西安：三秦出版社.

《单县教育六十年志》编纂委员会. 2009. 单县教育六十年志. 香港：中国文化出版社.

商务印书馆编译所. 1924. 法令大全. 上海：商务印书馆.

上海市川沙县县志编纂委员会. 1990. 川沙县志. 上海：上海人民出版社.

上海市政府. 1935. 指令第一四九二七号. 上海市政府公报，159：127-128.

上海图书馆. 2013. 中国家谱资料选编（教育卷）. 上海：上海古籍出版社.

《绍兴县教育志》编纂委员会. 2002. 绍兴县教育志. 北京：方志出版社.

沈从文. 2013. 从文自传. 北京：北京十月文艺出版社.

时文. 1997. 许昌公立中等蚕桑实业学堂//中国人民政治协商会议许昌市委员会文史资料委员会. 许昌文史资料（第9～10合辑）（内部发行）.

舒新城. 1928：近代中国教育史料（第四册）. 上海：中华书局.

四川省地方志编纂委员会. 2000. 四川省志（教育志上册）. 北京：方志出版社.

四川省政府. 1941. 捐资兴办国民教育奖励办法. 教育通讯，（8～9）：11-12.

松桃苗族自治县县志编纂委员会. 1996. 松桃苗族自治县志. 贵阳：贵州人民出版社.

宋恩荣，章咸. 1990. 中华民国教育法规选编. 南京：江苏教育出版社.

宋立宏. 1991. 朱斐章创办城南小学//中国人民政治协商会议浙江省海盐县委员会文史资料工作委员会. 海盐文史资料选辑（第2辑）（内部发行）.

苏渭昌，雷克啸，章炳良. 2013. 中国教育通史（中华人民共和国卷下）. 北京：北京师范大学出版社.

绥远省教育厅. 1929. 绥远省捐资兴学褒奖暂行规程. 绥远政府公报，（7）：54-56.

随州市教育委员会. 1996. 随州市教育志（内部发行）.

孙晓忠，高明. 2012. 延安乡村建设资料（3）. 上海：上海大学出版社.

孙中山. 1923. 给徐绍桢的指令二件//中国社会科学院近代史研究所，中山大学历史系孙中山研究室，广东社会科学院历史研究室. 孙中山全集（第8卷）. 北京：中华书局.

邰爽秋. 1930. 中华民国庙产兴学促进会宣言. 中华教育界，（12）：145-146.

《太仓县教育志》编纂组. 1992. 太仓县教育志. 南京：江苏人民出版社.

谭本略. 1992. 清末民国时期我县个人捐资兴学的部分情况//政协湖北省秭归县委员会文史资料委员会. 秭归文史资料（第9辑）（内部发行）.

汤志钧，陈祖恩，汤仁泽. 2007. 中国近代教育史资料汇编（戊戌时期教育）. 上海：上海教育出版社.

唐润明. 2012. 重庆大轰炸文献——财产损失（文教卫生部分）. 重庆：重庆出版社.

陶行知. 1924. 东原图书馆募捐办法//陶行知. 陶行知全集（第1卷）. 成都：四川教育出版社.

陶行知. 1943. 武训先生诞辰——致育才之友及生活教育社同志//陶行知. 陶行知全集（第9卷）. 成都：四川教育出版社.

腾冲县教育局. 1990. 腾冲县教育志（内部发行）.

天台县教育委员会. 1998. 天台县教育志. 上海：华东师范大学出版社.

天柱县志编纂委员会. 1993. 天柱县志. 贵阳：贵州人民出版社.

桐乡县教育志编纂委员会. 1997. 桐乡县教育志. 杭州：浙江教育出版社.

王笛. 1987. 清末新政与近代学堂的兴起. 近代史研究，（3）：245-270.

王冠超，陈世海. 1987. 陈铭枢在家乡二三事//中国人民政治协商会议合浦县委员会办公室. 合浦文史资料（第5辑）（内部发行）.

王挥. 2001. 泉州市区教育志稿（内部发行）.

王克昌，姜虎臣，陈志康. 1996. 开发实业、捐资兴学的陈春澜//浙江省政协文史资料委员会. 浙江文史集萃（第4辑下册）. 杭州：浙江人民出版社.

王欣欣. 2013. 清末书院改学堂中的经费问题//朱汉民. 中国书院（第8集）. 长沙：湖南大学出版社.

王咏樵. 2002. 热心教育的陈楚材先生//玉环县政协委员会文史资料委员会. 玉环文史资料（第19辑）（内部发行）.

王子寿. 1949. 新民幼稚园记//政协玉溪市文史委员会. 玉溪市文史资料（第3辑）（内部发行）.

围场县教育志编纂委员会. 1993. 围场县教育志（内部发行）.

温州市教育志编纂委员会. 1997. 温州市教育志. 北京：中华书局.

文登市教育委员会. 1995. 文登市教育志（内部发行）.

无极县教育志编纂委员会. 2004. 无极县教育志. 石家庄：河北人民出版社.

《无锡市教育志》编纂委员会. 1994. 无锡市教育志. 上海：上海三联书店.

无锡县教育局. 1992. 无锡县教育志. 上海：上海科学技术文献出版社.

芜湖市教育史志编纂委员会. 1996. 芜湖教育志. 合肥：安徽教育出版社.

吴冈. 1958. 旧中国通货膨胀史料. 上海：上海人民出版社.

伍邦彦. 2005. 杜聿明全州办学///广西壮族自治区文史研究馆. 桂海遗珠. 北京：中华书局.

伍春辉. 2012. 湖南教育近代化研究. 长沙：湖南人民出版社.

《武川县志》编纂委员会. 2010. 武川县志. 北京：中国方志出版社.

武汉教育志丛编纂委员会. 1990a. 汉阳县教育志. 武汉：武汉工业大学出版社.

武汉教育志丛编纂委员会. 1990b. 黄陂县教育志. 武汉：武汉工业大学出版社.

武进县教育志编写组. 1987. 武进县教育志（内部发行）.

《武义县教育志》编纂委员会. 2009. 武义县教育志. 杭州：浙江教育出版社.

厦门大学校史编委会. 1988. 厦大校史资料（第2辑）. 厦门：厦门大学出版社.

咸阳市教育志编纂委员会. 1997. 咸阳市教育志. 西安：三秦出版社.

湘西土家族苗族自治州民族中学志编委会. 1996. 民族中学志. 合肥：黄山书社.

湘乡市教育局，湘乡市地方志编辑委员会. 1995. 湘乡市教育志（内部发行）.

《襄樊市教育志》编纂办公室. 1988. 襄樊市教育志（内部发行）.

新安县地方史志编纂委员会. 1989. 新安县志. 郑州：河南人民出版社.

浙江省新昌县教育志编纂组. 1991. 新昌县教育志（内部发行）.

信阳市教育志编辑室. 1987. 信阳市教育志（内部发行）.

兴宁县教育志编辑室. 1988. 兴宁县教育志（内部发行）.

熊复苏. 1940. 破除神权与移产兴学. 抗战周刊，48：2.

熊明安，周洪宇. 2001. 中国近现代教育实验史. 济南：山东教育出版社.

熊希龄. 1913a. 请制定捐资兴学应奖之匾额题字及款式与汪大燮呈袁世凯文//周秋光. 熊希龄
    集（4）. 长沙：湖南人民出版社.

熊希龄. 1913b. 请褒奖胡乃麟捐资兴学呈袁世凯文//周秋光. 熊希龄集（4）. 长沙：湖南人民出版社.

熊贤君. 1996. 论民国时期教育经费的困扰与对策. 湖北大学学报（哲学社会科学版），(5)：94-100.

休宁县教育委员会. 1992. 休宁县教育志（内部发行）.

徐娣珍. 2012. 上海滩视野下的慈溪商人——《申报》三北商帮史料集成. 北京：当代中国出版社.

徐有志. 1988. 徐理堂的发家与兴学//政协江西省繁昌县委员会文史资料委员会. 繁昌文史资料
    （第5辑）（内部发行）.

许效正. 2013. 清末民初湖南的庙产兴学运动. 兰台世界，(18)：64-65.

宣恩县志编纂委员会. 1995. 宣恩县志. 武汉：武汉工业大学出版社.

延川县志编纂委员会. 1999. 延川县志. 西安：陕西人民出版社.

闫广芬. 2001. 近代商人捐资兴学的内发力量. 社会科学辑刊，(5)：116-120.

闫广芬. 2003. 近代商人教育关怀的历史考察. 教师教育研究，(6)：62-67.

闫广芬. 2011. 经商与办学——近代商人教育活动研究. 石家庄：河北教育出版社.

杨菁. 1999. 试论抗战时期的通货膨胀. 抗日战争研究，（4）：90-105.

杨荣春. 2004. 南江县第一所女子校//政协四川省南江县委员会文史资料委员会. 南江文史（第13辑）（内部发行）.

杨效春. 1930. 成都市学校调查后一个简短的报告//李文海. 民国时期社会调查丛编（文教事业卷一）. 福州：福建教育出版社.

姚志华. 1999. 台湾教育管理. 太原：山西教育出版社.

叶兴祖. 1924. 读杨斯盛捐产兴学启书后. 学生文艺丛刊，（5）：26-27.

宜宾县文教局. 1985. 宜宾县教育志（内部发行）.

义乌教育志编纂委员会. 2007. 义乌教育志. 杭州：浙江教育出版社.

佚名. 1909. 直隶丰台乡民抗捐记事. 东方杂志，（11）：349-351.

佚名. 1917-11-1. 尽孝兴学之可风. 申报，第10版.

佚名. 1926. 交部拨付教育特别协款之办法. 教育杂志，（3）：159-160.

佚名. 1933. 苏省拟征遗产税充作教费. 银行周报，（4）：4.

佚名. 1934. 暹罗封我侨校. 中华教育界，（1）：178.

佚名. 1939a. 教部颁给梅焕侯捐资兴学一等奖状. 教育通讯，（46）：2.

佚名. 1939b. 白主任热心教育——捐赠成达师范附小巨款. 教育通讯，（37）：7.

佚名. 1940a. 马步青军长捐廉普设学校. 中国回教救国协会会刊，（11）：24.

佚名. 1940b. 罗城孀妇捐产兴学. 教育通讯，（26）：15.

佚名. 1940c. 教部褒奖蒋德安等捐资兴学. 教育通讯，（39）：2.

佚名. 1941a. 马步青军长捐产兴学. 教育通讯，（5）：6-7.

佚名. 1941b. 青海马主席慨捐祖产兴学. 教育通讯，（2）：7.

佚名. 1948a. 暹罗摧毁华侨学校事件. 中华教育界（复刊），（7）：49.

佚名. 1948b. 程砚秋捐资兴学，高利民捐资兴学. 教育通讯（复刊），（3）：39.

佚名. 1948c. 方葆生捐资兴学. 教育通讯（复刊），（2）：38.

佚名. 1948d. 助学运动. 社会评论，62：2.

佚名. 1987. 捐资兴学//政协江苏省常熟市委员会文史资料研究委员会. 常熟文史资料辑存（第14辑）（内部发行）.

《鄞县教育志》编纂办公室. 1993. 鄞县教育志. 北京：海洋出版社.

永城市教育志编纂委员会. 2012. 永城市教育志. 郑州：中州古籍出版社.

《永登教育志》编纂委员会. 2002. 永登教育志. 兰州：甘肃文化出版社.

余继堂. 1992. 南通的庙产兴学与僧办教育//中国人民政治协商会议南通市崇川区委员会《崇川文史》编委会. 崇川文史（第1辑）（内部发行）.

余子侠，冉春. 2015. 抗日战争时期中国教育研究. 北京：团结出版社.

沅江县教育志编纂组. 1990. 沅江县教育志（内部发行）.

云南省档案馆. 2009. 私立五华文理学院档案资料汇编. 昆明：云南大学出版社.

湖北省郧县地方志编纂委员会. 2001. 郧县志. 武汉：湖北人民出版社.

曾定夷. 1985. 广东风物志. 广州：花城出版社.

张彬. 2006. 浙江教育史. 杭州：浙江教育出版社.

张伯苓. 1935. 呈河北省教育厅函//梁吉生，张兰普. 张伯苓私档全宗（4）. 北京：中国档案出版社.

张芳保. 1939. 峡江县捐资兴学概述. 江西地方教育，163：20.

张继宗. 2001. 定州揽胜. 北京：中国建材工业出版社.

张丽萍，郭勇. 2013. 融合中西文化，增进人民殷富——记华西协合大学创办人毕启. 文史杂志，(6)：53-55.

张人骏. 1908. 奏李义丰等捐资兴学请奖片. 政治官报，(196)：314-315.

张赛群. 2010. 新中国华侨捐资兴学政策演变及其特征. 当代中国史研究，(6)：60-68.

张希禹. 2009. 云南省第一所中医药专科学校创办经过//政协云南省昆明市委员会. 昆明文史资料集萃（第4辑）. 昆明：云南科技出版社.

张愈纯. 1988. 陈谊诚发家助学轶事//中国人民政治协商会议湖南省郴县委员会文史资料研究委员会. 郴县文史资料（第2辑）（内部发行）.

张祖涌. 2007. 抗日时期的铭章中学//成都市政协文史学习委员会. 成都文史资料选编（抗日战争卷下）. 成都：四川人民出版社.

章启辉，付志宇. 2009. 北京政府时期税收政策的演变及借鉴. 湖南大学学报（社会科学版），(2)：104-108.

昭通市教育局. 2002. 昭通教育志. 昆明：云南大学出版社.

赵利栋. 2005. 1905年前后的科举废止、学堂与士绅阶层//中国社会科学院近代史研究所. 中国社会科学院近代史研究所青年学术论坛论文集（2005年卷）. 北京：社会科学文献出版社.

浙江省缙云县教育志编纂组. 1988. 缙云县教育志（内部发行）.

浙江省教育志编纂委员会. 2004. 浙江省教育志. 杭州：浙江大学出版社.

浙江省宁波市镇海区教育委员会，北仑区教育委员会. 1993. 镇海县教育志（内部发行）.

浙江省嵊县教育局. 1991. 嵊县教育志（内部发行）.

《浙江图书馆志》编纂委员会. 2000. 浙江图书馆志. 北京：中华书局.

郑仁章. 1996. 早期潮安华侨致力桑梓教育轶事//潮安县政协文史委员会. 潮安文史（创刊号）（内部发行）.

政协魏县委员会文史资料委员会. 1989. 李佩典急公好义捐资兴学//政协河北省魏县委员会文史资料委员会. 魏县文史资料（第1辑）（内部发行）.

中共河北省委党史研究室. 1996. 晋察冀解放区首府张家口. 北京：中共党史出版社.

中共江北县委党史办公室. 1986. 莲华中学沿革//中国人民政治协商会议江北县委员会文史资料研究委员会. 江北县文史资料（第1辑）（内部发行）.

中国第二历史档案馆. 1991. 中华民国史档案资料汇编（第三辑教育）. 南京：江苏古籍出版社.

中国第二历史档案馆. 1994. 中华民国史档案资料汇编（第五辑第一编教育）. 南京：江苏古籍出版社.

中国第二历史档案馆. 1997a. 中华民国史档案资料汇编（第五辑第二编教育一）. 南京：江苏古籍出版社.

中国第二历史档案馆. 1997b. 中华民国史档案资料汇编（第五辑第二编教育二）. 南京：江苏古籍出版社.

中国第二历史档案馆馆藏档案：5-39，5-41，5-42，5-43，5-44，5-45，5-46，5-47，5-49（1），5-49（2），5-50，5-403（3），5-1163（1），5-7116，5-10365，5-10366，5（2）-80，2021-441.

中华全国妇女联合会妇女运动历史研究室. 1991. 中国妇女运动历史资料（1840～1918）. 北京：中国妇女出版社.

中华文化通志编委会. 2010. 闽台文化志. 上海：上海出版社.

中山市教育委员会. 1995. 中山市教育志. 广州：广东科技出版社.

钟和高. 1990. 捐资兴学乐育英才——卢木斋兴办木斋学校//中国人民政治协商会议天津市河北区委员会文史书画委员会. 天津河北文史（第4辑）（内部发行）.

钟启河，周锦涛. 2011. 湖南抗战阵亡将士事略. 湘潭：湘潭大学出版社.

钟文楷. 2012. 我请胡适题校名//广西壮族自治区文史研究馆. 桂海遗珠. 北京：中华书局.

钟子芒. 1946. 助学运动侧影. 真话，（3）：7.

周思璋. 1992. 清末民初如城的庙产兴学和僧办教育//中国人民政治协商会议江苏省如皋市委员会文史资料研究委员会. 如皋文史（第7辑）（内部发行）.

周至县教育志编纂办公室. 1993. 周至县教育志. 西安：陕西人民出版社.

朱光宇. 2000. 朱后璜兴学藏书//政协湘潭县委员会学习文史委员会. 湘潭县文史（第11辑）（内部发行）.

朱虹. 1996. 毁家兴学，志在救国——冯庸与冯庸大学. 辽宁大学学报（哲学社会科学版），（2）：57-60.

朱寿鹏. 1958. 光绪朝华东录（四）. 北京：中华书局.

朱有瓛. 1931. 遗产税兴学问题. 中华教育界，（6）：19-26.

朱有瓛. 1986. 中国近代学制史料（第一辑下册）. 上海：华东师范大学出版社.

朱有瓛，戚名琇，钱曼倩. 2007. 中国近代教育史资料汇编（教育行政机构及教育团体）. 上海：上海教育出版社.

株洲市教育委员会. 1995. 株洲市教育志. 长沙：湖南出版社.

庄河县教育志编纂组. 1989. 庄河县教育志（内部发行）.

梓潼县志编纂委员会. 1999. 梓潼县志. 北京：方志出版社.

遵义地区教育志编纂领导小组. 1993. 遵义地区教育志. 贵阳：贵州人民出版社.

后　　记

　　2012 年前后，我在查阅民国文献时偶然发现了一些关于捐资兴学的零星记载，于是便萌生了初步的研究兴趣，开始留意这方面的历史资料。2014 年，即以"民国时期捐资兴学制度研究"为选题申报了教育部人文社会科学研究青年基金项目，有幸获得批准立项。随后，又用一年多的时间系统地搜集和整理了大量原始资料，其间远赴南京二档抄录了一批馆藏档案，并通过各种渠道查找到了近千册地方史志、教育志和文史资料，为研究奠定了较为扎实的文献基础。本书还参考、引用了不少学界前辈与同仁的相关研究成果，在此一并表示诚挚的谢意！

　　本书能够付梓面世，要特别感谢我读硕士和博士期间的导师余子侠教授。先生治学严谨，和蔼可亲，在学业和生活上都给予了我无私的关心与帮助。正是他"要甘于坐穿冷板凳"的谆谆教诲，一直激励着我坚守在教育史研究这块阵地。还要感谢科学出版社的朱丽娜编辑，她始终本着高度认真负责的专业精神，从本书最初构思动笔直至最终定稿出版，提供了很多宝贵的建议。

　　最后的感谢留给我的家人。母亲年老多病，女儿年幼活泼，我一年多来埋首于故纸堆中，未能更多地陪伴照顾，时常心存愧疚。妻子李蓉女士在繁忙的工作之余，主动承担了多数的家务琐事。她们的理解与支持使我能够集中精力，专心地如期完成书稿。

　　由于本人水平有限，书中难免存在不足之处，恳请各位读者不吝赐教和指正！

冉　春

2016 年 12 月